임자헌

이화여자대학교에서 심리학을 공부하고 잠시 미술 잡지 기자로
일하던 중, 우연히 접한 한학의 매력에 빠져 진로를 바꾸었다.
한국고전번역원 부설 고전번역교육원 상임연구부를 거쳐
한국고전번역원에서 번역위원으로 활동하고 있다. 『일성록』
번역을 시작으로 전문 번역가의 길로 들어섰으며 『조선왕조실록』
현대화 사업에 참여하여 『정조실록』『세종실록』『세조실록』등을
번역하고 있다. 옛 문헌 속에서 지내면서 자연스레 과거와 현재의
공통점과 차이점을 읽게 되었고, 옛 글들이 그 외투가 낡았을 뿐
내용은 얼마든지 오늘과 소통할 수 있는 생기발랄한 것들임을
발견했다. 때문에 '지금-여기'의 문제에 대해 과거가 줄 수 있는
지혜의 가능성을 열심히 모색하는 중이다. 지은 책으로 『하루 한문
공부』『나의 첫 한문 수업』『마음챙김의 인문학』『괜찮은 사람이
되고 싶어서』『10가지 키워드로 읽는 시민을 위한 조선사』
『銘, 물에 새긴 선비의 마음』『맹랑 언니의 명랑 고전 탐닉』이 있다.

공자의 말들

공자의 말들
군자를 버린 논어

임자헌 옮김

재출간에 부쳐

논어를 현대어, 그것도 지금 오늘 사용하는 입말로 번역한 책『군자를 버린 논어』가 이제『공자의 말들』로 다시 태어나 또 한 번 생명을 얻게 되었다. 몹시 기쁘고 행복한 일이다.『군자를 버린 논어』는 처음 기획했을 때의 예상을 뛰어넘어, 독자들에게 훨씬 더 좋은 반응을 얻었다.『논어』는 무려 2500년 전에 살았던 공자의 말인 데다가 지금은 너무나 보기 어려워진 한문으로 되어 있는 말이다. 그러니 한번 읽어보자 치면 일단 일일이 한자를 옥편에서 찾아봐야 하고, 또 사전을 찾았더라도 죄다 옛날 말이다 보니 의미가 쉽게 와닿지 않아 지루해져 이내 포기해 버리기 십상인데, 이 책은 단 한 번 사전의 도움 없이도 쉽게 읽어 낼 수 있도록 풀어놓았기에 그랬던 모양이다. 그래서인지 다른 동양 고전도 이렇게 오늘 우리의 입말로 읽기 좋게, 이해하기 편하게 풀어주면 좋겠다는 독자의 요청을 적잖이 받게 되었다.

좋은 반응을 얻는 것은 기쁘고 감사한 일이었지만 시리

즈로 계속하는 것은 사실 상당히 고민스러운 일이었다. 번역하는 책의 권위가 무시무시하게 높아서 번역의 중압감도 높았기 때문이다. 그냥 번역하는 것도 힘든데 현대어로, 그것도 입말로 바꾸려면 중압감은 한층 더 강해진다. 또 철학 책이기 때문에 숱한 개념어가 등장하는데 그것을 해설이 아니라 번역문 안에 풀이해서 녹여 내려면 대단한 각오가 필요하다. 한 문장 한 문장 번역할 때마다 한 단어 한 단어 선택할 때마다 내가 감히 이렇게 번역해도 되는지 고민에 고민을 거듭하게 된다. 번역했다 엎었다를 얼마나 반복했는지 셀 수도 없다.

그러나 이후로 다시 이런 번역 형식으로 『맹자』를 작업해서 『오늘을 읽는 맹자』라는 책을 내놓게 되었다. 번역은 힘들기만 하고 다 하고 나서도 그 결과물을 과연 다 책임질 수 있을까 하는 고민이 늘 따라다녔지만, 그래도 늦깎이로 한문을 공부한 내가 이전의 이력을 그만두고 전혀 낯선 한문에 뛰어들 만큼 매력적이었던 공자와 맹자를 살아 숨 쉬는 인물로 재탄생시켜, 아직 이들의 매력을 만나지 못한 다른 사람에게도 마음껏 소개할 수 있다는 기쁨이 그보다 훨씬 더 컸기 때문이다. 나이 들어 처음 제대로 읽어 본 『논어』에서 만난 공자는 다 늙어 지루하고 뻔한 말만 늘어놓는 옛날 선생 혹은 꼰대가 전혀 아니었다. 공자는 혼란한 세상 속에서 피폐해 가는 인간의 모습을 아파하며 자신의 힘을 다해 이 위기를 타개하고자 한 너무나 인간적인 개혁가였으며, 제자들과 삶을 함께하며 일상 속에서 그들의 장점과 한계를 살펴 적절한 가르침을 주는 합리적이고 공평무사한 스

10

승이었다. 맹자는 책을 처음 손에 잡고 읽을 때마다 인간을 향한 절절한 진심과 인간 스스로 만들어 갈 수 있는 더 나은 세상을 향한 혼이 담긴 외침으로 나를 늘 눈물짓게 하는 사람이었다. 이들을 만나고 난 후 이들의 이런 참모습이 제대로 알려지지 않은 것 같아 너무나도 아쉬웠다. 그들의 말을 현장감 있게 실어 내면 오늘 우리가 전해 받을 수 있는 지혜와 감동이 넘치게 많을 것이란 생각으로 기꺼이 번역에 손대게 되었다.

어디 이들뿐이랴! 시간의 벽에 부딪혀, 한문의 벽에 부딪혀, 제대로 소개되지 않은 멋진 동양 옛 지혜자의 말이 아직 많이 있다. 공부하며 만난 이들의 면면은 정말이지 과연 이들이 그 옛날 사람이 맞는단 말인가 싶을 정도로 세련되고 멋지고 흥미로웠다. 세월의 더께만 잘 털어 낼 수 있다면 즐겁게 온고지신溫故知新하며 오늘 우리가 얻어 갈 지혜의 보따리가 무궁무진하겠구나 싶었다. 그래서 계속 힘껏 번역해 보자 마음먹었지만 출판사의 피치 못할 사정으로 지속적인 출간이 어려워졌다. 어떻게 해야 하나 고민하고 있던 차에 유유라는 새로운 둥지를 만났다. 유유에서는 이 작업에 흥미를 갖고, 계속 이어 가 보자고 손 내밀어 주었다. 새로운 출발이다. 좋은 번역으로 동양 고전의 지혜가 편안하고 재미있게 오늘에 전해질 수 있도록 열심히 작업해 나가려 한다. 부디 이 시리즈가 많은 독자 여러분과 아름다운 인연을 맺을 수 있길 바란다.

11

머리말
이『논어』는 왜 군자를 버렸는가?

1.

이 책은 공자의 『논어』를 완역한 책이다. 즉 『논어』에 '관한 책'이 아니라 『논어』다. 그런데 아마 지금까지 보아 온 『논어』와는 조금, 아니 많이 다를 것이다. 실생활에서 쓰이는 21세기 한국어만을 번역어로 사용했기 때문이다.

많은 차이 중에서도 가장 먼저 눈에 들어올 차이는 아마 이 책의 번역문에 공자와 『논어』의 트레이드마크라고도 할 수 있는 '군자'君子라는 단어가 전혀 등장하지 않는다는 점일 것이다. 물론 그 반대말인 '소인'小人도 보이지 않고, 곰팡내 나는 다른 단어들도 마찬가지다.

읽다가 발끈할지도 모를 일부(극히 일부일 것이다) 독자를 위해 미리 말해 두자. 이 책의 '공자님 말씀' 속에는 약간의(아주 약간이다) 비속어, 유행어, 외래어가 섞여 있다. 현재 우리 언어생활을 반영해 뜻이 확하고 잘 와닿는 말이 있다면 굳이 피하지 않고 쓴 결과다. 모두 『논어』 본래의 취지가 더 잘 드러나게 하기 위한, 그래서 누구나 이해할 수 있고 끝까지 읽을 수 있는 『논어』로 번역하기 위한 선택이다.

2.

이 책은 왜 '군자'를 버렸는가? 군자는 유학儒學에서 빚어내고자 하는 궁극의 인간상이다. 그런데 유학의 핵심 중의 핵심인 논어를 번역하면서 군자를 버렸다고? 하지만 생각해 보자. 여러분은 지난 일 년 동안 '군자'라는 단어를 몇 번이나 사용했는가? 솔직히 한 번도 사용하지 않은 사람이 대다수일 것이다. 군자는, 알기는 알아도 이제 실제 생활에서는 전혀 쓰이지 않는 단어가 돼 버렸다. 나도 쓰지 않고 남이 쓰는 것 또한 보기 어렵다. 요즘 자녀한테 "너는 이다음에 군자가 돼야지!"라고 말하는 부모가 한 사람이라도 있을까? 혹시라도 어떤 젊은 엄마가 말썽을 피우는 어린 자식에게 "군자가 그러면 못써요!"라고 말하는 광경을 본다면 오히려 개그처럼 느껴지지 않을까? 군자는 오늘의 우리에게 그런 단어다. 이 책에서 버리기 전에 우리 삶이 이미 군자를 버렸다.

그런데 한편으로는 이런 생각도 든다. 군자라는 단어를 버리면서, 우리는 옛사람들이 그 단어 속에 담으려 했던 이상적인 인간상, 그런 인간에 대한 소망까지 함께 버린 걸까? 그건 또 아닌 것 같다. 이상적인 인간의 기준이 많이 달라지긴 했어도, 우리는 여전히 바람직한 것은 바람직하다고 여긴다. 세월이 변해도 변하지 않는 본질이 있기 때문이다. 이것이 아직 『논어』를 읽어야 할 이유가 된다.

군자라는 단어를 대표로 들었지만, 사실 전통적인 방식의『논어』번역은 대부분 그렇게 현실의 언어나 생활과 동떨어진 죽은 말로 가득 차 있다. 그러니 혹시 여러분이 한때『논어』를 읽기로 마음먹었다가 몇 줄 읽지 못하고 내려놓았다면 그건 여러분 탓이 아니었을 가능성이 크다.

3.

그럼 그동안 우리는『논어』를 어떤 방식으로 읽어 왔을까? 대개 기존 번역서를 읽다 보면 마치 다음과 같은 상황이 펼쳐지는 강의실에 앉아 있는 것 같다. 강사가 "『논어』에 이런 말이 있습니다" 하고 칠판에 한문을 한 뭉딩이 적는다. 그리고 소리 내서 읽어 준다. 여기까지는 문제 될 게 없다. 원문은 소중하니까. 당장 해독하지 못하더라도 원문을 밝혀 놓으면 나중에라도 새로운 해석을 시도해 볼 수 있는 등 미덕이 더 많으니까.

문제는 그다음이다. "예악과 정벌이 천자에게서 나오니……" 원문의 한자를 거의 그대로 음독하고 조사와 어미만 우리말로 달아 주는 수준의 번역이 이어진다. 한글로 읽고 있다지만 한문으로 읽는 것과 다름없다.『논어』의 근대적 한글 번역이 나오고부터 100여 년 동안 많은 참신한 시도가 있었고 상당한 변화가 있었던 것도 사실이지만, 여전히 그 방식에서 크게 벗어나지 않고 있다.

번역만으로는 뜻이 통하지 않으니 이제 해설이 시작된다. 해설도 그냥 해설이 아니다. 배우기 시작하자마자 포기했던 한문을 갑자기 문법부터 공부시키는가 하면, 크게 중요하지도 않은 옛 중국 변두리의 역사를 공부시키는 것도 모자라, 지금은 알아 봤자 아무 소용도 없는 수천 년 전 중국의 제도와 문물을 공부시킨다. 도대체 춘추 시대 하급 공무원의 직함을 그때 용어 그대로 알아야 할 이유가 무엇이며, 지방 권력자의 덜떨어진 아들 이름까지 알아야 할 이유가 무엇인가? 그렇게 마구 쏟아지는 불필요한 정보의 홍수 속에서 헤매는 동안, 『논어』는 순식간에 지겨운 책이 되어 버리고, 정작 왜 우리가 『논어』를 읽으려 했는지는 잊어버리기 일쑤다.

우리가 왜 『논어』를 읽으려 했던가? 2500년 전 공자 시대에 대한 잡다한 지식을 얻기 위해서? 아니, 시대를 초월한 메시지를 읽기 위해서다. 아무튼 그렇게 헤맨 끝에 어렵사리 메시지 하나를 건져 올렸는데, 무언가 엄청나게 심오할 줄로만 알았던 그것이 너무도 쉽게 동의할 수 있는 상식적인 내용임을 알았을 때의 허탈함이란……. 결국 어려운 건 『논어』의 철학이 아니라 너무도 낡아 버린 『논어』의 언어였던 것이다.

'상식적'이란 말이 나왔으니 말인데, 『논어』는 실제로 매우 상식적인 책이다. 천명이나 도道 같은 거창한 이야기를 할 때도 물론 있지만 대개는 각 개인이 인격을 닦는 공부를 열심히 하고 예와 문화를 잘 배워 사회에 도움이 되는 인재가 되라는 이야기다. 너도나도 그렇게 하면 세상이 평화롭고 살 만한 곳이 된다는 이야기다. 『논어』를 끝까지 읽고 나면 두 가지 상반된 감정이 한꺼번에 밀려들지 모른다. "뭐야, 『논어』가 이런 책이었어? 싱겁잖아. 그런데 대단하긴 하다.

이렇게 상식적인 접근만으로도 이런 유토피아를 꿈꿀 수 있다니!"

4.

우리는 『논어』를 가까이 다가가 읽고 즐기고 소통할 한 권의 책이 아니라 우러러봐야 하는 어떤 권위적인 존재로 여겨 왔다. 공자는 성인이요, 그런 성인의 말씀이 담겼으니 그대로 받들어 모셔야 한다는 생각이 앞선 까닭이리라. 그 존중이 지나쳐 신성화, 우상화로 흐르는 경향마저 없지 않았다. 그래서 경미한 변용조차 금기 위반, 신성모독이 될지 모른다는 무의식적 억압에 짓눌려 어떻게든 원형을 보존하는 방식으로 수용해 왔다.

그러나 그렇게 보존만 중시하는 존중이 과연 존중일 수 있을까? 그런 존중이 쓰지는 않으면서 사람이 접근하지 못하도록 금줄을 치고 모셔만 놓는 유물과 무엇이 다르겠는가. 공자는 사회와 시대를 치열하게 고민하며 자기의 철학을 완성하고 제자를 양성한 사람이다. 즉 '현실'에 대한 고민이 공자를 공자이게 한 것이다. 그런데 존경 때문에 공자를 현실에서 격리시켜 놓는다면 공자가 과연 달가워할까? 전혀 아닐 것이다.

5.

공자의 말을 옮긴다고 해서 꼭 고리타분한 사극 '코스프레'를 해야 할 이유도, 엄숙 모드로 들어가야 할 이유도 없다. 『논어』라는 책의 특성을 생각해도 그렇고, 공자라는 인물의 캐릭터를 생각해도 그렇다.

　알다시피 『논어』는 공자와 제자들의 일상과 대화를 메모해 놓은 책이다. '메모'라고 한 것은 서술과 편집의 상태를 두고 하는 말이다. 현대의 관점에서 『논어』는 결코 편집이 잘된 책이라고 할 수 없다. 전체를 엮는 줄거리나 흐름도 없고, 장과 장이 유기적으로 연결되지도 않고, 앞뒤 상황 설명은 늘 부족하고, 심지어 똑같은 문장이 중복 수록되어 있기도 하다. 종이도 아직 발명되기 전, 죽간이라는 원시적이고 비효율적인 기록 도구를 이용했던 시절이니 요점만 겨우 간추려 적을 수밖에 없었고, 체계적인 정리도 어려웠으리라 생각하면 이해가 간다. '학이'學而 '위정'爲政 등으로 이어지는 20개의 편명도 요즘 책처럼 독자의 편의를 위해 각 편의 내용을 함축해 단 '제목'이 아니다. 그냥 편과 편을 구별할 용도로 각 편 맨 앞 두세 글자를 따온 것에 불과하다. 사실, 편이 그렇게 나뉜 것도 어쩌다 보니 죽간 묶음이 그렇게 된 결과일 공산이 크다. 따지고 보면 『논어』는 공자의 감수를 받지도 않았다. 요컨대 이렇게 편집이 덜 되어 있으니 읽는 사람이 재량껏 편집해 읽는 것이 당연한 권리요 의무라고 할 수 있다는 말이다.

　『논어』 속에서도 드러나지만 공자의 캐릭터는 그렇게 고답적이거나 근엄하지 않다. 그는 제자들과 농담 따먹기를 할 만큼 소탈하고, 위트도 있고, 풍자도 알고, 당대의 통념을 벗어나서 생각할 줄 아는 인물이었다. 물론 공자 역시 자기 시대의 한계 안에서 살았지만 온 힘을 다해 그 한계를 뛰어넘으려 했다. 중요한 것은 공자가 그 한계 안에서 말하고 있는 것이 아니라 그 한계를 뛰어넘어 말하려고 했던 그 무엇이다. 그것이 오늘날 우리가 읽어야 할 부분이다.

6.

이런 관점에서 용기를 조금, 아니 많이 내어 시도한 번역의 결과가 이 책이다. 이 책에서 채택한 몇 가지 번역 방침을 정리해 본다.

전통적으로 써 오던 추상적인 개념어는 최대한 현대적 용어나 일상적 표현으로 풀어 썼다. 원문의 취지나 상황을 이해하는 데 필수적인 내용은 과도하지 않은 범위에서 몇 마디씩 더하여 번역했다. 사실을 서술하는 것이 아닌 비유적인 표현은 철저히 공감이 쉬운 쪽을 택했고, 더러 현대의 물건이나 상황을 가져와 비유에 활용하기도 했다. 공자의 말투도 맥락상 다중을 상대로 한 것이라고 짐작되는 곳에서는 연설투로, 제자와 격의 없는 대화를 나누는 장면에서는 구어체로, 내밀한 심경을 토로하는 부분은 독백체로, 그때그때 상황에 맞게 존댓말, 반말을 구사하게 했다. 동일 인물을 여러 가지 이름으로 부르는 경우 자주 쓰이는 이름 하나로 통칭하여 공연한 혼란을 줄였다. 해석이 분분한 부분에 대해서는 과감히 한 해석을 택했다. 해설은 한문 자구 분석이나 사소한 사실에 대한 장황한 언급을 피하고 의미를 이해하는 데 꼭 필요한 정보만 전하고 가능하면 우리의 현실을 비추어 볼 수 있는 설명을 위주로 했다.

『논어』를 처음 읽을 젊은 독자를 가장 크게 염두에 두고 작업했지만, 어쩌면 『논어』를 전통적 번역으로 이미 읽어 본 나이 지긋한 독자가 더 재미를 느낄지도 모르겠다. 그분들의 기억 속에는 비교 대상이 있을 테니 그 차이를 더 크게 느낄 수 있을 것이다.

이 번역이 『논어』의 결정판일 수는 없다. 하나의 새로운 시도일 뿐이다. 나는 이 책이 『논어』로 들어가는 '문'이 되면 좋겠다. 어제를 통해 오늘을 볼 수 있는 문, 재미를 통해 의미를 볼 수 있는 문, 이 문을 거쳐 누군가는 더 깊은 궁금증을 품고 원문을 향해 나아가고, 또 다른 누군가는 더 전문적이고 깊이 있는 학술서로 나아가고, 또 다른 누군가는 다른 고전으로 나아갔으면 하는 것이 나의 바람이다.

간단히 살펴보는 『논어』의 시공간

이제 곧 공자학당에 들어가 『논어』를 경험하게 될 텐데, 생각보다 시대 배경이 아주 오래되었고 지역 배경도 매우 넓은 데다 등장인물도 많아서 아무래도 좀 낯설 수 있으니 먼저 간단한 설명을 하고 여행을 시작해 보려 한다.

지역 배경

주 무대는 중국 노魯나라와 제齊나라이다. 노나라는 공자의 출신국이고, 제나라는 당시 동쪽의 강대국으로 공자가 벼슬하려 했으나 결국 기회를 얻지 못한 나라이다. 노나라는 주周나라의 제도적 기틀을 마련한 주공周公이 봉해진 땅이어서 문화적으로는 알아주는 곳이었지만 힘은 그리 강하지 않았는데, 동쪽에 바로 붙어 있는 제나라가 강대국인 바람에 제나라의 확장을 견제하느라 고심하는 처지에 놓여 있었다. 공자는 노나라에서 관직 생활을 하기도 했지만 오래는 못했으며, 자리에서 물러나서는 자신의 정치 철학을 알아

주고 자신을 등용해 줄 나라를 찾아 14년 동안 여러 나라를 돌아다녔다. 위衛나라, 조曹나라, 송宋나라, 정鄭나라, 진陳나라, 채蔡나라, 그리고 남쪽의 강대국 초楚나라 등이 공자가 돌아다닌 나라들이다. 전체적으로 보면 지금의 중국 산둥성과 허난성을 배경으로 해서 이야기가 펼쳐진다고 할 수 있겠다.

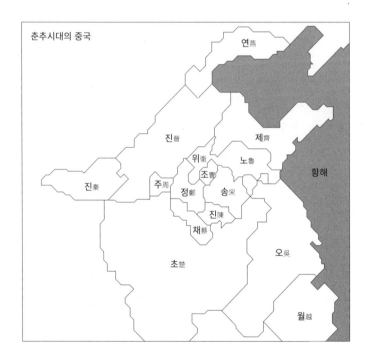

춘추시대의 중국

시대 배경

『논어』의 배경이 되는 시대는 춘추 시대다. 이 시대는 천자의 나라인 주나라가 힘을 잃으면서 천자를 중심으로 하던 질서가 무너지면서 시작되었다. 기원전 770년부터 기원전 403년까지(기원전 453년으로 잡기도 한다)의 약 370년이 이 시기에 해당한다. 천자의 나라가 땅을 떼 주고서 그 지역의 통치권을 맡긴 것을 제후국이라고 하는데, 천자국의 힘이 약해지자 바로 그 제후국들이 패권을 놓고 서로 경쟁했다. 경쟁을 처음 시작할 때는 아무래도 서로 눈치도 보고 조금은 신사적으로 명분도 세우고 하겠지만 기왕 흐트러진 질서 속에서 굳이 예의를 차릴 필요는 없는 법, 혼란의 시간이 흐르면 흐를수록 최후의 승자 한 명이 나타날 때까지 노골적으로 '힘 대 힘'으로 맞붙게 마련이다. 경쟁이 처음 시작되어 서로 그래도 조금은 신사적이었던 시대가 춘추 시대이고, 최후의 승리자가 되기 위해 노골적으로 힘으로 맞붙은 시기가 전국 시대이다. 공자는 춘추 시대 말기의 인물. 혼란이 정리되기를 간절히 바랐지만 정리는커녕 더 본격적으로 싸움으로 시대가 움직이고 있었기 때문에 공자는 그렇게 열정적으로 인재를 양성하고 여러 왕을 설득하러 돌아다녔던 것이리라. 참, 춘추 시대라는 명칭은 공자의 『춘추』春秋라는 책에서 따온 것이다. 개인의 저작이 시대의 명칭이 되다니, 이 어찌 대단하지 아니한가?

간추린 공자의 생애와 사상

그의 삶

공자의 이름은 구丘, 자字는 중니仲尼로, 기원전 551년에 노나라 추읍鄹邑에서 태어났다. 그의 조상은 은殷나라 왕족으로, 주나라가 은나라를 쳐 멸망시킨 뒤 은나라 유민을 송나라에 살게 하였으므로 처음에는 송나라에 거주하다가 가세가 기울어 다시 노나라로 옮겨 가 뿌리를 내리게 되었다. 공자의 아버지는 노나라 하급 무사였던 숙량흘叔梁紇이고, 어머니는 안징재顔徵在인데, 두 사람은 나이 차이가 아주 많이 나는 데다가 정식으로 혼인하지도 않고 공자를 낳았다. 상당히 파격적인 출생인 셈이다. 아버지는 공자가 세 살 때 사망했고 어머니 홀로 공자를 길렀는데, 아버지에 대해 말을 잘 해 주지 않아 공자는 아버지의 무덤이 어디인지도 알지 못했다. 그래서 어머니 사망 이후 부모님을 합장하기 위해 아버지 무덤의 위치를 여러 사람에게 물어서 찾아야만 했다. 공자 아버지는 기골이 장대해서 힘도 엄청 세고 키도 거의 2미터가 넘었다. 그래서인지 공자도 골격이 무척 크고 키도 1미터 90센티미터쯤 되었다고 한다. 공자는 학자니까 왠지 마른 몸에 키도 그리 크지 않고 섬약했을 것 같은데, 실은 반전(?) 외모의 소유자였던 것이다!

본문에도 나오지만 공자는 어릴 때 매우 가난했다. 그래서 창고지기나 가축 먹이는 일 등 이런저런 일을 많이 했다. 삼십 대 중반부터 학문적으로 이름이 알려지면서 제자가 되겠다는 이들이 찾아오기 시작해서 본격적인 교육 활동을 했는데, 관직 쪽으로는 길이 잘 열리지 않았다. 그러다가 52세에 기회가 찾아와 공자는 노나라 대사구大司寇 벼슬을 맡게 되었는데, 능력을 보이며 일을 잘 처리해서 상당한 속도로 나라를 안정시켜 가자 제나라가 수를 써서 결국 4년 만에 그만두게 되었다. 이후 14년간 천하를 돌아다녔지만 모두 실패로 끝났다. 68세에 노나라에 돌아와 자신이 더 이상 세상에서 할 일이 없다는 것을 깨달았고, 73세에 죽음을 맞이했다. 자신의 정치 역량을 펼쳐 보일 기회를, '되면 좋고 아니면 말고'가 아니라 진짜 '갈망'했기 때문에 『논어』를 보다 보면 그가 참 측은하고 안타깝게 느껴지곤 한다.

그의 업적

공자의 매우 특별한 점은 그가 사士(선비)라는 계층, 그러니까 직업 삼아 학문 연구와 교육을 하는 지식인 계층을 만들어 냈다는 것이다. 지금이야 학문 연구와 교육을 생업으로 삼아 그것으로 먹고사는 직업군이 있다는 것이 전혀 낯설지 않지만 당시에는 그렇지 않았다. 당시에는 농사든 기술직이든 벼슬이든 생업이 따로 있었다. 혼란한 시대를 마주했던 공자는 무엇보다 인재 양성의 필요성에 눈을 떴다. 학식과 인품을 겸비해서 언제든 현실 정치에 뛰어들어 세상을 도울 수 있는 지성인을 양성해 내는 것이 가장 시급한 과제라고 생각한 것이다.

재미있는 것은, 주나라의 질서로 다시 돌아가고 예禮를 회복하는 것으로 혼란을 마무리 지어야 한다는 복고적인 생각을 가진 그가 중국 최초로 학술을 민중화했다는 점이다. 귀족 자제들만 배울 수 있었던 지식을 일반인도 배울 수 있게 해 준 것이다. 그래서 그는 신분 질서로서의 사士가 아니라 지식인을 의미하는 선비士 계층을 만들어 냈다. 왕족의 혈통이지만 쉽게 말 못 할 출생에, 아버지의 무덤조차 제대로 모르는 처지에, 가난으로 점철된 어린 시절, 그런 자신 옆에 사는 가난한 이웃들을 보며 아무리 재능이 있어도 꿈은 커녕 부조리한 현실에 힘없이 치이며 살아야 했던 삶이 키워 낸 생각이 아니었을까 싶다.

그의 사상

기존의 질서가 흔들려 혼란스러운 세상이 되면 대개 두 가지 선택이 있을 수 있다. 아예 새로운 판을 짜든가 아니면 기존의 질서를 회복시키든가. 공자는 후자를 선택했다. 하夏나라의 제도에서 더할 것은 더하고 뺄 것은 빼서 은나라의 제도가 만들어졌고, 다시 은나라의 제도에서 더할 것은 더하고 뺄 것은 빼서 주나라의 제도가 만들어졌으니 주나라의 문화가 가장 찬란하다고 판단했다. 그래서 그는 자신만의

28

특별한 학설을 만들어 내지 않고 예의 회복을 외치면서 기존의 지식을 계승하되 분석하고 재해석해서 새롭게 적용하는 방식으로 인재를 양성했다. '예'란 큰 의미로 사회의 제도와 질서이다. 공자는 시대를 거듭해서 내려온 제도와 질서 자체가 부조리하다고 보지 않았다. 모든 사람이 자신의 위치에서 자신의 위치에 합당하고 진실하게 사는 삶을 살면서 서로 조화를 이룰 수 있다면 세상은 평화로워질 수 있다고 생각했다.

사회는 나와 타인으로 구성된다. 타인과 관계를 맺기 전에 중요한 것은 내가 나에 대해 솔직한가直이다. 내 속마음과 나의 행동이 어긋나면 타인과의 관계가 혼란스러워진다. 내가 '아'라고 말한 것이 '아'일 수도 있지만 실은 '어'의 뜻이라든가 '오' 혹은 '유'일 수도 있으면, 심지어 '가'일 수도 있다면, 게다가 그렇게 말하고 행동하는 사람이 한두 명이 아니라면 우리는 과연 무엇을 믿을 수 있겠는가? 신뢰信가 사라져 버리는 것이다. 내 말言과 행동行을 일치시키는 것이 타인과 관계를 맺기 전 내가 갖추어야 할 덕목이다. 그렇게 하고 나서야 내 마음을 타인에게 확장할 수 있다. 내 마음을 미루어 타인을 대할 수 있고恕, 더 나아가 내 진심을 다해 타인을 위할 수 있는忠 것이다. 그리고 이 모든 관계에는 사적인 감정이나 이해를 뛰어넘어 인간이면 해야 할 옳음義에 대한 판단知과 더 큰 틀에서 세상의 조화를 살피는 사회적 규범에 대한 이해禮가 필요하다. 사람으로 태어나 나와 타인, 그리고 사회에 대해 총체적으로 이해하고 필요한 기능을 숙지하고 숙련해서 평화로운 세상을 만드는 인재로 공헌할 수 있는 덕목이 인仁, 즉 온전한 사람다움이다. 논어에는 많은 개념어가 등장한다. 이 책에서는 최대한 의미가 잘 와닿는 일상어로 풀어 쓰려 노력했다. 각각의 상황을 떠올리며 천천히 읽어 가면 더 깊고 더 풍성한 의미를 헤아려 볼 수 있을 것이다.

『논어』에서 만나는 공자의 제자들

공자의 제자는 3000명이 넘었는데, 그중에 육예六藝●에 통
달한 뛰어난 제자가 77명이었다. 『논어』에 등장하는 제자는
29명이다. 이 중 자주 등장하는 제자 14명만을 추려서 간략
하게 소개한다. 원문 속에서 동일 인물이 여러 명칭으로 불
리곤 하는데 번역문에서는 대체로 더 자주 쓰이는 자字나 별
호를 대표 이름으로 삼아 통칭해 혼란을 줄였다.

자로子路

이름은 중유仲有, 계로季路로 불리기도 한다. 공자보다 9세
연하이다. 매우 용감하고 성질이 급했으며 배운 것은 반드
시 실천했다. 한때는 아주 포악하게 지내며 공자를 업신여
겼으나 공자에게 감화되어 제자가 되었다. 자로가 제자가

● 예절禮, 음악樂, 활쏘기射, 말타기御, 글쓰기書, 셈하기數. 공자
시대의 필수 교양과목.

된 이후 공자에 대한 뒷담화가 없어졌다고 한다. 공자는 그의 능력에 대해 큰 나라의 국방장관을 맡으면 아주 잘 해낼 거라고 말했다.

자공子貢

이름은 단목사端沐賜. 공자보다 31세 연하이다. 말을 잘하고 외교에 능했으며 세상 돌아가는 것을 아주 잘 예측해 상업으로 돈을 꽤 많이 벌었다. 공자가 죽은 뒤 공자 무덤 옆에 여막廬幕을 짓고 6년간 무덤을 지키며 스승의 상을 치렀다.

안연顔淵

이름은 안회顔回, 자연子淵으로도 불린다. 공자보다 30세 연하이다. 공자의 수제자이자 애제자. 덕행으로 이름이 났고, 학문을 아주 좋아했다. 무척 가난했고 요절했다.

염유冉有

이름은 염구冉求, 자유子有로도 불린다. 공자보다 29세 연하이다. 정치에 재능이 있어 노나라 실권자인 계씨의 집안을 총괄하는 총무 관리자가 되었다. 계씨 재산을 불려 주다가 공자에게 혼쭐이 나기도 했다.

공서화公西華

이름은 공서적公西赤. 공자보다 42세 연하이다. 예를 좋아해서 공자로부터 외교관이 되어도 잘 할 것이라는 평가를 받았다.

민자건閔子騫

이름은 민손閔損. 공자보다 15세 연하이다. 덕행으로 이름이 높았는데 그중에서도 효자로 명성이 자자했다.

재아宰我

이름은 재여宰予, 자아子我로도 불린다. 공자와의 나이 관계는 알 수 없다. 말을 잘하는 것으로 유명했는데, 공자에게는 말만 잘한다고 야단을 맞았다.

중궁仲弓

이름은 염옹冉雍. 공자보다 29세 연하이다. 행정 실무에 능력이 있었으나 비천한 출신이 걸림돌이 되었다. 이 사람을 통해 출신을 문제 삼지 말고 능력만 보라고 말하는 공자를 만날 수 있다.

증자曾子

이름은 증삼曾參. 자여子輿로도 불린다. 공자보다 46세 연하이다. 효도를 강조한 것으로 이름이 높다. 이해력이 워낙 느려서 아둔하다는 평가를 받았지만 동시에 끈기의 화신이어서 공자의 학통을 이어받은 적자로 인정되어 후세 사람들에게 추앙받은 인물이다.

자유子游

이름은 언언言偃. 공자보다 45세 연하이다. 문학에 뛰어났다. 무성이란 작은 고을을 맡게 되었을 때 음악으로 풍속의 교화를 시도한 적이 있다.

유자有子

이름은 유약有若. 공자보다 43세 연하이다. 공자와 생김새가
매우 닮아서 공자가 죽은 뒤에 이 사람을 추대하여 공자를
대신하게 하려 하였으나 증자가 동의하지 않았다.

자하子夏

이름은 복상卜商. 공자보다 44세 연하이다. 문학으로 이름이
났고, 거보莒父 지역을 맡아 다스리기도 했다. 공자가 죽은
뒤 공자학당의 주요한 인불이 되는데 가르침에서 자유子游
와 대립하는 모습을 보이기도 한다.

자장子張

이름은 전손사顓孫師. 공자보다 48세 연하이다. 인물은 매우
뛰어났다고 하는데 성격이 좀 극단적이라는 평가를 받았다.
그 유명한 과유불급過猶不及에서 '과'를 담당한 사람.

번지樊遲

이름은 번수樊須. 공자보다 36세 연하이다. 농사짓는 것을
물어보다가 공자에게 야단맞은 인물이다.

학이

—

자, 학문의 길을
열어 봅시다!

學而

공자가 말했다.

"배운 걸 자꾸 복습해서 내 것으로 만들면 정말 기분 좋지 않
나요? 먼 데서 뜻 맞는 친구가 찾아오면 너무나 즐겁죠! 남
이 나를 몰라줘도 섭섭해하지 않으면 진짜 제대로 배운 사
람 아니겠어요?"

子曰, 學而時習之, 不亦說乎. 有朋自遠方來, 不亦樂乎. 人不知而不慍,
不亦君子乎.

『논어』의 시작은 역시 '배움.' 꿈꾸는 것이 있는가? 배움을 통해
새 길이 열린다. 새롭지만 가 보지 않은 그 길에서 돌아서지 않기
위해서는 뜻을 함께하는 친구가 필요하다. 그리고 오랫동안 걸어
도 아무도 알아주지 않는다고 그 길이 없는 것인가? 알려지려고
나섰던 걸음이 아니란 것을 잊지 말라. 출발선에 선, 꿈꾸는 자를
위한 오리엔테이션: 배운다는 것, 그 자체의 즐거움. 함께해 주는
벗에 대한 고마움. 출세가 아닌 성숙을 향한 기대. 우리는 이 세
가지로 신발 끈을 묶고 새 여정을 떠날 것이다. 출발!

38

유자有子가 말했다.

"부모와 어른한테 잘하는 사람치고 윗사람에게 막 나가는
사람은 드물죠. 윗사람에게 막 나가지 않는 사람치고 어디

가서 깽판 치는 사람도 없어요. 제대로 배운 사람은 기본에 힘쓰는 법입니다. 기본이 잡히면 갈 길이 보이거든요. 그러니까 부모와 어른한테 잘하는 게 바로 사람다운 사람이 되는 기본인 거죠!"

有子曰, 其爲人也孝弟, 而好犯上者, 鮮矣. 不好犯上, 而好作亂者, 未之有也. 君子務本, 本立而道生. 孝弟也者, 其爲仁之本與.

유자는 공자의 제자로, 이름은 약若이다.

———————————— (1 - 3) ————————————

공자가 말했다.
"듣기 좋은 말과 상냥한 표정으로 기분을 맞춰 주는 사람치고 진짜 좋은 사람은 정말이지 거의 없어요."

子曰, 巧言令色, 鮮矣仁.

근데 여기에 안 속기가 진짜 어렵다. 내가 그리 좋다며 환한 웃음으로 다가와 입속의 혀처럼 내 기분을 척척 맞춰 줘서 그 사람만 만나면 화나고 답답하고 우울했던 마음이 눈 녹듯 녹아 기분이 화창해지는데, 그 사람에 대해 냉정한 이성을 발휘해 거리를 두고 살펴본다고? 이론적으로나 가능한 일이다. 그래서 사람 볼 줄 안다고 제 입으로 말하는 사람이 차고 넘쳐도 아첨은 여전히 손쉽게 사람 마음을 얻는 가장 효과적인 방법. 억지로 의심하라는 건 아니지만 그렇다고 내가 보는 것이 그 사람의 전부일 거라 생각해서도 안 된다는 말.

─────────────── (1 - 4) ───────────────

증자曾子가 말했다.
"나는 하루에 세 번 나 자신을 돌아봐요. '남을 위해 일할 때 내 힘을 다해 성실하게 했나? 친구랑 함께할 때 진심을 다했나? 배운 것을 익히고 실천했나?' 이 세 가지로 나를 반성합니다."

曾子曰, 吾日三省吾身. 爲人謀而不忠乎, 與朋友交而不信乎, 傳不習乎.

증자는 공자의 제자로, 이름은 삼參이다. 그는 좀 둔한 제자였다. 그러나 둔한 만큼 끈기가 대단해서 놀라운 지구력으로 결국 학문의 고지를 정복했고, 심지어 공자의 정통성을 이은 제자로 인정받았다. 증자는 노력형 제자의 대표적인 인물이다.

조선 정조 임금의 국정 일기인 『일성록』日省錄도 바로 증자의 이 구절에서 제목을 따온 것이다. 이 책은 『조선왕조실록』『승정원일기』와 함께 조선 시대 대표적 관찬 사서로 꼽히는데, 지난 2011년 유네스코 세계기록유산에 등재되었다. 나는 번역자의 한 사람으로 참여했을 뿐이지만 어쩐지 나의 영광 같은⋯⋯.

공자가 말했다.

"아무리 큰 나라나 조직이라고 해도 관리 원칙은 다를 게 없습니다. 아주 신중하게 일해서 아랫사람에게 믿음을 주고, 예산 관리를 잘하고 사람을 아끼며, 사람한테 뭘 시킬 때 그들의 사정을 봐 가면서 하면 되는 거예요."

子曰, 道千乘之國, 敬事而信, 節用而愛人, 使民以時.

이렇게 간단한데 실천은 왜 그리도 어려운 걸까? 나라든 기업이든 인품과 실력 모두에서 존경받는 지도자를 꼽는 일에 열 손가락이면 충분하고도 남는 것이 사실. 대체 무엇이 문제였는지 이제 공자학당 문을 열었으니 천천히 거닐며 하나하나 짚어 가 보자.

공자가 말했다.

41 "젊은이 여러분, 안에서는 효도하고, 밖에서는 어른을 공경하도록 하세요. 매사에 신중히 해서 믿음이 가게 행동하고, 사람들과 두루두루 원만하게 잘 지내면서 특히 사람다움을 잘 갖춘 사람과 가까이 지내도록 하세요. 이런 것부터 먼저 다 하고서 여유가 생기거든 그때 가서 지식을 쌓든지 문화적 감수성을 기르든지 하는 겁니다."

子曰, 弟子, 入則孝, 出則弟, 謹而信, 汎愛衆而親仁. 行有餘力, 則以學文.

책 들여다보고 문제집 푼다고 사람 되는 거 아니고, 전시회나 공연장 다닌다고 교양인 되는 거 아니다. 아닌데, 우리는 왜……?

──────────── (1 - 7) ────────────

자하子夏가 말했다.

"훌륭한 사람을 훌륭한 줄 알아보고 그런 사람을 껌벅 죽을 만큼 좋아하고, 부모를 자기 온 힘을 다해 모실 줄 알고, 나라나 대의에 봉사할 때 목숨 바칠 줄 알고, 친구와 사귈 때 일단 뱉은 말에는 책임을 지는 믿음직한 사람이라면, 학벌이 무슨 상관인가요? 그런 사람이야말로 진짜 배운 사람이지요."

子夏曰, 賢賢, 易色, 事父母, 能竭其力, 事君, 能致其身, 與朋友交, 言而有信, 雖曰未學, 吾必謂之學矣.

자하는 공자 제자로, 성은 복卜, 이름은 상商이다.

맨 첫 구절인 "賢賢, 易色"(현현, 역색)은 해석이 분분하다. '아내를 얻을 때 마음이 착하고 지혜로운 것을 중요시하고, 예쁜 생김새는 대수롭지 않은 것으로 여기고'라고 볼 수도 있다. 만약 그렇게 본다면 "易色"은 '이색'으로 읽어야 한다.

『논어』에는 여기와 같이 다양한 해석이 가능한 부분이 많다. 많은 정도가 아니라 아주 많다. 그러니 부디 정답을 찾지 마시고 다양함의 바다에 빠져 자유롭게 노니는 즐거움을 만끽하시길!

공자가 말했다.

"제대로 배워 인격을 수양한 지성인이라면 내면뿐 아니라 몸가짐도 듬직하고 신중하게 할 줄 아는 법입니다. 안 그러면 위풍당당해지지 않아요. 그러면 아무리 배워도 배운 것이 단단하고 튼튼하게 되질 못하죠. 일을 할 때는 마음을 다해서 충실하고 신의 있게 하고, 친구를 사귈 때는 만만한 사람 말고 보고 배울 게 많은 사람을 선택하도록 하세요. 그리고 실수하거든 곧장 고쳐야 합니다. 실수는 누구나 할 수 있어요. 다만 주저 없이 고치는 걸 아무나 하지 못하는 거죠."

子曰, 君子不重則不威, 學則不固. 主忠信, 無友不如己者, 過卽勿憚改.

증자가 말했다.

"지도자가 장례를 정성을 다해 치르고 먼 조상까지도 잘 추모한다면 말이죠, 그 본을 받아 사람들의 도덕성이 분명 훨씬 좋아지게 될 거예요."

曾子曰, 愼終追遠, 民德歸厚矣.

장례를 잘 지내고 먼 조상까지도 잘 추모하는 것은 지금 나를 이 세상에 존재할 수 있게 해 준 내 뿌리에 대한 감사의 표현이다.

만약 그 시간을 나와 내 가족을 위해 조상신에게 복을 비는 시간이 아니라, 우리 모두가 조상과 부모 덕분에 이 세상에 태어날 수 있었고, 그들이 애써 문화와 문명을 발전시킨 덕분에 그래도 이만큼 많은 것이 정리되고 갖춰진 세상을 누릴 수 있게 되었다는 사실을 되새겨 보는 시간으로 삼는다면, 그 시간은 내가 다음 세대에 남겨 줘야 할 세상이 어때야 할지를 생각하는 책임감으로 이어지게 되지 않을까?

———————————— (1 - 10) ————————————

자금子禽이 자공子貢에게 물었다.

"공자 선생님께서 이 나라에 도착하시면요, 꼭 이 나라 정치 상황에 대해 들으십니다. 정치에 참여한단 말씀이죠. 그건 공자 선생님께서 요구하신 건가요, 아니면 저쪽에서 먼저 자발적으로 알려 주는 건가요?"

자공이 대답했다.

"선생님께서는 온화함과 정직, 근엄한 모습 속에 깃든 공손, 검소와 겸손을 두루 갖추셨지. 그 인품으로 얻으신 거네. 저쪽에서 물어보고 싶어 안달이 나서 먼저 찾아오기 때문에 선생님께서 정치에 참여하시게 되는 것이니까 아마도 정치 쪽으로 닿을 길이 어디 좀 없나 찾으며 줄을 대는 다른 사람들의 방법과는 전혀 다르지 싶네만!"

子禽問於子貢曰, 夫子至於是邦也, 必聞其政, 求之與, 抑與之與. 子貢曰, 夫子溫良恭儉讓以得之. 夫子之求之也, 其諸異乎人之求之與.

자공은 공자의 제자로, 성은 단목端沐이고 이름은 사賜이다. 자금은 공자의 제자라고도 하고, 자공의 제자라고도 한다. 자금의 성은 진陳이고 이름은 항亢이다. 그나저나 자공이 말하는 공자의 인품, 끝내준다. 가만히 있어도 상대를 자기 쪽으로 불러오는 인품이라니!

----------------------------- (1 - 11) -----------------------------

공자가 말했다.

"진정한 효도를 하는지 어떻게 알 수 있을까요? 만약 부모님이 살아 계시다면 자식의 속마음을 봐야 합니다. 겉으로 행동만 대충 부모님을 따르는 척할 수도 있는데, 그건 아니거든요. 부모님이 돌아가셨다면? 그때 비로소 행동을 봐야 합니다. 부모님이 돌아가시고 삼 년 동안은 부모님이 살아생전에 뜻하셨고 행하셨던 일을 고치지 않고 그대로 따라야 효도라 할 수 있는 거죠."

子曰, 父在觀其志, 父沒觀其行. 三年無改於父之道, 可謂孝矣.

45

단, 부모님 살아생전의 뜻과 행동을 고치지 않고 따를 수 있도록 부모님의 옳지 않은 부분들을 살아 계실 때 (침묵하거나 모른 체할 것이 아니라) 많은 대화와 노력을 통해 돌이키실 수 있도록 하는 시도가 필요하겠지.

함께 읽어 볼 부분: 4-20(103쪽), 17-21(421쪽), 19-18(451쪽).

유자가 말했다.

"함께 사는 세상에는 사람과 사람 사이에 관계의 질서가 필요하죠. 그래서 사회적인 질서와 규범이라는 게 만들어진 건데 아무래도 좀 엄격하고 딱딱한 게 사실입니다. 그래서 이것을 실제로 쓸 때는 잘 어울려서 조화롭게 지낼 수 있도록 하는 방향으로 사용되고 있는지가 매우 중요해요. 옛날 아주 훌륭한 정치를 펼쳤던 지도자들도 통치 방법에서 이점을 중요하게 생각했죠. 그래서 큰일이든 작은 일이든 사람 간의 관계를 조화롭게 해서 잘 어우리지게 하는가 하는 원칙에 따라 처리했어요. 그렇지만 주의해야 할 것이 있어요. 조화롭게 해서 잘 어우러지게 해야 한다는 것만 알아서 마냥 조화롭게만 하려고 하고 질서와 규범으로 틀 잡는 걸 무시해서는 안 된다는 거예요. 치우쳐서 어느 한쪽만 선택하는 건 옳은 자세가 아닙니다."

有子曰, 禮之用, 和爲貴. 先王之道, 斯爲美, 小大由之. 有所不行, 知和而和, 不以禮節之, 亦不可行也.

46

『킹스맨』이란 첩보원 영화가 엄청 흥행을 하면서 영화와 함께 "매너가 사람을 만든다"Manners Maketh Man라는 대사도 덩달아 유행한 적이 있다. 그 '매너'는 '예절'과 그대로 통하는 말이다. 그런데 매너라는 말에서는 세련된 신사 숙녀가 연상되는 반면, 예절이란 말에서는 케케묵은 족쇄가 연상되는 이유는 뭘까? 아마도 예절에 대해 '왜'보다는 '어떻게'로만 접근해 온 우리 관습 탓이 클 것이다.

'예절'禮節이라는 말에서 '예'禮는 '사람과 사람 사이 관계를 적절히 조절하기 위한 사회적인 질서와 규범'이라는 의미를 가지고 있다. 그리고 '절'節은 대나무 줄기에 있는 하나하나의 마디처럼 그 '예'를 실제 생활에서 적용하기 위해 상황별로 마련된 시행 세칙을 뜻한다. 결국 예절은 함께 사는 사회에서 인간이 서로 배려해야 한다는 정신과 그 실행 방식을 담고 있는 것이다.

그런데 예절이 무엇이고 왜 필요한지 본질적인 의미는 제쳐 두고 '예절을 지켜야 착한 어린이 혹은 교양 있는 사람'이라는 강압적 전제만 앞세운 채 '인사하는 법' '젓가락질하는 법' '어른에게 대답하는 법' '식당에서 밥 먹는 법' '술 마시는 법' 등 각종 잗다란 시행 세칙만 무수히 가르치고 배우다 보니, '예절'이 괜히 어른이 아이의 자유로운 행동을 억압하려고 만든 거추장스럽고 딱딱한 구닥다리 족쇄처럼 느껴지는 것이다.

세상은 정말 다양한 사람들이 모여 사는 곳. 좋은 사람도 있지만 싫은 사람도 있고, 맞는 사람도 있지만 도무지 맞는 구석이라고는 없는 상극인 사람도 있다. 나이가 비슷한 사람도 있고 위든 아래든 세대가 확 다른 사람도 많다. 그래서 더불어 잘 살아가려면 존중과 배려가 건강하게 뿌리를 내려 줘야 한다. 이를 위해서 우리는 우리의 이기심을 먼저 직시할 필요가 있다. 우리가 스스로에게는 얼마나 놀랍도록 관대하면서 타인에게는 참을 수 없이 엄격한지 말이다. 그래야 배려의 습관을 들이는 딱딱하고 고된 과정을 기꺼이 받아들일 수 있고, 때로 사회적 강제도 필요하다는 사실도 담담히 받아들일 수 있게 된다. 아름다운 조화는 부드러움만으로는 결코 만들어지지 않는다. 우리의 이기심은 생각보다 힘이 어마어마해서 안 그래도 나약한 이타심 따위는 단지 귀찮다는 사소한 이유만으로 한 방에 제압해 버릴 수 있기 때문이다.

───────── (1 - 13) ─────────

유자가 말했다.

"정당한 것을 약속하면 그 약속은 실행될 수 있어요. 그리고 내 위치와 입장에 적절하게 공손하다면 그것은 비굴이 아니기 때문에 치욕을 당하지 않을 수 있죠. 인품과 실력이 훌륭한 사람을 믿고 의지하면 계속 존경하는 마음으로 그를 따를 수 있습니다."

有子曰, 信近於義, 言可復也. 恭近於禮, 遠恥辱也. 因不失其親, 亦可宗也.

───────── (1 - 14) ─────────

공자가 말했다.

"참된 배움에 뜻을 둔 사람은 음식이란 허기를 면하면 그만이고, 집이란 그저 잠자고 쉴 수 있으면 그만이지 그 이상을 구하지 않습니다. 행동은 민첩하게 하고 말은 신중하게 하고, 사람으로서 걸어야 할 바른길을 알고 있는 이를 찾아가 자기를 바로잡죠. 이 정도 수준이라면 배우기를 좋아하는 사람이라고 말할 만해요."

子曰, 君子食無求飽, 居無求安, 敏於事而愼於言, 就有道而正焉. 可謂好
學也已.

으으, 그럼 저의 수준은 어디란 말씀입니까? 저의 머릿속에는 아
직도 먹고 싶은 것이 족히 수십 가지는 뱅뱅 돌고 있고, 버스를
타고 도심을 지나다 보면 큰 것까진 바라지 않지만 그럴싸한 집
을 내 나이 얼마가 되면 가질 수 있을까 하는 생각이 어김없이 떠
오르는데요…….

———————————— (1 - 15) ————————————

자공이 물었다.
"가난해도 비굴하게 아첨하지 않고요, 부유해도 교만 떨지
않으면 어떤가요?"
공자가 답했다.
"뭐 괜찮기는 한데, 가난하면서도 즐길 줄 알고, 부유하면서
도 어떤 사람이든 존중하고 배려하기를 좋아하는 것만은 못
하지."

49 자공이 말했다.
"『시경』詩經을 보니까 '자르듯이, 자른 그것을 매끄럽게 갈아
놓듯이, 쪼아 놓듯이, 쪼아 놓은 그것을 반질반질 연마해 놓
듯이'란 구절이 있던데요, 상아나 옥 같은 건 원래 귀한 거지
만 그걸 잘 다듬으면 더 귀한 것이 되잖아요. 인격이란 게 끝
없이 다듬어야 하는 것이란 점이 이 구절이랑 잘 통하는 것
같아요!"

공자가 답했다.

"오, 제법이구나. 너랑 이제 시를 말해도 되겠는걸! 척하면 착이네!"

子貢曰, 貧而無諂, 富而無驕, 何如. 子曰, 可也, 未若貧而樂, 富而好禮者也. 子貢曰, 詩云, 如切如磋, 如琢如磨, 其斯之謂與. 子曰, 賜也, 始可與言詩已矣, 告諸往而知來者.

　　시를 함께 말할 만하다고 말한 건 정말이지 공자 선생님의 '특급 칭찬.'

――――――――――― (1 - 16) ―――――――――――

공자가 말했다.

"남이 나를 알아주지 않는 것을 걱정하지 말고, 내가 남을 몰라줄까 그것을 걱정해야 합니다."

子曰, 不患人之不己知, 患不知人也.

　　『논어』에 자주 등장하는 말이다. 애써 열심히 공부하는 것은 세상에서 필요로 하는 인재가 되고 싶기 때문이다. 특히 공자학당은 학문 그 자체가 아니라 세상을 위한 인재를 양성하는 곳이었으므로 이 학당의 학생들은 세상이 자기를 알아주기를 바라는 마음이 매우 컸을 것이다. 그러나 책이 시작하는 제1편에서 이와 같은 말이 무려 두 번이나 나오고 있다. 1장에서 "남이 나를 몰라줘도 섭섭해하지 않으면 진짜 제대로 배운 사람"이라고 했던 것, 그리고 여기. 이건 공 선생님 당신 자신을 다독이는 말임과 동시에 경험에서 우러나온 진심의 당부가 아니었을까? 그는 세상이 알아주지 않는 것을 평생에 걸쳐 진심으로 아파했던 인물이 아닌가 말이다.

자, 학문의 길을 열어 봅시다!

51

위정

—

효_孝란 무엇인가요?

爲政

2

공자가 말했다.

"내면에 갖추어진 바른 가치로써 정치를 하는 건 말이죠, 이를테면 북극성이 제자리에 있으면 다른 많은 별이 알아서 빙 둘러 북극성을 향하는 것과 같은 것입니다."

子曰, 爲政以德, 譬如北辰, 居其所, 而衆星共之.

북극성은 별들의 중심이 된다. 지도자가 바른 중심을 잡고 서면 나를 따리라, 뭘 지켜라, 어쌔라 능등 구구한 말을 하지 않아도 사람들이 스스로 알아서 그에게로 향한다.

공자가 말했다.

"『시경』의 시 삼백 편을 한마디로 하면 이거다. '맑은 마음.'"

子曰, 詩三百, 一言以蔽之, 曰思無邪.

공자는 시를 대단히 중요시했다. 시를 좋아하지 않는다면 공자 선생님과 친해질 마음은 애당초 살포시 접어 넣는 게 좋다. 앞서도 자공이 깨달음을 시로 짚어 내서 특급 칭찬을 받지 않았던가? 여기서 공자는 시를 배워야 하는 이유로 시가 담아내는 맑고 깨끗한 기운을 꼽고 있다. 물론 시는 좀 어렵다. 한 번 더 생각해야 하는 은근함에 인간과 자연이 빚어내는 삶의 깊이를 담아내기 때문에 직설적인 말이 갖는 즉각적이고 감각적인 맛은 없다. 그 묘한 맛이 좋아 나는 마음에 드는 시를 공책에 적어 두고 종종 꺼내 보곤 한다. 시의 맛을 알아 가는 건 물맛을 알아 가는 것과 같다. 탄산음료, 커피, 차, 술, 주스 vs. 맹물. 여기서 맹물의 가치를 알게 되면 그다음엔 물 자체의 맛을 구분할 수 있게 된다. 물 자체의 맛을 느끼고 음미할 수 있게 되면 샘이 깊은 맑은 물의 참맛이 비로소 느껴진다. 솔직함의 탈을 쓴 직설, 독설 때문에 일상에 크고 작은 열받음이 있었다면 자, 맑은 시의 바다에서 잠시 쉬면서 셸 위 댄스?

──────────── (2 - 3) ────────────

공자가 말했다.

"법으로 이끌고 형벌로 통제하면, 사람들은 어떻게든 법망을 빠져나가 형벌만 면하면 그뿐이라고 생각하지 잘못된 행동을 부끄러워할 줄은 모르게 됩니다. 그러나 올바른 가치와 철학으로 이끌고 예의로 통제하면, 사람들이 부끄러움도 알고 스스로 마음을 올바르게 할 줄도 알게 되지요."

55

子曰, 道之以政, 齊之以刑, 民免而無恥, 道之以德, 齊之以禮, 有恥且格.

──────────── (2 - 4) ────────────

공자가 말했다.

"저는 열다섯에 공부에 뜻을 두었어요. 삼십 대에 들어서니

저만의 주체적인 견해가 생기고, 사십 대에 들어서니 허망한 것에 휘둘리지 않게 되더군요. 오십 대에 들어서니 세상의 이치와 인간의 한계를 알게 되고, 육십 대에 들어서는 어떤 주장을 들어도 포용할 수 있게 되었어요. 칠십 대가 되니까 마음이 내키는 대로 해도 법도를 넘지 않게 되었습니다."

子曰, 吾十有五而志于學, 三十而立, 四十而不惑, 五十而知天命, 六十而耳順, 七十而從心所欲, 不踰矩.

그리하여 우리는 '15세를 지학志學, 30세를 이립而立, 40세를 불혹不惑, 50세를 지천명知天命, 60세를 이순耳順, 70세를 종심從心'이라고 부른다. 자, 이제 자기를 대입해 볼 시간. 나의 나이는? 나의 성취도는? 그러나 이 기준은 공자의 것일 뿐이고 사람은 각각 다른 속도로 자신의 삶을 걸어간다. 자신이 감당할 수 있는 속도가 자기에게 정답!

———————————————— (2 - 5) ————————————————

맹의자孟懿子가 효도에 대해 물었다. 공자가 말했다.
"어기지 않는 것이지요."
아뿔싸! 목적어를 말해 주지 않았는데 맹의자가 물어보지 않았다. '예법을'이 목적어인데 십중팔구 '부모님 말씀을'로 알아듣고 안 물어본 것일 터⋯⋯. 아무래도 마음이 놓이지 않은 공자가 얼마 뒤 번지樊遲가 운전해서 어딜 가는 길에 슬쩍 번지에게 말해 주었다.

"지난번에 맹의자가 나에게 효도에 대해 묻더구먼. 그래서 내가 '어기지 않는 것'이라고 말해 줬네."

이에 번지가 물었다.

"목적어가 없네요. 무슨 말씀이시죠?"

공자가 답했다.

"(그래, 이렇게 물어봐야지!) 부모님이 살아 계실 때는 생존해 계신 부모를 섬기는 예법에 따라 그대로 잘 섬기고, 돌아가셨을 때는 장례를 예법대로 지내고, 제사를 예법대로 지내야 한다는 말이네. (자, 이렇게 말해 뒀으니 맹의자 귀에 들어갈 수 있겠지?)"

孟懿子問孝. 子曰, 無違. 樊遲御, 子告之曰, 孟孫, 問孝於我, 我對曰, 無違. 樊遲曰, 何謂也. 子曰, 生事之以禮, 死葬之以禮, 祭之以禮.

맹의자는 노魯나라 대부로 성은 중손仲孫이고 이름은 하기何忌이다. 공자 당시 노나라는 군주는 허수아비였고, 실권은 맹손孟孫, 숙손叔孫, 계손季孫 세 대부 집안에 있었다. 이들은 삼환三桓이라고 불렸는데 이 중에서 맹손이 중손, 바로 맹의자의 집안이다. 권력으로 치자면 계손씨가 제일 갑甲이었지만, 그래도 그나마 공자에게 예쁨을 받았던 것은 맹손씨였다.

번지는 공자 제자로, 이름은 수須이다.

맹무백孟武伯이 효도에 대해 물었다. 공자가 말했다.
"부모님은 그저 자식이 병들어 아플까 걱정하시지요."

孟武伯問孝. 子曰, 父母, 唯其疾之憂.

맹무백은 바로 앞에 등장한 맹의자의 아들로 이름은 체彘이다.
맹손씨가 공자에게 예쁨을 받았던 것은 정치술과 권력에만 관심
을 가진 것이 아니라 이렇게 예와 효에 관심을 가지고 공자에게
배웠기 때문이다.

공자가 저렇게 말한 것으로 보아 맹무백은 틀림없이 약골이었을
것이다. 이후로 나오는 효에 관한 질문에 대한 공자의 답은 매번
다르다. 질문하는 사람이 다르니 그 답도 다른 것이다. 공자는 질
문에 대해 어떤 절대적인 정의를 내리는 것으로 답하지 않고 질
문하는 사람을 파악해서 그들의 부족한 점을 짚어 주는 것으로
답했다. 그것을 통해 그들이 자신의 부족함을 직시하고 해결하게
한 것이다. 제자를 일일이 알지 않고서는 해 줄 수 없는 답, 선생
님 공자의 멋진 모습이다.

자유子游가 효도에 대해 물었다. 공자가 말했다.
"요즘에는 부모님께 좋은 음식, 좋은 옷, 살 만한 집을 장만
해 드리는 걸 효도한다고들 하지. 하지만 아니 할 말로, 개나

말 같은 가축도 그렇게 부양하지 않느냐고! 공경하는 마음
이 없으면 무슨 차이가 있어?"

子游問孝. 子曰, 今之孝者, 是謂能養. 至於犬馬, 皆能有養, 不敬, 何以別乎.

자유는 공자의 제자로, 성은 언言이고 이름은 언偃이다.

처음 이 본문을 읽었을 때 머리를 한 방 맞은 것 같았다. 요즘 효도
는 공공연히 '돈'으로 표현되지 않는가? 효도뿐 아니라 양육도 결
국은 '돈'으로 표현되는 세상이다. 그러나 공자는 묻는다. 결국 물
질이 문제인 것이라면 그 관계가 가축과의 관계와 무엇이 다르
냐고.

──────────────── (2 - 8) ────────────────

자하가 효도에 대해 물었다. 공자가 말했다.

"표정 관리를 잘 해서 항상 낯낯한 얼굴로 모시는 게 참 어렵
지. 부모님께 무슨 일이 생기면 자식이 기꺼이 수고를 대신
해서 일을 처리하고, 좋은 술과 맛있는 음식이 생기면 먼저
드시게 하는 것만 가지고 효도를 다 했다고 할 수는 없는 노
릇이지."

子夏問孝. 子曰, 色難. 有事, 弟子服其勞, 有酒食, 先生饌, 曾是以爲孝乎.

자하, 표정이 좀 불순했나 보네. 항상 낯낯한 얼굴로 모시는 게
참 어렵지.

공자가 말했다.

"내가 안연顏淵 녀석과 진종일 이야기를 나눠 보았는데, 내내 질문하거나 대꾸하는 일이 한 번도 없어서 되게 맹한 사람처럼 보였지. 그런데 그 아이가 돌아간 뒤에 혼자 있을 때를 살펴보니까 그 녀석, 역시 내가 말해 줬던 걸 아주 제대로 실천하고 있더구먼! 안연은 절대 맹한 사람이 아니네!"

子曰, 吾與回言終日, 不違如愚. 退而省其私, 亦足以發, 回也不愚.

안연은 공자의 수제자이자 애제자로 이름이 회回이다. 공자는 정말이지 유난히 안연을 예뻐했다. 그래서 이렇게 첫 등장부터 공자의 칭찬을 받는 특권을 누리고 있다.

공자가 말했다.

"사람이 자기를 감출 수 있을까? 행동은 보면 그냥 보이고, 동기는 살펴보면 보이고, 속셈은 뜯어보면 보이지. 그런데 사람이 어떻게 자기를 감출 수 있겠나? 어떻게 감춰!"

子曰, 視其所以, 觀其所由, 察其所安. 人焉廋哉, 人焉廋哉.

관찰을 안 하는 게 문제지.

공자가 말했다.

"옛것을 잘 익히고 그것을 새로운 각도에서 이해할 수 있다면, 그는 누군가의 선생이 될 수 있습니다."

子曰, 溫故而知新, 可以爲師矣.

효孝란 무엇인가요?

그 유명한 온고지신溫故知新. 참 멋진 구절이다. 어른들은 젊은 세대에게 자꾸 옛것을 강요한다. 젊은 세대는 또 무조건 새것만 좋아한다. 오랫동안 무언가가 이어져 왔다면 그건 분명히 이어질 만한 어떤 가치가 있어서일 것이다. 그저 그것을 새로운 각도로 이해하는 과정이 없다면 그것은 다만 미래를 옥죄는 사슬이 될 뿐이다. 한 개인과 한 시대의 경험이란 폭이 좁을 수밖에 없다. 미래를 철없는 애송이라 단정하는 것도, 과거를 구닥다리라 규정하는 것도 모두 어리석다. 한 개인과 한 시대는 언제고 혼란을 겪게 마련인데 이런 자세는 그런 혼란을 해결할 지혜를 처음부터 내다 버리고 시작하겠다는 것과 같기 때문이다. 온고지신. 옛 세대나 새 세대 모두에게 필요한 참 멋진 말이다. 과거는 미래에게 자신의 경험을 내주고 그 해석과 변용을 미래의 몫으로 맡겨 둘 일이며, 미래는 자신이 과거와 완전히 결별한 신인류라 생각하지 말 일이다. 인간의 한계와 역사적 경험은 과거에게도 미래에게도 벗어날 수 없는 만만찮은 무게이다.

61

공자가 말했다.
"진정한 지성인은 도구적 인간이 되지 않는다."

子曰, 君子不器.

드라마『성균관 스캔들』에 나오며 유명세를 탄 사자성어 군자불기君子不器. 그릇은 일정한 용도에 맞게 만들어지기 때문에 그 용도로만 사용된다. 그러나 인품과 학식을 제대로 갖춘 지성인은 큰 그림과 세부 구조를 아울러 볼 수 있는 사람이기 때문에 어떤 상황에든 정확하고 유연하게 대처할 수 있다. 그래서 그릇처럼 한 가지 기능에 국한되지 않는 법이다.

자공이 어떻게 해야 진정한 지성인이 될 수 있느냐고 물었다. 공자가 말했다.
"말로 하려던 걸 행동으로 먼저 해. 말은 나중에 하고."

子貢問君子. 子曰, 先行其言, 而後從之.

말로 하면 이렇게나 단순한데 실제로 하자 하면 그토록 힘든 일, 말보다 행동.

공자가 말했다.

"진정한 지성인은 두루 잘 어울리고 파벌 따위를 만들지 않습니다. 지질한 인간은 파벌이나 만들지, 두루 어울리지 못하죠."

子曰, 君子周而不比, 小人比而不周.

공자가 말했다.

"지식을 쌓기만 하고 자기 생각이 없으면 고학력 앵무새, 자기 생각만 있고 제대로 된 지식을 쌓지 않으면 사람 잡는 선무당."

子曰, 學而不思則罔, 思而不學則殆.

공자가 말했다.

"바르지 못한 학설에 죽자고 매달리면 그저 해로울 뿐."

子曰, 攻乎異端, 斯害也已.

공자가 말했다.

"자로子路야, 진짜로 아는 것이 뭔지 알려 줄까? 아는 것은 안다고 하고 모르는 것은 모른다고 하는 것, 이게 진짜로 아는 것이야."

子曰, 由, 誨女知之乎. 知之爲知之, 不知爲不知, 是知也.

드디어 그 유명한 자로가 등장했다. 용기와 실천에 있어 둘째가라면 서러운 사람. 항상 공사 선생님 옆에 있긴 하지만 깊고 어려운 대화를 나누거나 칭찬을 받기보다는 핀잔 듣는 경우가 더 많은 제자. 그러나 공자와 더없이 가까워 보이는 제자. 성은 중仲이고, 이름은 유由이다.

공자 선생님은 이처럼 말씀하셨지만 역설적이게도 아는 게 많아질수록, 가방끈이 길어질수록, 가방끈이 좋아질수록 모르는 걸 모른다고 인정하는 것이 힘들어지기만 한다.

자장子張이 성공하는 방법을 배우고자 했다. 그래서 공자가 가르쳐 줬다.

"일단 많이 들어. 그리고 그중에서 확실히 이해가 안 가는 부분을 빼. 그렇게 하고서 남은 것이 내가 '안다'라고 할 수 있는 것이지. 바로 그 아는 걸 말할 때조차 신중하게 말해야 해.

그러면 허물이 적어지지.

일단 많이 봐. 그리고 그중에서 마음에 와닿지 않는 부분을 빼. 그렇게 하고서 남은 것이 내가 '안다'라고 할 수 있는 것이지. 바로 그 아는 걸 행할 때조차 신중하게 행해야 해. 그러면 후회가 적어지지.

말에 허물이 적고 행동에 후회가 적으면 성공은 따라오게 돼 있어."

子張學干祿. 子曰, 多聞闕疑, 慎言其餘則寡尤, 多見闕殆, 慎行其餘則寡悔. 言寡尤, 行寡悔, 祿在其中矣.

자장은 공자의 제자로, 성은 전손顓孫이고 이름은 사師이다.

──────── (2 - 19) ────────

노나라 군주인 애공哀公이 물었다.

"어떻게 하면 백성이 마음으로부터 저를 따를까요?"

공자가 대답했다.

65 "올곧은 사람을 등용해서 비뚤어진 사람 위에 둔다면 백성이 따를 것이고, 비뚤어진 사람을 등용해서 올곧은 사람 위에 둔다면 백성이 따르지 않을 것입니다."

哀公問曰, 何爲則民服. 孔子對曰, 擧直錯諸枉則民服, 擧枉錯諸直則民不服.

군주가 해야 할 일은 하나. 인재를 제대로 발탁해서 등용하는 것이다. 그러면 나라는 절로 다스려진다. 근데 이게 그렇게나 어렵다. 공평무사한 인재 등용.

───────────── (2 - 20) ─────────────

노나라의 정치적 실세 계강자季康子가 물었다.

"백성이 윗사람을(그러니까 저를요!) 존경하고, 충성을 바치고, 또 이런 존경과 충성을 서로서로 막 권장하게 만들려면 어떻게 해야 하나요?"

공자가 대답했다.

"당당하고 정중하게 행동하면 존경할 겁니다. 부모를 사랑하고 모든 아랫사람에게 친절하면 충성할 거고요. 잘 하는 사람은 뽑아서 일을 맡기고, 잘 못하는 사람은 잘 할 수 있게 가르쳐 주면 윗사람을 절로 존경하면서 존경하고 충성할 만하다고 서로들 떠들어 대게 될 겁니다. (그러니까 너만 잘하시면 되는데요!)"

季康子問, 使民敬忠以勸, 如之何. 子曰, 臨之以莊則敬, 孝慈則忠, 擧善而敎不能則勸.

66

　　계강자는 노나라 대부로, 이름은 비肥이다. 계손씨는 노나라 삼환 중 가장 힘이 강한 가문이었다. 앞 장 노나라 군주의 질문 바로 다음에 노나라 실권자의 질문이 이렇게 배치되어 있다. 재미있는 편집이다. 앞서 군주에게는 원칙에 대해 말했다면 여기서는 조금 더 자세한 내용을 말하고 있다.

어떤 사람이 공자에게 물었다.

"선생님은 어째서 정치에 참여하지 않는 건가요?"

공자가 말했다.

"『서경』書經에 보면, '효도해야 한다! 부모에게 효도하고, 형
제간에 우애해서 정치까지 이 영향력을 퍼뜨린다'라는 말이
있어요. 그렇다면 이것도 정치에 참여하는 것이지요. 왜 꼭
관직에 나가야만 정치하는 것이겠어요?"

或謂孔子曰, 子奚不爲政. 子曰, 書云, 孝乎惟孝, 友于兄弟, 施於有政. 是
亦爲政, 奚其爲爲政.

집안을 잘 다스리는 것으로부터 시작해서 세상을 다스리는 데까
지 확장시켜 나가는 유가의 입장으로 볼 때 틀린 말은 아니다. 그
래도 어딘지 변명인 듯 변명 아닌 변명 같은…….

67

공자가 말했다.

"사람이 신의가 없다. 글쎄……. 그래도 될까요? 그건 자동차
에 동력 전달 장치가 없는 것과 같아요. 엔진이 있으면 무슨
소용입니까? 어떻게 움직일 수 있겠어요?"

子曰, 人而無信, 不知其可也. 大車無輗, 小車無軏, 其何以行之哉.

─────────────── (2 - 23) ───────────────

자장이 수백 년 뒤의 일을 아는 것이 가능한지 물었다. 공자
가 말했다.

"사람들은 대개 무에서 유를 만들어 내진 않네. 이전에 있던
것을 본떠서 고치거나 변형해서 쓰는 거지. 은殷나라는 그
이전 왕조인 하夏나라 체제를 가져다 썼고, 주周나라는 또 은
나라 걸 가져다 썼거든? 그러니까 뭘 더하고 뭘 뺐는지 알
수 있지. 그 어떤 나라가 혹시 수나라를 계승한다면 수백 년
뒤만 알 수 있겠나? 수천 년 뒤라도 얼마든지 알 수 있네."

子張問十世可知也. 子曰, 殷因於夏禮, 所損益, 可知也, 周因於殷禮, 所
損益, 可知也. 其或繼周者, 雖百世, 可知也.

21세기 대한민국에도 이 말이 해당될까? 물론이다. 조선이라는
'왕조 국가'에서 대한민국이라는 '민주 국가'로 옮겨 왔으니 국가
의 주체가 되는 가장 큰 틀이 변형되었다. 하지만 우리는 조선의
역사를, 나아가 한반도에 있었던 모든 역사를 그대로 이어받은
측면도 있다. 그 사이에서 그대로 본뜬 것은 무엇이고, 고치거나
변형한 것은 무엇이며, 아주 바꾼 것은 또 무엇일까? 아울러 잘못
본뜨거나 고쳐서 다시 더해야 하는 것은 무엇이고 다시 삭제해
가야 하는 것은 무엇일까? 역사를 미래를 설계하는 지혜로 일구
려면, 역사를 그저 과거의 이야기로 대하는 것이 아니라 먼저 이

렇게 현재와 비교하고 대조하며 찬찬히 뜯어보며 들여다보는 자세가 반드시 필요하다.

─────────────── (2 - 24) ───────────────

공자가 말했다.

"내가 제사 지내야 할 대상이 아닌데 제사 지내는 건 그 대상에게 아첨하는 거지요. 마땅히 해야 할 것을 보고서도 달려들지 않는 건 비겁한 겁니다."

子曰, 非其鬼而祭之, 諂也. 見義不爲, 無勇也.

팔일

—

질서가 무너진 사회

八佾

3

공자가 계씨에 대해 말했다.

"일개 지방 유지가 권력 좀 있다고 황제급 의전을 자기 집 앞마당에서 펼치고 있더라고. 이런 짓을 할 정도면 또 무슨 짓을 못하겠나?"

孔子謂季氏, 八佾舞於庭, 是可忍也, 孰不可忍也.

원문에 나오는 "八佾舞"(팔일무)는 천자만이 추게 할 수 있는 춤이다. 그런데 계씨기 제후도 아니고 심지어 대부인 처지에 그 춤을 자기 뜰에서 추게 했다는 것이다.

당시 중국의 천자국이 주나라였다. 주나라가 힘을 잃으면서 제후라 불리는 각 나라가 주나라를 무시하기 시작한 것이 춘추 시대이다. 제후가 막 나가기 시작하자 제후 아래 있는 대부는 더 막나가기 시작했다. 그래서 제후국 안에서는 대부가 정치 실세가 되어 제후인 군주를 내리누르는 경우가 비일비재했다. 노나라도 그런 나라 중의 하나였다. 노나라의 실권은 맹손, 숙손, 계손 세 대부에게 있었고, 그중에서도 실세 중의 실세는 계손씨, 즉 계씨였다. 사람이 돈과 권력을 쥐면 제왕이 되고 싶은 법. 계씨도 예외는 아니었다. 그래서 제후도 뛰어넘어 천자의 권위를 넘본 것이다. 공자가 사회 질서의 핵심으로 보았던 예가 무너진 상황을 보여 주는 사례라 하겠다.

72

노나라 실세인 맹손씨, 숙손씨, 계손씨 세 집안이 제사를 마치고 제사상을 거두어들일 때 천자만이 사용할 권리가 있는 음악을 사용했다. 이 사실을 알게 된 공자가 분노했다.

"'제후들이 제사를 돕는구나. 천자의 위용 거룩도 하시네'라는 가사를 어째서 세 대부 집안 제사에 가져다 쓴다는 거냐? 이런 무례한!"

三家者以雍徹. 子曰, 相維辟公, 天子穆穆, 奚取於三家之堂.

공자가 말했다.

"사람이면서 사람답지 못하면 넘치는 매너가 다 무슨 소용이겠나? 사람이면서 사람답지 못하면 높은 문화 수준이 다 무슨 소용이겠나?"

73   子曰, 人而不仁, 如禮, 何. 人而不仁, 如樂, 何.

사람으로 태어났다고 다 사람인 거 아니다. 있어 보이는 생활 좀 한다고 사람인 거 아니다. 사람이 사람 되는 게 사람으로 태어나 제일 이루기 어려운 일인 것 같다.

임방林放이 예의 본질에 대해서 물었다. 공자가 말했다.
"우와! 이런 훌륭한 질문이라니! 예의는 격식보다 마음이지!
평소에 예를 차릴 때는 화려하고 사치스럽게 하기보다 검
소하게 해야 하고, 상을 당했을 때는 순서나 절차 같은 걸 매
끈하게 잘 해내는 데 신경을 쓰기보다 진심으로 슬퍼해야
하지."

3

팔
일

八
佾

林放問禮之本. 子曰, 大哉, 問. 禮, 與其奢也, 寧儉, 喪, 與其易也, 寧戚.

임방은 노나라 사람이다. 공자의 제자라는 설도 있지만 확실하지
않다.
예의처럼 형식으로 흐르기 쉬운 것이 또 있으랴? 그래서 본질을
물은 임방을 아낌없이 칭찬한 것이다.

공자가 말했다.

74

"정치적으로 안정된 문화 후진국보다는 차라리 정치적으로
불안정한 문화 선진국이 낫다."

子曰, 夷狄之有君, 不如諸夏之亡也.

공자는 질서와 문화가 내면화된 사회의 힘을 신뢰했다. 전통적으

로 문화 강대국인 경우는 시민 의식의 수준 자체가 높아 사회적인 저력이 있다. 정치권이 좀 흔들린다 해도 사회 전체가 쉽게 흔들리지 않는다. 그러므로 아직 국민 개개인의 의식 수준이 낮은 나라가 정치적으로 반짝 일어선다 해도 문화 강대국이 잠깐 정치적 혼란을 겪는 것과 같은 수준으로 비교할 수 없다고 본 것이다.

———————— (3 - 6) ————————

계씨가 대부인 주제에 태산泰山에 제사를 지냈다. 태산에 제사를 지내는 건 제후만이 할 수 있는 일이었다. 이런 행동이 못내 못마땅했던 공자가 당시 계씨 집안의 신하로 있던 제자 염유冉有에게 한마디 했다.

"네가 어떻게 좀 못 해 보겠던?"

염유가 대답했다.

"네…… 어떻게 못 하겠더라고요."

공자가 탄식했다.

"허, 그것참! 얼마 전에 임방이 나에게 예의 본질이 뭐냐고 묻더구먼. '본질' 말일세. 그 사람도 본질을 물을 줄 아는데 태산의 신이 그 사람만큼도 예에 대해 몰라서 누구든 제사만 드려 주면 받을 거라고 생각하는 겐가?"

季氏旅於泰山. 子謂冉有曰, 女弗能救與. 對曰, 不能. 子曰, 嗚呼, 曾謂泰山, 不如林放乎.

염유는 공자의 제자로 이름은 구求이다. 염유는 어떻게 해 볼 도리가 없었다고 말하고 있기는 하지만 저 뒤 제11편 「선진」先進 17장(250쪽)에서 세금 걷어 계씨 재산 불려 주다가 공자에게 혼쭐 이 난 걸 보면 이때도 계씨의 힘을 지레 두려워해서 아예 손쓸 생 각조차 안 해 본 것 같다.

───────────────── (3 - 7) ─────────────────

공자가 말했다.

"인품을 잘 수양한 지성인은 남과 경쟁하는 법이 없는데, 활 쏘기만큼은 꼭 경쟁을 하지요! 예의를 갖춰서 인사를 하고 활 쏘는 단에 올라가고, 활을 쏜 뒤에는 내려와서 진 사람이 벌주를 마십니다. 그런 경쟁은 자신을 바르게 잘 다스릴 줄 아는 사람들이 할 법한 멋진 경쟁이지요."

子曰, 君子無所爭. 必也射乎. 揖讓而升, 下而飮. 其爭也君子.

활쏘기는 결국 자기 자신과의 싸움이다. 얼마나 집중하고 얼마나 흐트러지지 않았느냐가 명중의 결과를 좌우한다. 남을 탓할 수 있는 경쟁이 아니다. 그래서 활쏘기만큼은 옛날 선비의 자기 수 양을 돕는 운동으로 권장되고 행해졌다. 조선 후기 정조 임금도 활쏘기를 매우 즐겨 무사보다 활을 더 잘 쏘았다고 한다. 문득 영 화 『역린』이 떠오른다. 활을 그렇게 잘 쏘려면 정말로 정조 임금 도 실제로 화난 등 근육을 갖고 있지 않았을까?

자하가 물었다.

"『시경』에 보니까 '애교 넘치는 웃음, 보조개가 쏘옥 예쁘게도 들어가네. 아름다운 눈, 눈동자가 또렷또렷 선명도 하지! 흰 바탕이 그 자체로 채색이어라!'라는 구절이 있더라고요. 이게 무슨 말인가요?"

공자가 말했다.

"흰 바탕을 먼저 마련한 뒤에 그 위에 색칠을 한다는 말이지."

"아하! 상대를 존중하는 마음이 먼저 갖춰져야 하고 예절이라는 형식은 그 뒤의 일이란 말씀이시군요?"

"이야, 네 덕분에 내가 정신이 번쩍 든다야! 이제 너랑 시를 좀 얘기할 만하겠는데?"

子夏問曰, 巧笑倩兮, 美目盼兮, 素以爲絢兮. 何謂也. 子曰, 繪事後素. 曰, 禮後乎. 子曰, 起予者, 商也. 始可與言詩已矣.

자하가 잘 이해가 안 가는 시구를 질문했다. 공자의 설명을 듣자마자 자하는 바로 그 시로 '예'의 의미를 이해했다. 예절이라는 건 채색이고 그것을 담을 마음이라는 바탕이 먼저 마련되어야 한다는 걸 바로 연상한 것이다. 시는 이렇게 활용된다. 이렇게 풍부한 의미로 연상 작용이 가능해질 때 우린 공자 선생님과 시 한 수 함께 읊어 볼 수 있는 것이다.

여기서 챙겨 둘 사자성어 회사후소繪事後素. 채색에 앞서 흰 바탕부터 준비되어 있어야 한다는 말, 그러니까 그 어떤 것보다도 본

질서가 무너진 사회

77

질이 우선한다는 뜻.

공자가 말했다.

"하나라 제도가 어땠다고 제가 말할 수는 있습니다. 그러나
그 후예인 지금의 기杞나라가 그걸 충분히 증명해 보여 주지
는 못해요. 은나라 제도도 마찬가지로 제가 말할 수는 있지
만 그 후예인 지금의 송宋나라가 충분히 증명해 주지 못하고
요. 두 나라 모두 그걸 기록해 놓은 책도, 그걸 제대로 기억
하고 있는 사람도 부족하기 때문이에요. 이런 것들이 충분
하다면 제가 증명하고도 남죠."

子曰, 夏禮, 吾能言之, 杞不足徵也, 殷禮, 吾能言之, 宋不足徵也. 文獻不
足故也. 足則吾能徵之矣.

공자가 말했다.

"체禘 제사에 대해 말하자면, 처음 술을 따르는 의식을 치르
고 난 뒤부터는 의식 절차가 엉망진창입니다. 그래서 저는
그 순서 이후로는 보고 싶지가 않아요."

子曰, 禘自旣灌而往者, 吾不欲觀之矣.

체 제사는 원래 주나라 천자만 지낼 수 있는 것. 그런데 노나라가 이 제사를 지냈다. 이것만도 공자는 못마땅한데 그나마 이제는 절차도 엉망진창이다. 공자는 속이 많이 상했다.

───────────── (3 - 11) ─────────────

어떤 사람이 체 제사가 무엇인지 물었다. 이에 공자가 말했다.
"저는 잘 몰라요. (체 제사는 천자가 지내는 제사인데 노나라가 지내고 있잖아. 게다가 의식 절차도 엉망이잖아. 나는 정말이지 말하고 싶지가 않아. 내가 모르겠다고 말할 땐 말하고 싶지 않다는 의미란 걸 알아야 해!) 그 내용을 아는 사람은 말이죠, 온 천하를 다스리는 일이 아마 세상을 (자기 손바닥을 가리키며) 여기에 올려놓고 보는 것같이 쉬울걸요!"

或問禘之說. 子曰, 不知也, 知其說者之於天下也, 其如示諸斯乎. 指其掌.

───────────── (3 - 12) ─────────────

79

공자는 제사를 지낼 때 그 대상이 실제로 자리에 있는 듯이 했고, 신에게 제사 지낼 때에는 그 신이 실제로 자리에 와 있는 듯이 했다. 공자가 말했다.
"내가 직접 제사에 참여하지 않으면 제사하지 않은 것과 같다."

祭如在, 祭神如神在. 子曰, 吾不與祭, 如不祭.

제사를 지낸다는 게 중요한 게 아니라 '내가' 제사를 지낸다는 게 중요한 것이다. 형식이 중요한 것이 아니라 내 진심이 중요한 것이기 때문이다.

─────────── (3 - 13) ───────────

위衛나라 대부인 왕손가王孫賈가 물었다.
"아주 맨 위에 있는 사람에게 잘 보이기보다는 담당 실무자나 실권자에게 살 보이는 게 낫다는 말이 있던데 이 말, 썩 맞는 말 아닌가요?"
공자가 답했다.
"그건 좀 아닌 것 같은데요. 근본적으로 도리에 어긋나는 짓을 하고 나면 어차피 어디 잘 봐 달라고 빌 데도 없을 텐데요."

王孫賈問曰, 與其媚於奧, 寧媚於竈, 何謂也. 子曰, 不然. 獲罪於天, 無所禱也.

공자는 노나라를 떠나 위나라에서 위나라 임금인 영공靈公을 섬긴 적이 있었다. 이 대화는 그때 전후의 일이다. 왕손가는 영공 말고 실세인 자기 라인을 타는 게 어떠냐고 공자에게 압력을 좀 넣고 있는 중. 공자는 그따위 잔챙이 특혜 같은 건 관심이 없고 큰 도리를 어떻게 지킬 것이냐 이런 것만 신경 쓴다면서 멋지게 거절.
원문에서 "與其媚於奧, 寧媚於竈"(여기미어오, 영미어조)의 원래 뜻은 '아랫목 신奧에게 잘 보이기보다는 부엌 신竈에게 잘 보이는 게 낫다'이다. 옛날에는 봄, 여름, 여름과 가을 사이, 가을, 겨울 다섯 차례에 걸쳐 집안의 각각 다른 장소, 그러니까 봄에는 외짝 문戶, 여름에는 부엌, 여름과 가을 사이에는 집의 중앙, 가을에는 두짝 문門, 겨울에는 길에 각각 제사를 지냈다. 이를 오사五祀라 부른다. 그리고 그 모든 제사에서 아랫목 신은 집의 주인으로서 마지막 인사를 받았다. 이렇게 보면 아랫목 신이 존귀한 자리이긴 했지만 제사의 주인공은 늘 따로 있었던 셈이다. 높기야 아랫목 신이 높지만 제철을 만나면 실권을 쥐는 것은 부엌 신이었으므로 왕손가가 그렇게 말한 것이다.

———————————————————— (3 - 14) ————————————————————

공자가 말했다.

"주나라는 하나라와 은나라 두 왕조의 고상한 예법과 제도를 살펴보고 절충했으니, 그 문화가 아주 더할 나위 없이 찬란합니다! 저는 주나라의 예법을 따르겠어요!"

81   子曰, 周監於二代, 郁郁乎文哉. 吾從周.

    그래서 공자의 사랑은 오로지 주나라!

———————————————————— (3 - 15) ————————————————————

공자가 제사를 지내러 태묘太廟에 들어가면 일마다 일일이 물어보았다. 이 모습을 본 어떤 사람이 잘못된 평판에 속았다는 듯이 말했다.

"누가 추鄹 땅 사람의 아들더러 예법을 안다고 하는 건가? 태묘에 들어가서는 일마다 일일이 질문을 하더구먼!"

공자가 이 말을 듣고 말했다.

"그렇게 하는 것이 바로 예법이지요."

子入太廟, 每事問. 或曰, 孰謂鄹人之子, 知禮乎. 入太廟, 每事問. 子聞之曰, 是禮也.

공자 완승! 아, 잠깐, "태묘"는 노나라 시조의 사당, 그러니까 주공周公의 사당이고 "추 땅 사람의 아들"이란 공자를 가리키는 말이다.

───────── (3 - 16) ─────────

공자가 말했다.

"활쏘기에서 중요한 것은 과녁을 뚫느냐 마느냐가 아니다. 사람마다 힘의 클래스가 다르기 때문이다. 전통적 활쏘기는 그랬다."

82

子曰, 射不主皮, 爲力不同科, 古之道也.

맞히는 것은 자신의 몫이다. 그러나 꿰뚫는 것은 자신의 몫이 아니다. 타고난 힘의 한계가 있기 때문이다. 이런 미묘한 면을 짚어낼 때 공자가 좀 멋있다.

매월 초하루가 되면 그달 달력을 꺼내 사용하기 전에 먼저 양을 잡아서 제후가 사당에 제사를 지내 알렸다. 이 제사 의식을 곡삭告朔이라고 한다. 노나라 때는 이 곡삭 의식을 행하지 않았는데 여전히 양은 잡았다. 자공은 제사는 지내지 않으면서 양만 잡는 것은 형식만 남은 낭비라고 생각해 그 희생을 폐지하려고 했다. 그러나 공자의 생각은 좀 달랐다.

"자공! 너는 양이 아까우냐? 나는 그 양 잡는 일마저 사라지면 중국이 어떤 질서로 움직여 왔는가를 기억하게 하는 예법이 아주 사라져 버릴까 그게 아까운데 말이다."

子貢欲去告朔之餼羊. 子曰, 賜也, 爾愛其羊. 我愛其禮.

형식만 남은 예법은 폐지하는 것이 좋을까, 아니면 그 의미의 불씨를 살려 두기 위해 형식이나마 남기는 것이 좋을까? 쉽게 답하기 어려운 문제다. 남겨야 하는 게 있고, 남겨도 좋은 게 있고, 남길 필요가 없는 게 있고, 남겨서는 안 되는 게 있을 것이다. 그래서 『논어』를 천천히 공자와 대화하듯 읽을 필요가 있는 것 아닐까?

83

공자가 말했다.

"예법에 맞게 신하가 갖추어야 할 예절을 다해 임금을 섬겼더니, 나 원 참, 사람들이 나더러 아부 떤다고 하는구나!"

子曰, 事君盡禮, 人以爲諂也.

때로 우리는 함부로 행동하는 무례를 당당함이라 착각하고, 말을 가려 할 줄 모르는 무례를 솔직함이라고 착각하는지도 모른다.

───────────── (3 - 19) ─────────────

노나라 정공定公이 물었다.
"임금은 신하를 어떻게 부려야 하고 신하는 임금을 어떻게 섬겨야 합니까?"
공자가 대답했다.
"임금은 존중과 배려로 신하를 부리고, 신하는 진심을 다해 임금을 섬겨야 하지요."

定公問, 君使臣, 臣事君, 如之何. 孔子對曰, 君使臣以禮, 臣事君以忠.

───────────── (3 - 20) ─────────────

공자가 말했다.
"『시경』의 「물수리」關雎라는 시는 즐거우면서도 난잡해지지 않고 슬프면서도 비통에 빠지지 않는, 아주 뛰어난 작품입니다."

子曰, 關雎, 樂而不淫, 哀而不傷.

자, 그럼 이제 그 뛰어난 작품을 감상하고 가실까요?

쿠쿠 꾸꾸 들려오는 물수리 울음소리
암컷 수컷 강 모래섬에서 다정도 하구나.
참하고도 조신한 착한 아가씨
멋진 선비의 좋은 짝이로다!

들쭉날쭉한 마름나물
이리저리 물결 따라 뜯어 보도다.
참하고도 조신한 착한 아가씨
나의 짝, 오매불망 그대를 그리는데
찾아도 찾아도 얻질 못했네.
내 마음 자나깨나 배필 생각뿐
무슨 밤이 이리도 길고 길다지?
이리 뒤척 저리 뒤척 밤이 새누나.

들쭉날쭉한 마름나물
이리저리 좋은 것만 골라 뜯도다.
참하고도 조신한 착한 아가씨
거문고와 비파로 사랑을 속삭이네.
들쭉날쭉한 마름나물
이리저리 가려 삶아 올려 보도다.
참하고도 조신한 착한 아가씨
종이며 북으로 함께 즐기자꾸나.

천생배필을 만난 행복한 결혼을 노래한 시. 그러나 한 걸음 나아가서 이 시 속에서 주나라 시조인 문왕文王과 그의 훌륭한 아내 태사太姒의 만남을 읽어 내고, 두 걸음 나아가 이 시를 군신 간의 인연으로 읽어 낸다면 센스 만점!

--------------------------------- (3 - 21) ---------------------------------

노나라 군주 애공이 공자의 제자 재아宰我에게 사직에 심을 나무에 대해 물었다. 재아가 대답했다.

"하나라는 소나무를 심었고, 은나라 사람은 측백나무를 심었고, 주나라 사람은 밤나무를 심었습니다. 주나라가 밤나무를 심은 것은 밤나무를 뜻하는 '栗'(률·율)이 '전율'戰栗, 즉 백성이 두려워하게 한다는 의미를 갖고 있기 때문입니다."

이 말을 전해 들은 공자가 말했다.

"이미 해 버린 일이라 설명도 못 하겠고, 이미 끝난 일이라 충고도 못 하겠고, 이미 지나간 일이라 나무라지도 못 하겠고!"

哀公問社於宰我. 宰我對曰, 夏后氏以松, 殷人以栢, 周人以栗, 曰, 使民戰栗. 子聞之曰, 成事, 不說, 遂事, 不諫, 旣往, 不咎.

86

재아는 공자의 제자로 이름은 여予이다. 일단 말로 잘 저질러 버리는 습성이 있어서 이후로도 계속 야단만 맞는 인물이 바로 이 재아이다. 공자랑 잘 안 맞는 제자.

몹시 두려워 몸을 벌벌 떠는 것을 뜻하는 '전율'의 한자는 '戰慄'이다. 사직에 심는 나무가 왕조마다 다른 것은 각각 토질에 적당한 것을 골라 심었기 때문일 뿐인데, 재아는 옛날에 죄인을 사직에서 죽였던 것을 떠올려 '栗'과 '慄'이 소리가 같은 것을 가지고 제 나름대로 추론해 정답인 양 답해 버린 것이다.

──────── (3 - 22) ────────

공자가 말했다.

"관중管仲은 그릇이 작구나!"

어떤 사람이 이 말을 듣고 물었다.

"관중이 검소했나 보죠?"

"관중은 건물 세 채를 세워 거기에 여자와 재물을 넘치게 쌓아 두었고, 일의 종류마다 담당자를 따로 두었는데 어떻게 검소했다고 할 수 있겠어요?"

"그럼 까다롭게 예법을 따졌나요?"

"임금이라야 설치할 수 있는 문을 제 집에 설치했고, 임금끼리의 만남에서나 쓸 수 있는 공식 파티 도구를 쓴 사람입니다. 그런 관중을 예법을 아는 사람이라고 한다면 세상에 예법을 모르는 사람이 누가 있겠습니까?"

子曰, 管仲之器小哉. 或曰, 管仲儉乎. 曰, 管氏有三歸, 官事不攝, 焉得儉. 然則管仲知禮乎. 曰, 邦君, 樹塞門, 管氏亦樹塞門. 邦君, 爲兩君之好, 有反坫, 管氏亦有反坫. 管氏而知禮, 孰不知禮.

　　관중은 제齊나라의 재상으로 환공桓公 때 크게 등용되어 환공을 춘추 시대 첫 번째 패자覇者로 만들고 아울러 제나라를 동쪽의 초

강대국으로 만들어 낸 불세출의 인물이다. 그러나 공자는 관중이 결국 만고에 올바른 길인 왕도 정치로 환공을 이끌지 못했던 점을 짚어 그의 그릇이 작다고 했다. 하지만 이 말을 듣고 있던 사람은 그릇이 작다는 말을, 나쁜 말로 하면 쩨쩨하고 좋은 말로 하면 검소한 의미이거나 예절을 까탈스럽게 따져 마음이 활달하지 못한 사람을 의미하는 것으로 알아들었던 것이다.

———————————— (3 - 23) ————————————

공자가 노나라 국립국악원장에게 음악에 대해 말했다.
"음악은 제대로 한번 심취해 볼 만한 것이지요. 시작할 때는 일제히 소리를 내고, 진행되면서는 소리가 조화를 이루기도 하고, 한 음 한 음 제 소리를 내기도 하고, 또 그러다가 연이어 교대로 연주되기도 하면서 한 곡을 완성하지요."

子語魯大師樂曰, 樂, 其可知也. 始作, 翕如也, 從之, 純如也, 皦如也, 繹如也, 以成.

공자는 열광적인 음악 팬. 음악은 '조화'의 아름다움으로 하나의 곡을 완성한다. 따로 또 같이, 전체를 이루되 하나하나가 뭉개지지 않는 그런 아름다움. 음악이 이루어 내는 조화를 사회에 대입시킬 수 있다면 사회는 참 아름답지 않겠는가? 공자가 꿈꿨던 세상이 음악 속에 담겨 있었으므로 공자는 음악을 진짜 정말 매우 참! 좋아했다.

88

의儀 땅 국경 관리원이 공자 면담을 청했다.

"훌륭한 사람이 이리 오면 제가 안 만난 적이 없어요. 얼굴 한번 보게 해 주쇼!"

공자를 모시고 있던 제자들이 면담을 성사시켜 주었다. 그가 공자를 만나고 나와서는 이렇게 말했다.

"댁들도 참, 공자 선생이 벼슬을 잃을까, 뭐 그런 걱정을 하고 앉아 있어요? 세상이 미쳐 돌아가고 있는 게 어제오늘 일이오? 이제 곧 하늘이 선생을 시켜 정신 차리게 해 줄 것 같구먼."

儀封人請見曰, 君子之至於斯也, 吾未嘗不得見也. 從者見之. 出曰, 二三子何患於喪乎. 天下之無道也久矣, 天將以夫子爲木鐸.

의 땅은 위나라 국경 지방이다. 공자는 위나라에 세 번 갔는데 이때가 이 중 어느 때였는지는 확실하지 않다.

훌륭한 정치로 태평성세를 이룩했던 순舜임금의 음악인 소韶에 대한 공자의 논평.

"아름다움의 극치, 또 선함의 극치!"

군사를 일으켜 타락한 은나라를 치고 주나라를 건국한 무왕武王의 음악인 무武에 대한 공자의 논평.

"아름다움의 극치, 하지만 선함의 극치에는 못 미침!"

子謂韶, 盡美矣, 又盡善也. 謂武, 盡美矣, 未盡善也.

순임금은 요堯임금과 함께 세상에 다시없는 성인聖人이자 성왕聖
王으로 일컬어지는 인물이다. 순임금은 '아무것도 하지 않지만 모
든 것이 제자리에서 바르게 이루어지는 궁극의 다스림'을 선보인
인물이지만 무왕은 훌륭하긴 해도 무력으로 은나라를 친 이력이
있다. 무왕의 음악에는 그 서늘한 칼끝이 녹아 있어서 공자가 그
음악을 순임금의 음악보다 한 단계 아래로 본 것이다.

──────────── (3 - 26) ────────────

공자가 말했다.
"윗자리에 있는 사람이 포용력이 없고, 예를 행할 때 공경하
는 마음이 없고, 초상집에 가서 슬퍼할 줄 모른다면, 그 사람
에게서 뭐 볼 게 있겠습니까?"

子曰, 居上不寬, 爲禮不敬, 臨喪不哀, 吾何以觀之哉.

이인

사람이 걸어야 할 길

里仁

4

공자가 말했다.

"사람답게 사는 사람들로 가득한 마을이 진짜 멋진 마을이지요. 살 곳을 정할 때 사람 냄새 물씬 나는 곳을 골라 그런 곳에서 살지 않으면 어떻게 지혜롭다고 할 수 있겠어요?"

子曰, 里仁爲美. 擇不處仁, 焉得知.

교통의 편리성, 근린 생활 시설 완비, 학원 근접성 이런 것 말고, 내가 함께 살 이웃이 어떤 사람인지를 살펴 내가 실 곳을 고르는 일, 지금 우리에게는 너무도 낯선 일. 집을 그렇게 못 고른다면 적어도 직장은 그렇게 골라야 하지 않을까?

공자가 말했다.

"사람이 사람답지 못하면 형편이 어려울 때 오래 견디지를 못해요. 꼭 무리수를 두고 말죠. 형편이 좀 나아져서 즐길 만한 처지가 되어도 오래 못 가요. 얼마 못 가 아주 거기 빠져들어 정신을 놓고 말거든요. 모든 면에서 인품이 성숙한 사람다운 사람은 사람답게 사는 것을 자연스럽고 만족스럽게 느껴요. 거기에는 못 미치지만 지혜로운 사람 정도만 돼도 사람답게 사는 게 이익이라는 걸 알아서 그렇게 살려고 노력하죠."

子曰, 不仁者, 不可以久處約, 不可以長處樂. 仁者, 安仁, 知者, 利仁.

내가 즐거움을 통제하는 것이 아니라 즐거움이 나를 통제하고 있다면 그것은 '즐긴다'라고 말할 수 없다. '즐긴다'라는 표현은 내가 시작하고 내가 맺을 수 있을 때에만 사용할 수 있는 것.

———————————— (4 - 3) ————————————

공자가 말했다.
"오직 진짜 사람다운 사람이라야 사람을 제대로 좋아할 줄도 알고, 제대로 미워할 줄도 아는 법입니다."

子曰, 唯仁者, 能好人, 能惡人.

대개는 좋아하면 그 좋아하는 마음 때문에 더 좋아하고, 미워하면 그 미워하는 마음 때문에 더 미워하곤 하죠.

———————————— (4 - 4) ————————————

95

공자가 말했다.
"만약 '진짜로 사람다운 사람이 되어야지!' 하고 굳게 결심하면, 최소한 일부러 나쁜 짓을 하진 않게 되지요."

子曰, 苟志於仁矣, 無惡也.

공자가 말했다.

"돈을 많이 벌거나 높은 사람이 되는 건 사람들이 다 바라는 것입니다. 그러나 정당한 방법으로 얻은 게 아니면 그런 것을 누려서는 안 돼요. 가난하고 하찮은 사람이 되는 건 누구나 다 싫어하는 것입니다. 그러나 이런 것이 혹 부당하게 닥쳐왔다 해도 억지로 벗어나려고 하지 마세요. 사람다움을 버리면 어찌 바른 인품을 갖춘 사람이라 하겠어요? 바른 인품을 갖춘 사람은 밥 한 숟갈 뜨는 그 짧은 시간에도 사람다움을 버리지 않아요. 경황이 없든 위급하든 절대, 반드시 '사람다움' 안에서 행동합니다."

子曰, 富與貴, 是人之所欲也, 不以其道得之, 不處也. 貧與賤, 是人之所惡也, 不以其道得之, 不去也. 君子去仁, 惡乎成名. 君子無終食之間違仁, 造次, 必於是, 顚沛, 必於是.

가난과 하찮은 신분에서 벗어나지 말라는 부분은 조건을 달리 해석하기도 한다. 즉 '정당한 방법을 따르지 않아 그렇게 됐다면' 피하지 말라는 것으로 이해하는 것이다. 하지만 재물과 지위가 갖는 속성을 생각해 앞의 번역을 채택했다. 많은 돈이나 높은 위치는 내가 버리면 버릴 수 있고 버리는 것이 나를 해치지도 않지만, 가난한 처지나 무시받는 위치는 쉽게 벗어날 수 있는 것이 아니어서 기를 쓰고 벗어나려 하다 보면 무리수를 두거나 자기 인성부터 망쳐 버리게 되는 속성을 가지고 있다.

공자가 말했다.

"저는 사람다움을 진정으로 좋아하는 사람과 사람답지 못한 것을 진정으로 싫어하는 사람을 아직까지 보지 못했어요. 사람다움을 진정으로 좋아하는 사람에 대해서야 더 말할 것이 없죠. 사람답지 못한 것을 진정으로 싫어하는 사람은 자기가 사람답게 행동하려 할 때 그걸 방해할 만한 것은 그 어떤 것도 자기에게 영향을 미치지 못하도록 차단합니다.

사람다운 사람이 되려고 하루라도 제대로 매달려 보신 적이 있나요? 저는 아직 진짜로 힘이 부족해서 사람답게 되지 못하는 사람은 본 적이 없어요! 혹시 있으려나요? 그저 제가 아직까지 못 본 걸까요?"

子曰, 我未見好仁者, 惡不仁者. 好仁者, 無以尙之, 惡不仁者, 其爲仁矣, 不使不仁者, 加乎其身. 有能一日用其力於仁矣乎. 我未見力不足者. 蓋有之矣, 我未之見也.

이 편 3장(93쪽)에 나오는 "오직 진짜 사람다운 사람이라야 사람을 제대로 좋아할 줄도 알고, 제대로 미워할 줄도 아는 법입니다"와 연결 지어 생각해 볼 수 있을 것 같다. 그리고 맨 위 구절을 사람다움을 좋아하는 사람과 싫어하는 사람, 두 가지 경우로 분리해서 보았지만 한 사람 속에 두 가지가 동시에 실현되는 것으로 보아도 괜찮을 것 같다. 즉 사람다움을 좋아하면서 또한 사람답지 못한 것을 싫어하는 것으로 보는 것이다. 사람다운 사람을 좋아하는 것은 상대적으로 어렵지 않다. 어렵다 해도 그런 사람을 못 만나 볼 정도는 아니다. 하지만 사람답지 못한 사람을 미워하는 것, 즉 그런 사람으로 하여금 나에게 영향을 끼치지 않도록 만드는 것은 적극적 노력이 필요한 부분이라 쉽지 않다.

(4 - 7)

공자가 말했다.

"사람은 잘못을 해도 말이죠, 제 마음이 어디로 기울어져 있는지에 따라 잘못을 저지르는 종류가 달라요. 그래서 잘못을 잘 들여다보면 그 사람 인품을 알 수가 있지요."

子曰, 人之過也, 各於其黨. 觀過, 斯知仁矣.

인정이 많으면 도를 지나쳐서 퍼주다가 잘못을 저지를 거고, 야박하면 도에 지나치게 매달려 빡빡하게 굴다가 잘못을 저지를 테죠.

(4 - 8)

공자가 말했다.

"아침에 내가 참답게 살 길을 깨달았다면 저녁에 죽어도 괜찮지, 뭐."

子曰, 朝聞道, 夕死可矣.

이 허세 같은 말이 나는 공자의 진심이라고 생각한다. 이 마음이 진짜이기 때문에 몇천 년을 지나도록 그 마음이 살아남아, 고작 소원이라는 게 나 하나 잘되는 것, 아니면 기껏해야 내 애인, 내 가족 잘되는 것밖에 없는 나 같은 사람에게도 사람이 사람답게 사는 것이 얼마나 소중하고 아름다운 일인지 한 번쯤 생각해 볼 기회를 주고 있는 것 아닐까?

──────── (4 - 9) ────────

공자가 말했다.

"어떤 지식인이 사람으로서 올바른 길을 걷겠다는 뜻을 세 웠다고 칩시다. 그런데 그가 구닥다리 후진 옷밖에 못 입고, 삼각김밥에 컵라면밖에 못 먹는 생활을 부끄러워하잖아요? 그럼 그 사람과는 사람답게 사는 길이니 뭐니 하는 얘기를 할 가치가 없는 겁니다."

子曰, 士志於道, 而恥惡衣惡食者, 未足與議也.

──────── (4 - 10) ────────

공자가 말했다.

"세상과 삶의 이치를 깨우친 지성인은 세상의 모든 것, 모든 일에 대해서 꼭 이래야만 한다고 주장하는 것도 없고, 절대 이래서는 안 된다고 주장하는 것도 없습니다. 그저 오직 정 의를 기준으로 거기에 따라갈 뿐이죠."

子曰, 君子之於天下也, 無適也, 無莫也, 義之與比.

시대와 상황과 사람을 고려하지 않는 절대 기준은 없다. 그런 기준을 만들어 내면 세상은 전쟁터가 된다. 그러나 정의는 있다. 인간에게 진짜 옳음이란 어떤 것인지, 그리고 그것을 모든 외부 요인을 고려해 어떻게 적용해야 할지를 알아야 하기 때문에 우리는 끊임없이 배워야 하고 끊임없이 자신의 인격을 다듬어 가야 한다.

──────────── (4 - 11) ────────────

공자가 말했다.
"지도자는 어떻게 살아야 할지 가르쳐 줄 수 있는 도덕을 생각하고, 평범한 사람은 편안히 먹고 살 것을 생각하죠. 또 지도자는 무엇을 하면 안 되는지 가르쳐 줄 수 있는 형벌에 생각이 가 있고, 평범한 사람은 어떻게 하면 이득을 얻을까 하는 데에 생각이 가 있죠."

子曰, 君子懷德, 小人懷土, 君子懷刑, 小人懷惠.

──────────── (4 - 12) ────────────

공자가 말했다.
"오로지 이익만 추구하면 원성이 높아지는 겁니다."

子曰, 放於利而行, 多怨.

그런데 공 선생님, 우리는 왜 이렇게 이익에 목을 매는 것일까요? 원성이 하늘을 찔러도 익숙해지면 무뎌지는 걸까요?

───────────── (4 - 13) ─────────────

공자가 말했다.

"질서를 바로 세우고 서로 배려하는 마음이 자리를 잡게 해서 나라를 다스린다면 나라를 다스리는 데에 무슨 어려움이 있겠습니까? 반대로 질서와 서로 배려하는 마음이 자리를 잡지 못한 상황에서 국가를 경영한다면 외형적인 제도가 다 무슨 소용이 있겠습니까?"

子曰, 能以禮讓, 爲國乎, 何有. 不能以禮讓爲國, 如禮, 何.

───────────── (4 - 14) ─────────────

공자가 말했다.

"높은 자리로 올라가지 못할까 봐 걱정하지 말고, 거기에 올라가게 됐을 때 그 일을 제대로 해낼 수 있는 능력이 나에게 있는지를 걱정해야 합니다. 왜 나를 알아주는 사람이 없는가를 신경 쓰지 말고 남이 알아줄 만한 것이 내 안에 있는지를 찾아야 하지요."

子曰, 不患無位, 患所以立. 不患莫己知, 求爲可知也.

그런데 문제는 의외로 내게 별로 갖추어진 것이 없을 때는 내가
얼마나 부족한지조차 알지 못해서 세상이 손바닥만 하게 보이더
라는 거죠…….

─────────── (4 - 15) ───────────

공자가 말했다.
"증자야! 나의 길은 하나의 이치로 관통한다."
증자가 대답했다.
"예, 그렇습니다."
(이게 대체 무슨 말이래?) 제자 사이에 조용하지만 치열한
웅성거림이 일었다. 공자가 나가자 제자들이 증자에게 몰려
왔다.
"뭐라시는 거야?"
증자가 대답했다.
"선생님의 도는 '진실함과 사랑'일 뿐이란 말씀이죠."

子曰, 參乎, 吾道, 一以貫之. 曾子曰, 唯. 子出, 門人問曰, 何謂也. 曾子曰,
夫子之道, 忠恕而已矣.

공자가 추구했던 '온전한 사람다움'의 길을 증자는 '내 진심을 다
해 너를 대하고忠, 내 마음을 미루어 네 마음을 헤아리는 것, 즉
내가 당하지 않았으면 하는 일을 너에게 하지 않는 것恕'이라고
이해했다.

공자가 말했다.
"됨됨이가 된 사람은 정의에 밝고 됨됨이가 시시한 사람은 잇속에 밝다."

子曰, 君子喻於義, 小人喻於利.

공자가 말했다.
"학문과 인품이 모두 탁월한 사람을 보면 '저 사람처럼 되어야지!' 생각하고, 그렇지 못한 사람을 보면 내심 나 자신을 반성해 봅니다."

子曰, 見賢思齊焉, 見不賢而內自省也.

공자가 말했다.
"이번엔 부모님을 섬기는 것에 대해 말해 볼게요. 부모님이 잘못하는 것을 보게 되잖아요? 그럼 '돌직구' 날리지 말고 돌리고 돌려서 감정 상하시지 않게 부드럽게 일러 드려야 해요. 그렇게 말씀드렸는데도 부모님이 내 말을 따라서 고치지 않으시잖아요? 그래도 또 공경스럽게 대해야 하고 엇

나가면 안 돼요. 물론 피곤하죠. 그래도 원망하면 안 되는 거예요."

子曰, 事父母, 幾諫, 見志不從, 又敬不違, 勞而不怨.

부모와 자녀의 관계는 정말 쉽지 않다.

갈등은 본격적으로 사춘기에 시작되는데 그 갈등이 아름답게 끝맺어지기란 정말 어려운 일이다. 자녀는 갓난아기로 태어나 일방적으로 부모의 손에 길러진다. 그래서 부모는 자녀와 자기가 대등한 인격체라고 생각하기가 쉽지 않다. 그러나 자녀는 처음부터 자기 인생을 사는 개체이기 때문에 커 갈수록 자기에 대한 부모의 소유욕이 낯설어진다. 지적인 면에서도 계속 부모부터 일방적으로 배우는 입장이었다가 어느 한순간 부모를 넘어서게 된다. 이렇게 따져 보면 부모와 자식 관계는 갈등이 많은 게 당연하고, 갈등이 없는 게 오히려 이상한 상태일 수 있다.

그렇다면 이 갈등을 어찌할 것인가? 맞붙어 불같이 다투고 '부모 자식 간 연을 끊자!'라며 막장으로 갈 것인가, 조개처럼 입을 다물고 하숙생이 될 것인가, 내 마음을 감추고 부모님이 듣고 싶어 하는 이야기만 하여 거짓 화목을 만들어 낼 것인가, 나를 낳고 길러 준 고마움을 잊으면 안 된다고 막무가내 효도를 스스로 세뇌할 것인가? 공자는 부딪치라고, 부모님의 잘못된 생각에 끊임없이 부딪치라고 말한다. 대신 언성을 높이지 말고 할 수 있는 한 부드럽게 돌려 말하라고 한다. 건강하게 집요해야 하는 것이다. 포기는 배추 셀 때나 쓰는 말.

공자가 말했다.

"부모님이 살아 계실 때는 되도록 부모님이 사시는 곳에서 먼 지방이나 딴 나라에서 살지 않는 게 좋습니다. 그래도 그렇게 해야 하는 경우가 있잖습니까? 그럼 꼭 정확한 주소를 일러 드리도록 하세요."

子曰, 父母在, 不遠遊, 遊必有方.

시어머니가 찾아올까 봐 아파트 이름이 현란한 외국어로 지어졌다는 우스갯소리가 문득 떠오른다. 그러다가 그 이름 때문에 시누이 대동하고 오니까 차라리 혼자 오시는 게 낫다고 다시 아파트 이름이 짧아졌다나 어쨌다나!

부모님을 살펴야 해서 멀리 떨어져 살면 안 된다는 건데, 지금은 기러기 아빠가 당연한 시대. 아빠 혹은 부모가 멀리 떨어져 있어 간섭은 할 수 없지만 자녀가 원하는 건 뭐든 해 주는 것이 부모의 의무이자 미덕인 시대가 되었으니⋯⋯.

공자가 말했다.

"부모님께서 돌아가시고 나서 삼 년 동안은 자식이 부모님께서 생전에 뜻하셨고 걸으셨던 그 길을 그대로 걷고 바꾸지 말아야 효도한다고 할 수 있습니다."

子曰, 三年無改於父之道, 可謂孝矣.

함께 읽어 볼 부분: 1-11(43쪽), 17-21(421쪽), 19-18(451쪽).

──────────── (4 - 21) ────────────

공자가 말했다.

"부모님 연세는 꼭 알아야 해요. 부모님 연세를 알면 한편으로는 이렇게 오래 사셨구나 기쁘면서도 한편으로는 늙어 가시는 것이, 그래서 함께할 날이 자꾸만 짧아지는 것이 두려워지지요."

子曰, 父母之年, 不可不知也. 一則以喜, 一則以懼.

──────────── (4 - 22) ────────────

공자가 말했다.

"옛날 사람들이 말을 쉽게 내뱉지 않았던 것은 말해 놓고 그말 그대로 못하는 걸 부끄러워했기 때문입니다."

子曰, 古者言之不出, 恥躬之不逮也.

아, 선생님, 저는 말을 할 때면 언제나 제가 꼭 그 말대로 할 수 있을 것만 같아요. 진심으로 그렇게 생각하죠. 그래서 자꾸 말을 하게 돼요. 근데 현실은 언제나 말대로 될 때보다 안 될 때가 더 많아요. 뱉어 놓은 말 그대로 지켜 내려면 정말 땀이 뻘뻘 나고 심지어 심장이 조여 오기까지 해요. '말처럼 쉬운 게 아니었구나!' 그런데 또 그뿐. 위기를 모면하기 위해, 비난을 면하기 위해 저는 또 무언가 떠벌리고 있네요.

──────────── (4 - 23) ────────────

공자가 말했다.
"자기 자신을 살피고 단속하기를 잘하는 사람치고 실수하는 사람은 거의 없지요."

子曰, 以約失之者鮮矣.

──────────── (4 - 24) ────────────

공자가 말했다.
"됨됨이가 된 사람은 말이 어눌하고 행동이 민첩한 법입니다."

107   子曰, 君子欲訥於言而敏於行.

──────────── (4 - 25) ────────────

공자가 말했다.
"내면이 바르고 단단하게 잘 가꿔진 사람은 외롭지 않아요. 반드시 팬이 있는 법이니까요!"

子曰, 德不孤, 必有鄰.

내면이 바르고 단단하게 잘 가꿔진 사람에게서는 사람의 향기가
난다. 그래서 자꾸만 그 옆으로 가고 싶다. 그 그늘에서 쉬면서
절망적인 세상에서 짊어져야 했던 모든 힘겨움을 내려놓고 싶어
진다. 그의 단단함이 나를 다시 일으켜 세워 줄 것만 같다. 그래
서 그의 옆에는 늘 사람이 있다.

──────────── (4 - 26) ────────────

자유가 말했다.
"윗사람을 모실 때 그분이 잘못하는 것을 너무 자주 지적하
잖아요? 그럼 된통 당하게 되죠. 친구랑 사귈 때 너무 자주
충고하잖아요? 그럼 사이가 멀어져요."

子游曰, 事君數, 斯辱矣, 朋友數, 斯疏矣.

진짜 주옥같은 말!

공야장

제자들에 대해
알아봅시다 ①

公冶長

공자가 제자 공야장公冶長에 대해 말했다.

"사위 삼을 만한 녀석이지. 지금 비록 감옥에 갇혀 있기는 하지만 그에게 정말로 죄가 있어서 갇혀 있는 게 아니거든!"

그리고 자기 딸을 그에게 시집보냈다.

공자가 남용南容에 대해 말했다.

"나라가 바른길로 가고 있으면 절대 버려지지 않을 녀석이고, 나라가 잘못된 길로 가고 있는 상태라도 그런 난세에 애꿎은 화를 입지는 않을 녀석이지."

그리고 형의 딸을 그에게 시집보냈다.

子謂公冶長, 可妻也. 雖在縲絏之中, 非其罪也. 以其子, 妻之. 子謂南容,
邦有道, 不廢, 邦無道, 免於刑戮. 以其兄之子, 妻之.

공야장과 남용은 모두 공자의 제자이다. 공야장은 성이 공야이고 자가 자장子長이며, 남용은 성이 남궁南宮이고, 이름이 괄适이다. 나는 이 구절을 읽을 때마다 공자의 딸과 공자 형의 딸이 그 사람들을 마음에 들어 하긴 했는지가 궁금해지곤 한다. 스승님의 제안을 받았을 때의 공야장과 남용의 표정도 궁금하고. 공자의 DNA가 딸에게 많이 갔다면 딸이 예뻤을 것 같진 않은데(공 선생님 죄송합니다. 선생님이 인물은 워낙 아니시라고 정평이 나 있어서요……). 아무리 심신을 수양해도 이상형 버리기가 쉽나, 어디? 넷 중 누군가의 표정은 제대로 이지러지고야 말았을 것 같은 생각이 드는 건 기분 탓이겠지? 당사자의 의사도 존중해 달라고 말한다면 너무 현대적인가? 그래도 결혼인데……

(5 - 2)

공자가 제자 자천子賤에 대해 말했다.

"녀석 참, 됨됨이가 아주 제대로란 말이지! 노나라에 됨됨이를 제대로 이룬 사람이 없었다면 이 녀석이 어디에서 이런 걸 배웠겠느냐고. 쿨럭……"

子謂子賤, 君子哉, 若人. 魯無君子者, 斯焉取斯.

자천은 공자의 제자로 성은 복宓이고 이름은 부제不齊이다. 자천은 그의 자字이다. 우리 공 선생님은 지금 자천도 꽤 괜찮은 사람이지만 노나라에 인물(당신 포함)이 많은 것도 은근히 자랑 중이신 것이다. 이 애틋하기까지 한 노나라에 대한 자부심.

제자들에 대해 알아봅시다 ①

(5 - 3)

113 제자들에 대한 평가를 듣던 자공이 불쑥 끼어들어 물었다.

"저는요?"

공자가 답해 주었다.

"자네는, 그릇이네!"

"어떤 그릇요?"

"아주 화려하고 귀한 제사용 그릇!"

子貢問曰, 賜也, 何如. 子曰, 女, 器也. 曰, 何器也. 曰, 瑚璉也.

칭찬인 듯 칭찬 아닌 칭찬 같은 평가. 앞서 나왔던 사자성어 군자불기君子不器(60쪽)를 떠올려 본다면 쉽게 이해할 수 있을 것이다. 원래 학문과 인품을 제대로 성취한 사람은 그릇처럼 일정한 용도로 능력이 제한되지 않는다. 귀한 그릇이라도 그릇은 그릇이다. 그렇다면 이것은 넌 아직 좀 더 가야 한다는 말. 이렇게 정통으로 말씀하시다니! 냉정도 하시지, 흑!

─────────── (5 - 4) ───────────

어떤 사람이 말했다.
"중궁仲弓은요, 인품은 거의 완벽한데요, 말은 영 젬병이에요."
공자가 대꾸했다.
"말 잘하는 거, 그걸 어디다 쓰게요? 말재주로만 남의 입을 막으면 미움이나 자주 받게 되는 법. 중궁이 진짜 사람다운 사람의 경지에 도달했는지는 나도 몰라요. 하지만 말재주 같은 걸 어디다 쓰게요?"

或曰, 雍也, 仁而不佞. 子曰, 焉用佞. 禦人以口給, 屢憎於人. 不知其仁, 焉用佞.

중궁은 공자의 제자로, 성은 염冉이고, 이름은 옹雍이다. 공자는 하여튼 말 잘하는 걸 싫어했다. 『논어』를 읽다 보면 귀에 못이 박이도록 듣는 말이 '말보다 실천'이다.

공자가 칠조개漆彫開에게 벼슬하라고 권했다. 그러자 칠조개가 대답했다.

"저는 아직 자신이 없는걸요."

공자가 이 대답을 듣고 기뻐했다.

子使漆彫開, 仕. 對曰, 吾斯之未能信. 子說.

칠조개는 공자의 제자로, 성이 칠조漆彫이고 이름이 개開이다. 자는 자약子若. 공자는 섣불리 관직에 나가는 걸 싫어했다. 일단 세상의 물살을 타면 자신을 지키기가 그리 호락호락하지 않다는 걸 너무도 잘 알았기 때문이다. 그렇다고 떠보려고 이런 말을 한 것은 아니지만 자기 성찰과 자기 직시가 생각보다 깊이 몸에 배어 있는 칠조개의 겸손한 성품이 아주 마음에 들었던 모양이다.

115 공자가 말했다.

"내가 아무리 바른길에 대해 소리 높여 외쳐도 좀체 먹혀들질 않는구나! 아아, 뗏목 타고 해외로 떠나 버릴까 보다! 내가 그렇게 하면 이러니저러니 해도 자로만은 나를 따라오겠지?"

자로가 이 말을 듣고 마냥 싱글벙글 좋아하니까 공자가 말했다.

"좋아하기는. 자로가 한다 하면 밀어붙이는 건 나보다 낫지만 사리 판단이 좀 아쉽지!"

子曰, 道不行, 乘桴, 浮于海. 從我者, 其由與. 子路聞之, 喜. 子曰, 由也, 好勇過我, 無所取材.

자로는 열혈 사나이다. 용감하고 과단성 뛰어나고 좋아하는 거 못 숨기고. 공자 선생님에게 종종 퉁 먹는데(여기서도 그렇지 않은가 말이다!) 그래도 이 옛날 글에서조차 그가 얼마나 공자를 대놓고 좋아하고 따랐는지가 느껴진다. '싸나이'의 순정이 있는 남자라 매력적이다.

─────────── (5 - 7) ───────────

맹무백이 물었다.
"자로는 사람다움의 경지를 성취한 사람인가요?"
공자가 답했다.
"잘 모르겠습니다."
이렇게 답했는데 같은 질문을 또 했다. 그러자 공자가 말해주었다.
"자로는 웬만한 나라의 국방장관을 맡기면 잘 해낼 겁니다. 그렇지만 사람다움의 경지를 성취했는지 어떤지는 잘 모르겠네요."
"…… 그럼 염유는 어때요?"
"염유는 도지사 정도를 맡기면 잘 다스려 낼 겁니다. 그렇지만 사람다움의 경지를 성취했는지 어떤지는 잘 모르겠네요."

"…… 그럼 공서화公西華는 어떤가요?"

"공서화는 외교관을 맞아 의전을 행하고 대화를 펼칠 능력을 가지고 있지요. 그렇지만 사람다움의 경지를 성취했는지 어떤지는 잘 모르겠네요."

孟武伯問, 子路仁乎. 子曰, 不知也. 又問, 子曰, 由也, 千乘之國, 可使治其賦也, 不知其仁也. 求也, 何如. 子曰, 求也, 千室之邑, 百乘之家, 可使爲之宰也, 不知其仁也. 赤也, 何如. 子曰, 赤也, 束帶立於朝, 可使與賓客言也, 不知其仁也.

공서화는 공자의 제자로 성은 공서公西이고 이름은 적赤이다.

공자학당은 현실 정치에서 기능할 수 있는 인재를 양성하고자 했던 곳이었고, 맹씨네는 노나라 실권자 세 대부 중에서 공자와 그래도 가장 친분이 괜찮은 집안이었으므로 맹무백이 자기 쪽 인재 확충을 위해 공자의 제자들을 궁금해한 것은 당연한 일이었을 것이다. 그러나 맹무백은 공자학당의 지상 목표인 '사람다움'의 완성이란 개념에 대해 깊이 이해하지 못했기 때문에 학생들을 알아볼 때 그들이 이 목표를 이루었느냐고 질문한 듯하다. 그 목표를 이루었다면 우등생일 것이고 그러면 데려다 쓸 만한 인재이니까. 그러나 이 너무 나간 질문에 공자는 맹무백이 실제로 궁금해할 부분, 즉 학생의 기량에 대해서만 정확하게 이야기해 주었다.

공자가 자공에게 말했다.

"너는 너랑 안연 중에 누가 더 나은 것 같으냐?"

자공이 대답했다.

"저는 어림도 없죠. 안연은 제가 바라보기도 벅찬 상대인걸요! 안연은 하나를 들으면 열을 아는데, 저는 하나를 들으면 둘을 아는 정도니까요."

공자가 말했다.

"그렇지. 안연만 못하지. 나랑 너는 안연만 못하지!"

子謂子貢曰, 女與回也, 孰愈. 對曰, 賜也, 何敢望回. 回也, 聞一以知十, 賜也, 聞一以知二. 子曰, 弗如也, 吾與女弗如也.

공자가 안연에 대해 얼마나 뿌듯해하고 자랑스러워했는지는 『논어』전편에 걸쳐 아주 잘 드러나 있다. 여기도 그런 대목 중 하나이다. 공자학당에서 안연은 아예 '넘사벽'이었던 것 같다. 호승심 好勝心을 언뜻언뜻 내비치곤 하는 자공도 이렇게 꼬리를 바짝 내린 걸 보면 말이다.

5

공야장

公冶長

재아가 낮잠을 자고 있었다. 이것을 본 공자가 호되게 꾸짖었다.

"썩은 나무는 조각할 수가 없고, 썩은 흙으로 만든 담장은 흙손질할 수가 없는 법! 꾸짖어 뭐하겠어? 말하는 입만 아프지!"

공자가 다시 말했다.

"내가 예전에는 사람 말만 듣고 그 사람 행동을 믿었거든? 근데 지금은 사람 말을 들으면 그렇게 행동하는지 관찰해 보게 됐어. 네, 그렇죠! 이게 다 재아 님 덕분입죠!"

宰予晝寢. 子曰, 朽木, 不可雕也, 糞土之牆, 不可杇也, 於予與, 何誅. 子曰, 始吾於人也, 聽其言而信其行, 今吾於人也, 聽其言而觀其行. 於予與, 改是.

재아는 앞서 제3편 「팔일」(84쪽)에서도 입방정으로 꾸지람을 들었는데 여기서도 이렇게 야단을 맞고 있다. 이것도 끝이 아니다. 앞으로도 야단을 맞을 것이다.

─────────────── (5 - 10) ───────────────

공자가 말했다.

"나는 강직한 사람을 아직까지 본 적이 없어."

이 말을 듣고는 어떤 이가 곧장 대답했다.

"신정申棖이 있잖아요!"

"신정은 욕심이 사나운 거지. 그게 어떻게 확고한 의지로 외부에 맞서는 거겠나?"

子曰, 吾未見剛者. 或對曰, 申棖. 子曰, 棖也, 慾, 焉得剛.

신정은 공자의 제자이다.

욕심이 사나우면 굳건하고 강해 보인다. 가져야 하고 이루어야 하기 때문이다. 그러나 바른 가치를 깨달아 그것에 대해 확고한 의지를 가지고 외부에 맞서는 것과 제 욕심 하나 이루자고 세상에 눈을 부릅뜨는 것은 근본적으로 다르다. 욕심으로 강해 보이는 사람은 실은 강한 게 아니다. 욕심을 충족시켜 줄 대상에게 언제나 깃털보다 가볍게 무릎을 꿇을 수 있기 때문이다.

──────── (5 - 11) ────────

자공이 말했다.
"저는요, 남이 저에게 하지 말았으면 하는 짓을 저도 남에게 하지 않기로 했어요."
이에 공자가 말했다.
"저기……. 자공아, 그건 네가 가능한 수준이 아닌데……."

子貢曰, 我不欲人之加諸我也, 吾亦欲無加諸人. 子曰, 賜也, 非爾所及也.

남이 나에게 하지 말았으면 하는 짓을 나도 남에게 하지 않는다는 것은 그렇게 마음먹는다고 되는 게 아니다. 인격 완성의 결과로 나타나는 것으로, 굳이 노력하지 않아도 자연스럽게 그렇게 되는 경지이다. 그래서 공자는 자공이 할 수 있는 수준이 아니라고 말한 것이다.

120

자공이 말했다.

"선생님의 학문과 품행은 제가 듣고 보고 배울 수 있었지만, 선생님께서 인간의 본성이라든지 하늘의 섭리라든지 하는 것에 대해 말씀하시는 건 들어 본 적이 없어요."

子貢曰, 夫子之文章, 可得而聞也, 夫子之言性與天道, 不可得而聞也.

공자는 아주 추상적인 것에 대해 잘 말하지 않았다. 혼란한 시대에 바른 인품을 갖추어 그것으로 세상을 다스리라고 말하는 걸 보면 매우 이상주의자 같은데 또 이렇게 손에 잡히지 않는 형이상학은 제쳐 두고 실질적으로 보고 들어서 익힐 수 있는 것으로만 제자들을 가르쳤던 걸 보면 꽤 현실적인 사람이었던 것도 같다.

자로는 하나를 배우고서 그 배운 것을 아직 행동으로 실천해 내지 못했으면, 그 와중에 새로운 것을 더 배우는 것을 두려워했다.

子路有聞, 未之能行, 唯恐有聞.

자로는 『논어』에서 때로 개그를 담당하는 것 같지만 이 대목에서 만나는 자로는 무섭기까지 하다. 이렇게 철저하게 배우고 익히는

제자들에 대해 알아봅시다 ①

121

사람을 나는 지금껏 실제로 본 적이 없기 때문이다.

────────── (5 - 14) ──────────

자공이 물었다.

"공문자孔文子의 시호가 어째서 '문'文인가요?"

공자가 답했다.

"그는 영민하면서 배우기를 좋아했고, 아랫사람에게 물어보는 것을 부끄러워하지 않았네. 그래서 시호가 '문'인 거야."

了貢問口, 孔文子, 何以謂之文也. 子曰, 敏而好學, 不恥卜問, 是以謂之文也.

　　공문자는 위나라의 대부로, 이름은 어圉이다.

────────── (5 - 15) ──────────

공자가 정鄭나라의 대부 자산子産에 대해 말했다.

"그에게는 인품까지 잘 닦은 지도자로서의 자질이 네 가지가 있었어요. 그는 높은 자리에 있으면서도 몸가짐이 항상 공손했어요. 그리고 윗사람을 섬길 때는 공경하는 자세를 유지했고요. 또 백성이 먹고사는 문제에 관한 것은 넉넉하고 은혜로운 마음으로 다루었고, 백성을 동원하고 부릴 때는 원칙을 정확히 지켰어요."

子謂子産, 有君子之道四焉, 其行己也恭, 其事上也敬, 其養民也惠, 其使民也義.

정나라 자산은 정치를 잘하고 백성을 잘 돌보는 것으로 명성이 높았던 인물이다.

공자가 말했다.

"안평중晏平仲은 사람들과 사귀는 방법을 정확히 잘 아는 사람이다. 오래 사귀어도 상대방을 공경할 줄 알거든!"

子曰, 晏平仲, 善與人交, 久而敬之.

안평중은 제나라 재상으로, 이름은 영嬰이다. 경공景公과 함께 나라를 아주 잘 다스려 이름이 매우 높았던 인물이다. 그는 경공이 공자를 등용하려 했을 때 공자의 이론이 실제 정치에 과연 유용하겠는가를 따져 반대했다고 한다.

공경하는 자세는 상대에게 거리를 좀 두는 행동 같아 친밀한 사이에는 잘 어울리지 않는 자세처럼 보인다. 그런데 왜 공자는 이런 말을 하는 것일까? 사람은 대개 누군가와 친해질수록 '우린 친밀해졌으니까'를 빌미로 상대방에게 나를 쏟아부으며 무조건적 이해와 수용을 요구하곤 한다. 심지어 나에 대한 무조건적 이해와 수용을 친함의 척도로 보는 일도 있다. 그러나 나조차도 나를 다 받아 주지 못해서 우울하고 열등감을 느끼고 때로 스스로를 학대하는데, 어떻게 타인이 나를 '다' 받아 줄 수 있겠는가? 그래서 이런 요구는 관계를 깊어지게 하기보다 시간이 지날수록 서로를 지치게 해서 결국 서운함과 다툼과 상처로 끝나 버리게 하는 경우가 더 많다. 게다가 일단 한번 선을 넘은 감정은 되담기어려워서 되담으려 하는 것 자체가 서운함과 다툼의 원인이 되기도 한다. 그래서 처음부터 나에 대해 잘 알고 나를 잘 단속해 둘필요가 있는 것이다. 상대를 공경하는 자세를 오랫동안 유지하는건 상대방에 대한 태도이기 이전에 나를 단속하는 자세이다. 공경하는 자세가 주는 약간의 거리, 그 거리를 통해 '너'에게 '나'를 쏟아부으려던 '나 중심'의 마음을 가라앉히고 너의 입장에서 너를 볼 수 있는 시간을 얻는 것이다.

--------------------------------- (5 - 17) ---------------------------------

공자가 말했다.

"장문중臧文仲은 거북점 칠 거북 껍질을 보관하면서 그 함 위아래로 온통 그 거북이가 살던 산이며 그곳 풀 따위를 새겨넣어 장식했네. 한마디로 귀신에게 아부를 떤 거지. 그렇게미신에 빠져 점에 의지하는 사람이 무슨 지혜로운 사람이겠나?"

子曰, 臧文仲, 居蔡, 山節藻梲, 何如其知也.

장문중은 노나라 대부 장손진臧孫辰이다. 당시에 장문중이 지혜롭다고 이름이 났던 모양이다.

자장이 물었다.

"초楚나라 자문子文은 세 번이나 국무총리가 되면서 별로 좋아하지도 않았고, 세 번이나 쫓겨났는데 별로 언짢아하지도 않았어요. 다만 전임으로서 뭘 어떻게 처리했는지 후임에게 업무 인수인계를 꼼꼼하게 했죠. 이 사람은 어떤가요?"

공자가 말했다.

"충성스럽구먼."

"사람다움의 경지를 성취했다고 할 수 있을까요?"

"잘 모르겠지만서도 어찌 사람다움의 경지를 성취했다고야 할 수 있겠나?"

다시 자장이 물었다.

"제나라 대부 진문자陳文子는요? 그 사람은 제나라의 상당한 재력가였는데 대부인 최자崔子가 군주를 시해하니까 자기 재산을 싹 다 버리고 나라를 떠났죠. 그러고서 다른 나라로 갔는데 그곳 사정도 마찬가지였죠. 그러니까 '여기도 우리나라 대부 최자와 하는 짓이 똑같구나!' 하고 거길 떠서 또 다른 나라로 갔어요. 그런데 옮겨 간 그곳 역시 엉망이니까 '여기도 우리나라 대부 최자와 하는 짓이 매한가지네!' 하고는 또 떠나 버렸죠. 이런 진문자는 어떤가요?"

공자가 말했다.

"깨끗하구먼."

"사람다움이 완성된 사람이라고 할 수 있을까요?"

"잘 모르겠지만서도 어찌 사람다움의 경지를 성취했다고야

125

할 수 있겠나?"

子張問曰, 令尹子文, 三仕爲令尹, 無喜色, 三已之, 無慍色. 舊令尹之政,
必以告新令尹. 何如. 子曰, 忠矣. 曰, 仁矣乎. 曰, 未知, 焉得仁. 崔子弑齊
君, 陳文子有馬十乘, 棄而違之. 至於他邦, 則曰, 猶吾大夫崔子也. 違之,
之一邦, 則又曰, 猶吾大夫崔子也. 違之. 何如. 子曰, 淸矣. 曰, 仁矣乎.
曰, 未知, 焉得仁.

한 분야가 뛰어나다고 모든 것이 다 완성되었다고 할 수는 없다.
공자는 늘 이렇게 하나하나 뛰어난 점에 대해 분명히 이야기해
주어서 다 완성된 것과 분명하게 구분을 지을 수 있게 해 수었다.

———————————————— (5 - 19) ————————————————

노나라 대부인 계문자季文子는 무슨 일을 할 때 거기에 대해
세 번 생각해 본 뒤에 실행으로 옮겼다. 공자가 이 말을 전해
듣고 말했다.
"두 번만 생각해도 괜찮다!"

季文子三思而後, 行. 子聞之曰, 再, 斯可矣.

세 번 생각하면 벌써 사심이 섞인다고 했다.

공자가 말했다.

"위나라 대부인 영무자甯武子는 올바른 정부가 들어섰을 때는 자기 재능을 세상에 드러내 보여서 기용되었고, 바르지 못한 정부가 들어섰을 때는 자기의 재능을 스스로 감춰서 자기 몫을 포기할 줄 알았지. 세상에 자기를 드러낸 지혜는 어떻게 좀 흉내 낼 수 있겠지만 둔재인 척하기, 이게 정말 어려운 거야."

子曰, 甯武子, 邦有道則知, 邦無道則愚. 其知可及也, 其愚不可及也.

공자가 진陳나라에 있었을 때에 말했다.

"돌아가야겠다, 돌아가야겠어! 노나라에 있는 내 문하의 제자들이 포부는 아주 큰데 행동이 좀체 따라가질 못해서, 이론적으로는 꽤나 멋지게 성취했는데 실제 상황에서는 딱 맞게 적용하는 법을 잘 모르지."

子在陳, 曰, 歸與, 歸與. 吾黨之小子狂簡, 斐然成章, 不知所以裁之.

공자 만년의 풍경. 스스로 세상을 바꾸려던 꿈이 아무래도 현실적으로 이루어지기 힘들게 되었다. 세상이 알아주지 않았으니 포기할 것인가? 아니다. 제자들이 있다. 내가 못하면 그들을 가르쳐 그들이 하게 하면 된다. 다음 세대를 꿈꾸는 모습이 짠하면서도 참 좋다.

(5 - 22)

공자가 말했다.

"백이伯夷와 숙제叔齊는 남이 옛날에 저지른 잘못된 행동을 마음에 두고두고 생각하지 않았습니다. 그래서 이들을 원망하는 사람이 드물었죠."

子曰, 伯夷叔齊, 不念舊惡, 怨是用希.

백이와 숙제는 꼬장꼬장하긴 해도 사람이 한번 잘못을 고치면 뒤끝이 없었다. 그러니까 원망하는 말을 들을 일도 없었다. '뒤끝이 없다'라는 건 이렇게 남을 용서하면서 과거를 깨끗이 잊어 줄 때 쓰는 말이다. 내 하고 싶은 말 다 퍼부은 뒤에 상대는 이미 상처받을 만큼 받았는데 지레 그렇게 퍼부은 자신을 스스로 용서할 때 쓰는 말이 아니다.

128

(5 - 23)

공자가 말했다.

"누가 미생고微生高더러 정직하답디까? 어떤 사람이 식초 빌리러 왔는데 자기 집에 식초가 없으니까 옆집까지 가서 빌려다 주더만."

子曰, 孰謂微生高直. 或乞醯焉, 乞諸其鄰而與之.

없으면 없다고 하면 그만이지 빌려서 빌려줄 것까지야……. 있으면 있다고 하고 없으면 없다고 하는 게 정직. 그리고 아무리 작은 일이라도 하나를 보면 열을 아는 법. 지금 우리나라에서 누가 미생고처럼 행동하면 좋은 사람이란 평가를 받지 않을까? 부정적으로 봐야 '원, 오지랖은!' 정도겠지. 그래서 공자의 이런 면은 내게 참 신선하고 매력적으로 다가온다.

―――――――――― (5 - 24) ――――――――――

공자가 말했다.

"교묘한 말솜씨, 가식적인 표정, 지나친 공손은 좌구명이 수치스러워하던 것인데 저도 그런 거 수치스럽다고 생각합니다. 적대감이 있는데 그걸 감추고 친한 척하는 건 좌구명이 수치스러워하던 것인데 저 역시 그런 거 수치스럽다고 생각합니다."

129   子曰, 巧言令色足恭, 左丘明恥之, 丘亦恥之. 匿怨而友其人, 左丘明恥之,
丘亦恥之.

좌구명左丘明은 노나라의 현자이다.

맞아요, 선생님, 사람은 정정당당해야 해요. 내게 득 될 게 있다고 속마음을 숨기고 눈치 보면서 슬슬 비위만 맞추는 건 정말 비위 틀리는 일이라고 저도 생각해요!

안연과 자로가 공자를 모시고 있었다. 공자가 말했다.

"각자 자기 포부를 한 번씩들 얘기해 보는 게 어떤가?"

먼저 자로가 나섰다.

"저는 고급 자동차와 명품 옷을 친구들과 공유해서 그들이 마음껏 쓰게 하는 삶을 살고 싶어요. 그러다가 망가지더라도 아까워하지 않는 거죠!"

안연이 말했다.

"저는 잘했다고 뻐기지 않고, 수고했다고 생색내지 않는 삶을 살고 싶습니다."

이번에는 자로가 공자에게 물었다.

"선생님의 포부도 듣고 싶어요!"

공자가 말했다.

"내 포부? 나이 든 사람을 편안하게 해 주고, 벗에게 믿음을 주고, 젊은 사람을 따스하게 품어 주는 것이지."

顔淵季路侍. 子曰, 盍各言爾志. 子路曰, 願車馬衣輕裘, 與朋友共, 敝之而無憾. 顔淵曰, 願無伐善, 無施勞. 子路曰, 願聞子之志. 子曰, 老者安之, 朋友信之, 少者懷之.

자로와 안연, 달라도 너무 다르다! 그런데 나는 개인적으로 자로의 친구가 되고 싶다는……. 꼭 물질에 눈이 멀어서 그런 건 아니라는……! 확실히 자로는 시원시원하다. 이런 점을 들어 자로에게서 공동체적 삶을 살았던 묵자墨子의 향기를 맡는 사람도 있는데

타당해 보인다. 안연은 항상 자기를 돌아보고 깊이 성찰하는 인물이라는 것이 여기에서도 잘 드러난다. 공자에게는 두 사람의 느낌이 다 묻어 있다. 더불어 함께 잘 사는 삶을 이야기하면서 그것을 자기 수양이 더욱 깊어져 절로 그렇게 하는 사람이 될 수 있기를 소망하는 방식으로 표현하고 있기 때문이다.

―――――― (5 - 26) ――――――

공자가 말했다.
"아아, 끝났어! 가망이 없구나! 나는 자기 잘못을 보고 겸허히 받아들여 자책하는 사람을 여태 본 적이 없다오!"

子曰, 已矣乎, 吾未見能見其過而內自訟者也.

―――――― (5 - 27) ――――――

공자가 말했다.
"자그마한 마을에도 나 정도의 진실함과 미더움을 지닌 사람은 있을 테지만 나처럼 배우기를 좋아하는 사람은 없을 걸요?"

子曰, 十室之邑, 必有忠信如丘者焉, 不如丘之好學也.

스스로에게 갇히지 않는 유일한 길은 계속 배움 가운데 서 있는 것이다. 석사, 박사란 학위와 나의 무식은 아무 상관이 없다. 석사든 박사든 어떤 전문직이든 자기 세계를 확장하고 자기를 성찰하는 배움을 멈추는 순간 무식해진다. 또한 이러한 의미에서 배움은 단순한 정보 획득과는 분명하게 다르다. 그래서 배움이란 자격증 획득의 수단이 아니라 내가 끊임없이 나의 알을 깨 나갈 수 있게 하는 도구를 의미한다. 그래서 인간이 인간다울 것을 역설했던 공자가 그토록 배움을 좋아했던 것 아니겠는가!

옹야

제자들에 대해
알아봅시다 ②

雍也

공자가 말했다.

"중궁은 군주의 자리에 앉혀도 좋을 인물이지."

중궁이 자상백자子桑伯子라는 사람에 대해 물었더니 공자가 말했다.

"대범한 점이 괜찮지."

이 말을 들은 중궁이 자기 생각을 말했다.

"일상생활에서 조심스럽게 삶에 대한 긴장을 가지고 지내다가 대중 앞에 설 때 대범한 행동을 보인다면 이건 참 멋지죠! 그런데 일상생활부터 대충 살다가 그 느낌 그대로 대범하게 행동한다면 이건 너무 막 나가는 대범함 아닌가요?"

이에 공자가 맞장구치며 말했다.

"중궁 말이 옳네!"

子曰, 雍也, 可使南面. 仲弓問子桑伯子. 子曰, 可也簡. 仲弓曰, 居敬而行簡, 以臨其民, 不亦可乎. 居簡而行簡, 無乃大簡乎. 子曰,雍之言, 然.

이 장은 문맥이 맞질 않아 두 개의 장으로 나누어 보기도 한다. 중궁은 정치적인 능력과 지혜도 있으면서 동시에 자기를 지킬 인품도 어느 정도 수양이 된 제자였던 모양이다. 자상백자가 누구인지는 정확히 모르지만 아마 『장자』莊子에 나오는 자상호子桑雩일 거라는 추측이 있다. 자상호는 공자와 동시대 인물로 세상을 피해 숨어 살던 현자이다. 공자의 '괜찮지'라는 말은 그럭저럭 뭐 나쁘지 않은 정도라는 뜻인데 중궁은 그 말이 아주 인정하는 말인 줄 알고 아주 인정할 성품은 아닌 것 같다고 다시 자기 의견을 말한 것이다.

『논어』를 읽다 보면 어떤 단어를 오해한 것을 풀어 주거나 모호한 쓰임을 분명히 해 주는 장면이 심심찮게 등장한다. 여기서 '대범함'에 대해 설명하는 장면이나 앞 편 「공야장」 10장(117쪽)에서 '강직함'에 대해 설명하는 장면 등이 그렇다. 모국어를 습득하는 방식은 대개 암기이다. 그래서 일부러 단어의 정의를 찾아보지 않으면 대충 뉘앙스나 그 단어가 쓰인 문장의 분위기로 뜻을 추측해서 사용하게 되는 경우가 많다. 이런 식으로 알고 있는 단어들로 문장을 만들면 그 문장의 의미가 모호해지는 건 당연한 결과. 그래서 가끔 토론하는 장면을 보면 격렬하게 말하고는 있지만 단어의 정의가 서로 달라 실은 서로 딴 얘기를 하고 있을 때가 많다. 단어를 정확하게 알고 정확한 상황에 사용할 줄 아는 감각을 익히는 것도 『논어』를 읽는 즐거움 중의 하나이다.

-------- (6 - 2) --------

노나라 군주 애공이 물었다.

137 "제자 중에 누가 배우는 것을 좋아합니까?"

공자가 대답했다.

"안회란 녀석이 있었는데 배우는 것을 참 좋아했지요. 화나는 일이 있어도 남에게 화풀이를 하는 법이 없었고, 같은 잘못을 두 번 하는 법이 없었어요. 그런데 불행히도 젊은 나이에 죽었지요. 지금은 그런 사람이 없어요. 안연만큼 배우는 것을 좋아하는 사람이 없는 것 같아요."

哀公問, 弟子孰爲好學. 孔子對曰, 有顔回者好學, 不遷怒, 不貳過. 不幸
短命死矣, 今也則亡, 未聞好學者也.

장면 1.

공서화가 제나라로 공자 심부름을 가게 되자 공자 문하의
재정을 담당하고 있던 염유가 공서화의 어머니에게 생활비
를 좀 보내 드려야 하지 않겠느냐고 요청했다. 이에 공자가
말했다.

"30만 원 정도 드리게."

염유가 그것보다는 더 드려야 한다고 말하자 공자가 액수를
조금 더 올려 주었다.

"그럼 70만 원 정도 보내 드리든지."

그러나 염유는 3500만 원을 드려 버렸다. 그러자 공자가 말
했다.

"공서화가 제나라에 갈 때 보니까 벤츠를 타고 가더라고. 옷
도 아르마니라던가 그런 거 입고. 내가 듣기로 제대로 배운
사람은 당장 먹고살기 버거운 사람을 도와주지 부자에게 퍼
주지는 않는다더구나."

장면 2.

제자인 원사原思가 공자 집안의 총무부장이 되자 공자가 그
에게 연봉으로 4000만 원을 주었다. 받기에 너무 많은 액수
라 생각한 원사가 손사래를 치며 사양했다. 이에 공자가 말

했다.

"거절하지 말고 받게! 지위에 맞는 연봉이니 일단 받고, 이게 필요 없거나 남거든 자네의 가난한 이웃이나 마을 사람에게 자네가 나눠 주면 되잖나."

子華使於齊, 冉子爲其母請粟. 子曰, 與之釜. 請益, 曰, 與之庾. 冉子與之粟五秉. 子曰, 赤之適齊也, 乘肥馬, 衣輕裘. 吾聞之也, 君子, 周急, 不繼富. 原思爲之宰, 與之粟九百, 辭, 子曰, 毋. 以與爾鄰里鄕黨乎.

원사는 공자 제자로 이름은 헌憲이다. 원문의 수량은 모두 공자 때의 도량형으로 표기되어 있다. 게다가 원사에게 주는 것은 도량형의 단위도 나와 있지 않아 정확한 양을 환산할 수가 없다. 다만 염유가 공자의 명을 어기고 공서화의 어머니에게 생활비를 왕창 드린 것이 공자가 주라고 말한 양의 50배였던 점을 미루어 현재의 시세로 추산해 본 것이다. 공자가 아주 적게 주라고 했으니까 더 달라고 했을 테고 더 달라고 했는데도 부족해서 더 얹어 주었는데 무려 50배를 더 얹어서 주었다면, 공자는 그달 생활비에 보태는 정도의 도움을 생각했는데 염유는 공서화의 연봉 정도를 준 것으로 보았다. 원사의 경우는 도량형이 나와 있지 않지만 공서화 어머니에게 준 도량형을 기준으로 연봉을 잡으면 무리 없을 것 같아 그것을 기준으로 환산해 보았다.

원사는 공자의 제자 중에서 가장 가난한 축에 들었다. 그러나 가난하다고 능력도 없는데 일을 시킨 것은 아닐 것이라고 본다. 그리고 일을 시작했으면 합당한 연봉은 당연히 받아야 하는 것이다. 일에 해당하는 연봉이 있는 것이지 같은 일을 하는데 사람따라.연봉이 다를 수는 없다. 열정페이? 그런 건 없다. 일을 시켰으면 그 일에 합당한 대가를 지불해야 한다. 너 아니어도 할 사람 많다는 건 제대로 된 대가를 지불하지 않는 이유가 될 수 없다. 그 사람이 그 일을 했다면 그 일에 합당한 대가가 지불되어야 한다. 또 받는 사람 입장에서도 이만큼이라도 받는 게 어디인가 하여 자기가 한 일에 턱없이 부족한 대가를 자꾸 받아들이게 되면, 그 일과 대가 간의 질서가 무너져 앞으로도 계속 어려움을 겪게 되고 다른 사람마저 그의 선택 때문에 어려움을 겪는 형편에 놓이게 될 수 있다. 서로 잘 알고 지내는 사이에 어떻게 냉정하게? 이것 역시 정당한 일과 정당한 대가 사이에 끼워 넣어서는 안 되는 생각이다. 공과 시를 분명하게 구분할 필요가 있다.

―――――――――――――― (6 - 4) ――――――――――――――

공자가 중궁에 대해 말했다.

"원래 산천의 신에게 제사를 올릴 때는 순색의 소를 써야 하지. 그래서 얼룩소는 희생 제물로 쓸 수가 없네. 하지만 얼룩소의 새끼라도 얼룩얼룩한 제 부모와 달리 붉은 순색을 띠고 있고 뿔도 적당히 알맞다면 제물로 못 쓸 이유가 있겠나? 희생을 올리는 사람이야 그게 얼룩소의 새끼라고 그 출신 따져서 안 쓰려고 할 수도 있겠지. 하지만 제사를 받는 산천의 신은 제사에 쓰인 소 자체를 보지 그 소의 출신을 따지지 않아. 지금 자기를 위한 제사에 사용되고 있는 소가 순전하면 출신이야 어떻든 그 제사를 흠향하는 거네."

子謂仲弓曰, 犁牛之子, 騂且角, 雖欲勿用, 山川, 其舍諸.

중궁은 그 아버지가 천한 사람이었고 행실도 나빴다. 그러나 중궁은 자기 아버지와 달리 인품과 재능이 특출했다. 공자는 아버지를 보고 아들을 평가하지 않았으므로 그를 제자로 받아들였고, 심지어 군주에 자리에 앉혀도 좋을 인물이라고 칭찬하기까지 했다. 요즘 갈수록 유난히 집안을 따지고 부모를 따지는 분위기로 흘러가고 있는 우리 사회가 떠올라 씁쓸하다. 있던 차별도 없어져야 하는 마당에 거꾸로 차별을 부러 만들어 가는 풍경이라니……. 자신의 배경 탓에 자기가 품고 태어난 꽃 한번 제대로 피워 볼 기회를 얻지 못하는 어린 학생들, 그 설움과 아픔을 어찌 다 감당하려고 감히 선택할 수 없었던 조건들을 가지고 차별을 행하는 건가?

-------- (6 - 5) --------

공자가 말했다.

"안연은 그 마음이 상당히 오랜 시간 동안 사람다움의 경지에 오롯하게 머물러 있어요. 그렇지만 그 나머지 제자는 어쩌다가, 그것도 잠시 그런 상태에 도달하곤 할 뿐입니다."

子曰, 回也, 其心, 三月不違仁, 其餘則日月至焉而已矣.

내 공부가 얼마나 많이 진척되었나 알고 싶으면 마음을 다스려 보면 알 것. 내 마음이 다스려지는 수준이 내 공부가 도달한 수준. 그래서 공부는 해도 해도 끝이 안 보이는 것.

계강자가 물었다.

"자로는 정책을 결정하는 자리를 맡겨 볼 만한가요?"

공자가 답했다.

"자로는 과단성이 있어요. 정책 결정하는 일쯤이야 왜 못 하겠어요?"

"그러면 자공은 어떤가요? 자공은 정책 결정하는 자리를 맡겨 볼 만한가요?"

"자공은 사리에 밝아요. 정책 결정하는 일쯤이야 왜 못 하겠어요?"

"에……. 또 그렇다면 염유는 어때요? 염유는 정책 결정하는 자리를 맡겨 볼 만한가요?"

"염유는 재능이 많죠. 정책 결정하는 일쯤이야 왜 못 하겠어요?"

季康子問, 仲由, 可使從政也與. 子曰, 由也, 果, 於從政乎, 何有. 曰, 賜也, 可使從政也與. 曰, 賜也, 達, 於從政乎, 何有. 曰, 求也, 可使從政也與. 曰, 求也, 藝, 於從政乎, 何有.

결정하면 끝내 이루어 내는 과단성, 빠르고 정확한 판단력, 다재다능 등이 있으면 뛰어난 정치가나 행정가 정도는 될 수 있다고 말하고 있다. 아니, 해내고도 남는단다. 사람다움을 이루어 내는 것이 얼마나 높은 수준의 경지인지 이 내용을 미루어 짐작해 볼 수 있겠다. 그런데 살다 보면 종종 진짜 사람이 되는 것보다 출세의 길에 발탁되는 게 훨씬 더 중요하고 어려운 문제인 것 같다는 생각에 매몰되어 허우적거리곤 한다. 계강자는 셋 중 염유를 선택해서 기용했다.

───────────── (6 - 7) ─────────────

제자들에 대해 알아봅시다 ②

계씨가 민자건閔子騫에게 비費라는 고을의 책임자 자리를 맡겼다. 임명장을 들고 찾아온 심부름꾼에게 민자건이 말했다.

"내가 이 자리를 사양한다는 뜻을 대신 잘 좀 말해 주시오. 만일 같은 일로 다시 나를 찾아온다면 나는 분명히 말하지만 이 나라를 떠나 문수 강가로 도망가서 다시는 안 돌아올 거요!"

季氏使閔子騫爲費宰. 閔子騫曰, 善爲我辭焉. 如有復我者, 則吾必在汶上矣.

민자건은 공자의 제자로, 이름은 손損이다. 그는 무엇보다 효성스러움으로 이름이 높았지만, 제11편 「선진」 14장(248쪽)을 보면, 그 외에도 공손하면서도 딱 부러지는 성품을 가지고 있었고 말수가 적은 편이기는 하지만 한번 입을 열면 꼭 맞는 말만 하는 사람이었다는 걸 알 수 있다. 아마 이런 점들이 행정가로서의 가능성을 보여 줬던 것 같다. 평안감사도 저 싫으면 그만이라지만 재능과 인품을 가지고도 끝내 실무에 뛰어들지 않은 것이 백성 입장에서 볼 때는 좀 아깝다.

염백우가 몹쓸 병에 걸렸다. 공자가 문병을 가서 창문 너머로 그의 손을 잡고 말했다.

"어떻게 이런 일이! 이런 병에 걸리다니……. 아아, 운명이구나! 이렇게 훌륭한 사람이 이다지도 몹쓸 병에 걸리다니! 이렇게 훌륭한 사람이 이다지도 몹쓸 병에 걸리다니!"

6

옹
야

雍
也

伯牛有疾, 子問之, 自牖, 執其手曰, 亡之, 命矣夫. 斯人也而有斯疾也. 斯人也而有斯疾也.

염백우冉伯牛는 안연만큼이나 훌륭한 인품으로 명성이 자자했던 공자의 제자였다. 그가 걸렸던 병은 나병, 즉 한센병이라고 알려져 있다.

공자가 말했다.

"안연은 참으로 현명한 녀석이야! 음식이라고는 맨밥 한 그릇에 물 한 사발뿐이고, 사는 곳은 보기만 해도 한숨이 푹푹 나오는 달동네야. 아마 여느 사람 같았으면 우울해 죽으려고 할 거야. 그런데 그 녀석은 그렇게 살아도 즐겁다면서 자신이 가려는 길을 포기하지 않아. 안연은 정말이지 현명한 녀석이야!"

144

子曰, 賢哉, 回也. 一簞食, 一瓢飲, 在陋巷, 人不堪其憂, 回也不改其樂.
賢哉, 回也.

안연은 그 유명한 안빈낙도安貧樂道의 주인공이다. 자기가 살고
싶은 길을 선택해서 걷다가 가난을 만나게 되거든 안연은 그 가
난을 즐기고 누렸다. 가난에서 벗어나기 위해 자기가 선택한 길
의 즐거움을 바꾸지 않았다. 가난을 추구한 것이 아니라 다만 내
가 인생을 걸고 선택한 길을 걷다가 가난에 부딪히게 되었을 때
그 가난을 기꺼이 받아들인 것이다. 그래서 안연은 탁월하게 현
명한 사람이라는 것.

───────────────── (6 - 10) ─────────────────

염유가 말했다.
"스승님이 제시하신 길을 좋아하지 않는 건 아닌데 다만 제
힘으로 감당하기에는 좀 벅차요."
공자가 그 말이 핑계일 뿐임을 바로 지적하였다.
"무슨? 힘이 부족한 사람도 길을 걷긴 해. 길을 걷다가 중간
에 그만두게 될 뿐이지. 지금 자네는 걸음을 떼지도 않고 지
레 선부터 긋고 본 것이네."

冉求曰, 非不說子之道, 力不足也. 子曰, 力不足者, 中道而廢. 今女畫.

중간에 그만두게 되더라도 일단 걸으면 그 걸은 만큼은 내 것이
다. 또 그 길에서 엎어지게 되더라도 그 길 안에 있으면 언제 일

어나더라도 일어나는 곳은 바로 그 길이 아니겠는가? 이거다 싶은 걸 찾으면 내가 그 길을 걸을 수 없는 백만 가지 이유를 찾기 전에 일단 한 걸음부터 떼고 볼 일이다.

─────── (6 - 11) ───────

공자가 자하에게 말했다.
"너는 부디 크고 높은 이상을 추구하는 학자가 되어라. 배운 것으로 먹고살 궁리나 하는 학자가 되지 말고!"

子謂子夏曰, 女爲君子儒. 無爲小人儒.

자하에게 아마도 이런 낌새가 조금 있었나? 자의든 타의든 현실이 마음을 두드리면 이상은 짐을 챙겨 마음의 집 뒷문을 연다.

─────── (6 - 12) ───────

자유가 무성武城 고을의 시장이 되었는데, 공자가 말했다.
"자네, 그래 쓸 만한 인재는 얻었나?"
자유가 대답했다.
"담대멸명澹臺滅明이란 사람이 있는데요, 그 사람은 지름길로 다니지 않고, 공무 때문에 부득이 필요한 경우가 아니면 저희 집에 온 적이 없어요."

子游爲武城宰. 子曰, 女得人焉耳乎. 曰, 有澹臺滅明者, 行不由徑, 非公事, 未嘗至於偃之室也.

지름길을 좋아하지 않으니 목적을 위해 편법을 쓰지 않을 테고, 공무 때문이 아니면 상관의 집에 방문하지 않으니 아첨 따위는 하지 않는 성품이라는 말. 내 행동이 타인에게 읽힌다. 누군가에게 나를 알릴 때 나는 이력서를 내지만 결국 실제로 그들이 내게서 읽어 가는 건 나의 행동이다.

―――――――――――― (6 - 13) ――――――――――――

공자가 말했다.
"맹지반孟之反은 참 자기 자랑을 않는 사람이더구나! 노나라가 전쟁에 져서 적에 쫓겨 후퇴할 때 그 사람이 맨 뒤에 있었거든? 진격할 때는 선봉에서 적과 먼저 맞붙고, 후퇴할 때는 후미에서 적으로부터 우리 군대를 엄호하는 게 용기 있는 사람인 거잖아. 그런데 맹지반은 그렇게 하고서도 성문에 들어와서는 짐짓 자기 말을 혼내면서 '제가 뭐라고 나서서 후미를 지켰겠습니까? 이놈의 말이 제대로 달리지를 않아서 그렇지요'라고 하더라니까, 글쎄!"

147

子曰, 孟之反不伐, 奔而殿, 將入門, 策其馬曰, 非敢後也, 馬不進也.

용기의 달인, 말은 거들 뿐. 겸손은 화룡점정.

공자가 말했다.

"축타祝鮀처럼 언변이 좋거나 송조宋朝처럼 외모가 뛰어나지 않으면 인정받기 어려운 세상이 되었으니, 참!"

子曰, 不有祝鮀之佞, 而有宋朝之美, 難乎免於今之世矣.

그때나 지금이나! 아, 기운 빠져……!

공자가 말했다.

"어디 나가려면 문을 통해 나가야 하지 않습니까? 멀쩡한 문 놔두고 누가 엉뚱한 곳으로 나가겠습니까? 그런데 왜 사람답게 사는 멀쩡한 길 놔두고 딴 데로 헤매고 다니는 것일까요?"

子曰, 誰能出不由戶. 何莫由斯道也.

말주변이나 외모가 세상에 먹히니까 너도나도 사람다움을 돌아보기보다는 화술이나 익히고 성형이나 하는 데에 돈과 힘을 다 쏟아붓는다. 그러다 보면 판단 기준이 정말로 말재주나 외모가 되어 버리고……. 그때나 지금이나 사람은 진실보다 밖으로 드러난 것에 주목하기 때문에 세상이 이렇게 혼란한가 보다.

공자가 말했다.

"인성 레벨은 높은데 교양 레벨이 낮으면 촌스럽고, 교양 레벨은 높은데 인성 레벨이 낮으면 사무적이죠. 인성과 교양 레벨이 고루 높아야 비로소 이상적인 사람이 될 수 있어요."

子曰, 質勝文則野, 文勝質則史. 文質彬彬, 然後君子.

진심이 느껴져서 따스하긴 하지만 넘어서는 안 될 경계를 무수히 넘나들다가 '정'으로 무마하려는 이른바 촌스러운 사람들의 세계. 인간미는 있지만 투박하다. 그리고 조금 떨어져서 보면 멋있지만 가까이 가면 가면을 쓰고 있는 것만 같아 어딘지 서걱거리고 불편한 소위 교양인들의 세계. 세련된 듯해도 인간미가 없다. 어느 한쪽으로 치우칠 때가 많다. 조화가 역시 중요.

149   공자가 말했다.

"사람이 살아가는 이치는 정직입니다. 정직하지 않은데도 살아 있잖아요? 그건 어쩌다 요행수로 화를 면한 것뿐이에요."

子曰, 人之生也直, 罔之生也幸而免.

오늘 불의가 내일 정의가 되고, 오늘 편법이 내일 원칙이 되는 것이 당연한 세상이라면 그런 무법천지에서 어떻게 정상적인 일상을 살 수 있겠는가? 묵묵히 정직을 지켜 주시는 분들 덕분에 내 하루가 유지되는 것이다. 거짓말쟁이들이 기억해야 할 것은 요행은 일상적인 것이 아니라는 것, 그래서 결국 끝나는 날이 온다는 것. 무임승차는 영원할 수 없다는 것.

─────────── (6 - 18) ───────────

공자가 말했다.
"아는 것은 좋아하는 것만 못하고, 좋아하는 것은 즐기는 것만 못하나."

子曰, 知之者, 不如好之者, 好之者, 不如樂之者.

오, 이것이 진리로군요! (안다) 아, 이 진리, 멋진데요! (좋아한다) 응? 어느새 이 진리 안에서 살고 있네요! (즐긴다) 학문에서나 오락에서나 역시 즐기는 것이 최고의 경지. 그런데 알면 좋아지고, 좋아지면 즐기게 되는 듯.

─────────── (6 - 19) ───────────

공자가 말했다.
"이해력과 수용력이 중급 이상인 사람에게는 아주 고차원적인 것을 말해 줘도 괜찮지만 중급 이하인 사람에게는 그런 것을 말해 주어선 안 됩니다."

子曰, 中人以上, 可以語上也, 中人以下, 不可以語上也.

아는 것마저 헛갈려서 잘못된 방향으로 샐 위험이 있기 때문이다. 뭔가를 가르칠 때 항상 높은 수준으로 이끌어야 하지만, 이해할 수 있는 단계라는 것이 있다. 수준에 적절하게 맞추지 않으면 이해를 시키는 것은 고사하고 좌절만 안기는 역효과가 난다. 하지만 또 이해력과 수용력을 지능지수IQ로 미리 예단해서 사람을 나누는 것은 위험하기 그지없다. 가르치는 사람도 배우는 사람도 진짜 최선이라는 것을 다해 보는 시도조차 하지 않게 되기 때문이다.

——————————————————— (6 - 20) ———————————————————

번지가 지혜로움이란 어떤 것이냐고 물었다. 공자가 답해 주었다.

"사람으로서 해야 할 도리에 힘쓰고, 귀신이나 신에 대해서 경외하는 마음은 갖지만 의지하지는 않고 거리를 둘 줄 안다면 지혜롭다고 할 수 있을 것이네."

그러자 이번에는 사람다움이란 어떤 것이냐고 물었다.

"진짜 사람다움이란 것은 어려운 일을 먼저 해내고 나서 결과를 기대하는 것이지. 그렇게 하면 제대로 사람답다고 할 수 있네."

樊遲問知. 子曰, 務民之義, 敬鬼神而遠之, 可謂知矣. 問仁, 曰, 仁者先難而後獲, 可謂仁矣.

산다는 건 참 만만치 않다. 미래라도 좀 보이면 좋겠는데 한 치 앞도 보이질 않는다. 그래서 종교를 갖거나 무속인을 찾는다. 신이나 귀신을 내 편으로 끌어와 복을 받기 위함이다. 마냥 기복신앙에 의지하는 것도 문제지만 그렇다고 아주 반대편에 서서 신이든 귀신이든 존재하지 않는다고 주장하는 것도 인식의 차원이 한정되어 있는 인간이란 존재에게 허락된 결론은 아니라 생각한다. 그저 사람이 할 수 있고, 해야 하는 일이라면 요행을 바라지 말고 기꺼이 뛰어드는 것, 어렵든 고되든 일단 힘자라는 데까지 하고 그 후에 결과를 기대하는 것, 그것이 인간이 보일 수 있는 가장 지혜로운 삶의 자세라고 말하고 있다.

──────── (6 - 21) ────────

공자가 말했다.
"지혜로운 사람은 물을 좋아하고, 사람다움을 이룬 사람은 산을 좋아합니다. 지혜로운 사람은 상황을 파악하니까 상황에 따라 계속 움직이게 되고, 사람다움을 이룬 사람은 자기가 해야 할 것을 할 뿐이니까 가만히 제자리에 있는 것이죠. 그래서 지혜로운 사람은 막힘없이 흘러가며 살아 즐겁고, 사람다움을 이룬 사람은 듬직하게 자기를 지키며 살아 장수합니다."

子曰, 知者樂水, 仁者樂山. 知者動, 仁者靜. 知者樂, 仁者壽.

지자요수知者樂水, 인자요산仁者樂山. 산을 좋아하시는 분들이 아주 좋아하는 구절. 그래도 나는 여전히 뭐라 뭐라 소리를 내며 항상 어디론가 흘러가는 물이 더 좋다.

─────────── (6 - 22) ───────────

공자가 말했다.

"강대국이 바르게 개혁되면 문화 강국이 되고, 문화 강국이 또 바르게 개혁되면 이상 국가가 될 것입니다."

子曰, 齊一變, 至於魯, 魯一變, 至於道.

제자들에 대해 알아봅시다 ②

원문을 직역하면 '제나라가 한번 변하면 노나라가 되고, 노나라가 한번 변하면 도道를 실현하는 나라가 된다'이다. 제나라는 실리를 중시했던 당대의 강대국이었다. 노나라는 강국은 아니었지만 주나라의 문화와 제도를 많이 가지고 있는 나라였다. 공자는 제나라가 문화와 제도의 가치에 시선을 돌리면 그 강성한 힘으로 요순시대에 버금가는 강하고 평화로운 이상 국가를 건설할 수 있을 것이라고 보았다. 지금 우리 사회에 맞게 이 생각을 해석하면 다음과 같이 풀어 볼 수도 있지 않을까? "강대국이 사람을 돌아보면 복지 국가가 되고, 복지 국가가 이방인을 돌아보면 사람이면 누구나 제 삶을 누리고 살 수 있는 이상 국가가 된다."

153

공자가 말했다.

"모가 나서 '모난 술잔'이라 불리는 술잔이 모나지 않았다면 모난 술잔이라고 부를 수 있겠어요? 말이 됩니까? 그게 대체 모난 술잔이겠어요?"

子曰, 觚不觚, 觚哉! 觚哉.

사람인데 사람답지 않으면 사람이겠니? 말이 돼? 도대체 그런 이를 '사람'이라고 불리도 되겠어?

재아가 물었다.

"진짜 사람다운 사람이라면 누군가 그에게 '저기 사람이 우물에 빠졌어요!'라고 외칠 때 우물이든 뭐든 따지지 않고 그 사람을 구하려고 몸을 던질까요?"

공자가 말했다.

"왜 그렇게 하겠나? 인품이 갖춰졌다는 말이 머리를 쓰지 않는다는 말은 아니지. 인품이 갖춰진 사람을 데리고 거기까지 가게 할 순 있어. 그러나 빠뜨릴 순 없네. 그도 사람이니까 거짓말이라도 이치에 합당한 말이면 속겠지. 하지만 황당무계한 말로 낚을 수는 없는 거라고."

宰我問曰, 仁者, 雖告之曰, 井有仁焉. 其從之也. 子曰, 何爲其然也. 君子可逝也, 不可陷也, 可欺也, 不可罔也.

착한 사람은 멍청한가? '그 사람 참 된 사람이야! 그 사람 참 착한 사람이야!'라는 평가를 받는 사람에 대해 우리는 대체로 그가 두뇌 회전이 빨라 지혜롭고 사리 판단이 명확한 사람일 거라고는 생각하지 않는다. 대신 냉정하게 판단하기 전에 몸이 먼저 뛰어드는 사람, 의심할 줄 모르고 당하더라도 멋쩍게 웃기나 하는 사람을 떠올릴 것이다. 그러나 지혜도 사람다운 사람이 갖추어야 할 인격의 한 속성이다. 사람다움을 완전하게 지닌 사람이 사리 판단에 어두울 리 없다. 왜 착함에 대해 이런 편견이 생긴 것일까? 안타깝다.

―――――― (6 - 25) ――――――

공자가 말했다.

"제대로 된 지식인은 옛 문헌을 다양하게 배우고 익혀서 이치를 공부하고, 자신의 행동을 질서와 규범에 비추어 잘 단속합니다. 그렇게 하면 사람이 걸어야 할 바른길에서 어긋나는 일이 없게 될 거예요."

子曰, 君子博學於文, 約之以禮, 亦可以弗畔矣夫.

공자가 위나라 영공의 부인이자 스캔들을 몰고 다니는 미녀 남자南子를 만나고 왔다. 자로가 이것을 찜찜해하니까 공자가 확실히 말해 주었다.

"맹세하건대 내가 만약 예에 어긋나는, 해서는 안 될 짓을 했다면 하늘이 나를 버릴 것이야, 암, 하늘이 나를 버리고 말고!"

子見南子, 子路不說. 夫子矢之曰, 予所否者, 天厭之. 天厭之.

남자(여자인데 이름이 남자. 약간 좀……)는 미모로 유명했다. 그런데 이 여인은 나랏일에 입김도 꽤 세게 행사하는 편이었던 데다가 요 앞에 나왔던 미남의 대명사인 송조와 바람도 피우고 해서 소문이 별로 안 좋았다. 이런 남자를 공자가 만났으므로 자로가 못마땅해한 것. 하지만 공자는 소신 있는 남자! 소문이야 어떻든 해야 한다고 생각하면, 해서 옳다고 생각하면, 결행한다.

공자가 말했다.

"조화로운 균형 감각과 평범성의 가치란 그지없이 대단한 것이지. 그러나 사람들이 이 가치를 잊고 외면하고 산 지가 참 오래되었네요!"

子曰, 中庸之爲德也, 其至矣乎. 民鮮久矣.

'중용'中庸의 가치가 소개된 부분. 짧은 말을 길게 옮기면 이렇게 된다. "어떤 일, 어떤 상황에서든 원칙은 있는 법입니다. 그러나 원칙 이상으로 중요한 것은 극단으로 치닫지 않고 상황과 시기를 잘 판단해서 적절하게 적용하는 것이지요. 이 균형 감각을 중도라고 말할 수 있겠네요. 그리고 화려하고 특별한 것에 혹하지 않고 평범함의 위대성을 아는 것이 중요합니다. 평범함은 순간적으로 확 끌리지는 않지만 평범하기 때문에 일상에서 늘 활용할 수 있다는 커다란 장점이 있거든요. 이 중도와 평범성의 힘이란 정말이지 더할 나위 없이 대단한 것이죠! 그러나 사람들이 이 둘의 가치를 잊고 외면하고 산 것이 참 오래되었네요!"

———————————— (6 - 28) ————————————

자공이 물었다.

"만약에 말이에요, 어떤 사람이 자기 국민을 잘 보살피고, 나아가 인간 대중을 구원하는 데까지 갈 수 있다면 어떤가요? 사람다움을 완성한 사람이라고 할 수 있을까요?"

공자가 말했다.

"사람다움을 완성했다뿐이겠나? 단언컨대 그는 성인이다! 그건 요임금이랑 순임금도 쩔쩔매셨던 문제였지! 사람다움이란 말이지, 자기가 일어서고 싶잖아? 그럼 남을 일으켜 주는 것이네. 그리고 자기가 이뤄 내고 싶잖아? 그럼 남을 이뤄 주는 것이야. 가까운 데서부터 유추를 해 나갈 수 있다면,

즉 내가 원하는 건 남도 원하는 것일 수 있다는 걸 알고 먼저 살펴 줄 수 있다면 사람다움을 이루어 내는 방법을 안다고 할 수 있지.”

子貢曰, 如有博施於民而能濟衆, 何如. 可謂仁乎. 子曰, 何事於仁. 必也 聖乎. 堯舜, 其猶病諸. 夫仁者, 己欲立而立人, 己欲達而達人. 能近取譬, 可謂仁之方也已.

자공은 참 커다란 것을 질문했고, 공자는 참 작은 것으로 답해 줬다. 물론 전체는 부분의 합보다 크다. 그러나 전체에 몰두하다가 부분을 잃어버리는 건 이상에 닿을 사다리를 제 손으로 치워 버리는 것이나 마찬가지. 소소한 일상으로 커다란 이상을 어루만져 본다.

요임금과 순임금은 태평성대의 극치를 이룩한 중국적 유토피아를 상징하는 임금들이다. 그래서 아주 평화로운 시대를 일컬어 ‘요순시대’라고 한다. 반대로 사람이 도저히 살 수 없는 무질서한 시대를 나타내는 말도 있는데, ‘걸주시대’가 바로 그것이다. 걸桀임금은 하나라를 말아먹은 임금이고, 주紂임금은 은나라를 말아먹은 임금이다.

술이

—

배우려는 의지가 있어야
가르쳐 줍니다

述而

공자가 말했다.

"나는 옛 분들이 써 놓으신 것을 풀이하고 정리해서 다음 세대에 전해 주기만 할 뿐 새로 창작하진 않습니다. 옛것을 믿고 좋아하는 거지요. 나는 나의 이런 자세가 우리 노팽老彭 선생님과 비슷하지 않나 혼자 슬쩍 견주어 보곤 합니다."

子曰, 述而不作, 信而好古, 竊比於我老彭.

노팽은 노자老子라고도 하고 팽소彭祖라고도 하는데 정설은 없다. 그 유명한 술이부작述而不作이 나오는 부분이다. 우리 사회는 요즘 창의성을 최고의 능력으로 일컫는 분위기이기 때문에 지금 눈으로 보기에는 이 부분이 아주 낯설 수 있다. 하지만 조금 달리 생각해 보면 '창작'은 어쩌면 꽤 거만한 말일 수도 있을 것이다. 까마득한 세월 쌓이고 또 쌓여 형성된 인류의 지혜란 그 깊이와 넓이가 얼마나 대단한 것일까? 그 지혜의 바다를 우리는 이 짧은 인생 동안 대체 얼마나 경험하고 이해해서 내 것으로 만들 수 있을까? 이런 점을 생각해 본다면 그 바다에 발조차 담가 보지 않은 사람만이 '나는 아무도 가 보지 않는 길을 간다'라고 떠벌릴 자신감을 가질 수 있을 것이다.

공자가 말했다.

"보고 들은 것을 묵묵히 마음속으로 기억하고, 배우는 데 싫증 내지 않고, 지겨워하지 않고 남을 가르칠 수 있는 것. 이런 것들이 저에게 뭐 어려울 것 있겠습니까?"

子曰, 黙而識之, 學而不厭, 誨人不倦, 何有於我哉.

공자가 말했다.

"인품을 잘 갈고닦지 못한 것, 배운 것을 완전히 내 것으로 익히지 못한 것, 옳은 것이 무엇인지 알고도 행동으로 옮기지 못한 것, 단점을 고치지 못하는 것, 내 걱정거리는 이런 것들이라네."

子曰, 德之不修, 學之不講, 聞義不能徙, 不善不能改, 是吾憂也.

163

배움에 나선 사람은 걱정거리의 차원이 달라야 하는구나 생각하게 된다. 생각하면 잠도 안 오는 내 걱정거리 목록에 저런 것들이 끝자락에나마 끼어 있기라도 하던가?

배우려는 의지가 있어야 가르쳐 줍니다

공자 선생님은 공적인 업무 없이 한가로이 지낼 때에는, 몸
가짐은 여유롭고 편안했고 표정은 유쾌하고도 온화했다.

子之燕居, 申申如也, 天天如也.

공자가 말했다.
"아아, 내가 니무 늙었구나! 꿈에 나의 롤모델이신 주공周公
님을 못 뵌 지가 한참이나 되었어!"

子曰, 甚矣, 吾衰也. 久矣, 吾不復夢見周公.

내 꿈엔 꽃미남만 나오는데 공자님은 꿈에서도 주공을 뵙는구나!
역시 차원부터가 다르다. 주공은 주나라의 기틀을 마련한 인물로,
신생국의 질서와 문화를 정비할 만큼 큰 능력을 지녔으면서도 천
자의 자리를 탐내지 않고 다만 공公을 생각한 사람이었다. 그래서
공자가 엄청 존경하고 흠모했던 대상. 이를테면 공자의 롤모델 혹
은 이상형? 주나라의 부흥을 꿈꿨던 공자가 이제 나이가 많아 더
이상 그 꿈을 자기 힘으로 실현해 낼 수 없다는 것을 고백하는 탄
식. 이 대목의 공자 선생님은 언제 봐도 늘 안쓰럽다.

공자가 말했다.

"사람으로서 걸어야 할 길에 뜻을 두고, 내면의 바른 가치를 확고하게 지키고, 사랑의 정신을 중심으로 삼고, 일상생활 속에 필수 교양이 익숙하게 녹아 있어야 한다."

배우려는 의지가 있어야 가르쳐 줍니다

子曰, 志於道, 據於德, 依於仁, 游於藝.

삶의 기준을 어떻게 두어야 할 것인지 알려 주는 부분이다. 정신적인 가치와 실용적인 측면, 사람에게는 모두 필요하다. 공자 시대의 필수 교양은 육예六藝, 즉 예절禮, 음악樂, 활쏘기射, 말타기御, 글쓰기書, 셈하기數였다. 음악은 예술, 활쏘기는 운동(스포츠), 말타기는 운전이라고 살짝 바꿔 보면 요즘 시대에도 꼭 갖추어야 할 것들이라고 볼 수 있겠다.

165 공자가 말했다.

"기본적인 예물을 갖추어 가지고 와서 배우겠다는 의지를 보이면 나는 다 학생으로 받아 주었다."

子曰, 自行束脩以上, 吾未嘗無誨焉.

원문은 '속수束脩 이상을 가져오다'라는 뜻이다. 속수는 구체적으로 육포 열 개 한 묶음을 가리킨다. 공자 시대 이전부터 존중하는 사람을 만날 때는 이렇게 예물을 갖추어 만나는 풍습이 있었다. 제자가 스승을 처음 뵙는 예의를 가리키는 말인 속수지례束脩之禮가 바로 여기에서 비롯되었다. 속수가 비싼 예물이라는 설도 있고 싼 예물이라는 설도 있다. 싸고 비쌈을 떠나, 배우는 데는 시작에 정성을 표시하는 것이 예에 맞지 않겠는가? 무료로 배울 수 있다면 좋을 것 같지만 언제든 가서 무료로 배울 수 있는 경우, 실은 배우는 자세가 무료만큼이나 가볍기 십상이다. 접근이 쉬우니 많은 고민이 필요 없는 것이다. '무슨 일이 있어도 나는 이것을 꼭 배우고 싶어!' '끝을 보고 말 거야!'라는 결연한 자세보다는 '그냥 한번 해 보지, 뭐' '배워 둬서 나쁠 건 없지. 노느니 염불 왼다고' 등의 쉬운 마음가짐을 갖게 된다. 내가 무게를 둔 만큼, 준비한 만큼 공부도 된다. 나를 가르쳐 주는 선생님도 더 무겁게 느껴진다. 배움의 깊이는 학생의 마음가짐이 좌우한다.

———————————— (7 - 8) ————————————

공자가 말했다.

"저는 학생이 애가 탈 정도로 알고 싶어 하지 않으면 깨우쳐 주지 않고 표현하고 싶어 안달이 난 상태가 아니면 말문을 틔워 주지 않습니다. 예를 들어, 사각형 한 귀퉁이를 제가 보여 줬을 때, 학생이 그걸 보고 곧장 '어? 나머지 세 귀퉁이가 있겠군요!'라고 답하지 않고 '응? 뭐지? 뭘까요?'라는 반응을 보이면 더는 알려 주지 않죠."

子曰, 不憤不啓, 不悱不發. 擧一隅, 不以三隅反, 則不復也.

배울 준비가 되어 있지 않은 사람에게는 가르쳐 주지 않는다. 그
저 '배워 볼까?' 하는 수준이 아니라 알고 싶어 제가 먼저 낑낑거
리고 있어야 가르쳐 준다. "아!!!!!!!!" 하는 탄성과 함께 배움의 효
과와 배움의 즐거움은 극대화된다. 우리는 진짜 알고 싶은지 어
떤지 깨닫기도 전에 너무 많이 너무 쉽게 배움에 노출되어 이렇
게 배움에 흥미가 없는 것인지도 모르겠다.

———————————— (7 - 9) ————————————

공자 선생님은 상을 당한 사람 옆에서 밥을 먹을 때 한 번도
배부르게 먹은 적이 없었다. 그리고 문상한 날에는 노래를
부르지 않았다.

子食於有喪者之側, 未嘗飽也. 子於是日, 哭則不歌.

참 작은 일이지만 상대에 대한 배려를 볼 수 있는 모습. 뒤의 구
절은 내 어린 시절, 어머니에게 혼나고 돌아서다가 나도 모르게
노래를 부르는 바람에 어머니를 무시하는 걸로 오해받아 크게 야
단을 맞았던 기억을 떠올리게 한다. 어머니를 배려하지 않은 것
은 아닌데 내 욕구에 너무 충실하여 그만……. 어머니, 그래서 제
가 이렇게 열심히 배우고 있습니다요!

공자가 안연에게 말했다.

"등용되면 뜻을 행하고 등용되지 않으면 뜻을 간직한 채로 은둔하는 것은 오직 자네와 나만이 가능한 것이지!"

(우씨! 왜 또 안연만?) 자로가 물었다.

"스승님께서 군대를 통솔하신다면 누구랑 그 일을 함께하실 건가요? (당연히 나지!)"

공자가 대답했다.

"설마 내가 맨손으로 호랑이를 때려잡고 맨몸으로 큰 강을 건너다가 죽어도 후회하지 않는 사람이랑(그러니까 너랑!) 함께할까 봐? 그런 사람과는 함께하지 않지. 나는 일을 맡으면 신중하고 조심스러운 자세를 보이고 일이 터지기 전에 미리 철저히 계획을 세워 결국 이뤄 내고야 마는 사람이랑 '반드시' 함께할 것이네!"

子謂顔淵曰, 用之則行, 舍之則藏, 唯我與爾有是夫. 子路曰, 子行三軍, 則誰與. 子曰, 暴虎馮河, 死而無悔者, 吾不與也. 必也臨事而懼, 好謀而 成者也.

168

아, 자로! 스승님도 참……. 이렇게 대놓고 타박을 하시나……. 오늘은 자로 형님과 술 한잔해야겠다. 이런 날은 술 한잔해야 해! 함께하실 분, 이따가 스승님 잠드시면 후원으로 오시압! (아, 자공 사형 필참요. 두둑한 지갑 플리즈!)

공자가 말했다.

"부자라는 게 인력으로 되는 거라면 아무리 천하다고 하는 직업이라도 나는 그 일을 꼭 할 거네. 그러나 인력으로 되는 게 아니라면 나는 그냥 나 좋은 일을 하면서 살겠어!"

子曰, 富而可求也, 雖執鞭之士, 吾亦爲之. 如不可求, 從吾所好.

돈이 얼마나 있어야 돈 걱정을 안 하고 살까? 귀족, 천민 이런 게 없는 지금 세상에서도 자기 노력만으로 부자가 되는 건 매우 어려운 일이다. 재산이 남보다 조금 더 많은 수준 정도가 아니라 자산가까지 되는 건 거의 불가능해 보인다. 그런데 의외로 우린 부자가 되라는 말에 쉽게 속아 넘어간다. 그래서 극도로 희박한 확률을 목표로 해서 달리느라 나의 과거도 현재도 미래도 저당 잡히고 심지어 다른 사람의 과거와 현재와 미래까지도 저당 잡는다. 돈에 연연해서 시간을 낭비하기보다 자기 인생을 선택하겠다는 결심을 실천한 공자 선생님은 멋진 스승으로 인류의 역사에 길이 남았다. 지혜롭게 버리는 것은 버려도 버린 것이 아니라는 실증. 그렇다면 한 번쯤 따라 해 봄 직하지 않을까?

배우려는 의지가 있어야 가르쳐 줍니다

169

공자가 아주 신중하고 조심스러운 태도를 취했던 것이 세 가지가 있었는데, 세대와 세대 간을 잇는 생명에 관계된 제사, 나라와 나라 간 백성의 생명에 관계된 전쟁, 개인의 생명에 관계된 질병이 바로 그것이었다.

子之所愼, 齊, 戰, 疾.

──────────── (7 - 13) ────────────

공자가 제나라에 있을 때 순임금의 음악인 소韶를 듣고는 그 음악에 완전히 매료되어 3개월 동안 그 맛있는 고기를 먹어도 맛있는 줄을 몰랐다. 그러고는 말했다.
"음악이 이런 경지까지 이를 수 있다고는 정말이지 꿈에도 생각하지 못했습니다!"

子在齊聞韶, 三月不知肉味, 曰, 不圖爲樂之至於斯也.

　　무엇에 반한다는 건 이 정도는 되어야…….

──────────── (7 - 14) ────────────

염유가 말했다.
"스승님께서 위나라 군주를 도우실까?"
자공이 말했다.
"그러게? 그러고 보니 궁금하네? 내가 여쭤 보고 올게!"
그러고는 들어가서 공자에게 물었다.
"백이와 숙제는 어떤 사람들이었나요?"

공자가 대답했다.

"옛날의 아주 훌륭한 분들이셨지."

"자기들 행동을 후회했을까요?"

"진짜 사람답게 살기로 마음을 먹어 결국 사람다움을 이뤘
으니 뭘 또 후회하셨겠나?"

자공이 나와서 염유에게 알려 줬다.

"스승님께선 안 도우실 거야."

冉有曰, 夫子爲衛君乎. 子貢曰, 諾. 吾將問之. 入曰, 伯夷叔齊, 何人也.
曰, 古之賢人也. 曰, 怨乎. 曰, 求仁而得仁, 又何怨. 出曰, 夫子不爲也.

이 무슨……? 역시 배운 사람은 질문 수준도 다르다는 걸 절감하
는 대목. 위나라 상황을 좀 알아야 이 대화가 파악이 된다. 때는
위나라 영공이 죽고 세대를 점프해서 손자 첩輒이 왕위를 계승한
시점. 더 거슬러 올라가 보자. 할아버지 영공과 아버지 괴외蒯聵
간에 갈등이 있었다. 영공의 부인이 바로 그 예쁘고 스캔들 많은
여자인 남자南子다. 세자인 괴외는 아버지 사랑을 독차지하는 그
녀를 제거하려다 실패해서 영공으로부터 버림을 받고 망명한다.
영공이 죽자 백성이 영공의 손자, 그러니까 괴외의 아들인 첩을
군주로 세운다. 이 소식을 들은 괴외가 왕위를 차지하기 위해 귀
국을 감행한다. 그러자 첩이 군대를 출동시켜 아버지를 막는다.
결국 위나라는 내전의 소용돌이로 빠져든다. 앞의 대화에서 공자
선생님이 도울까 돕지 않을까 제자들이 궁금해하는 군주가 바로
첩이다.

자공이 질문한 백이와 숙제는 이들과 거의 정반대의 상황이었다.

둘은 고죽국孤竹國의 왕자로 백이가 형, 숙제가 동생이었다. 아버지가 동생인 숙제를 후계자로 지목하자 숙제는 형이 있는데 그럴 수 없다며 왕위를 양보했다. 형인 백이 또한 아버지의 결정 사항인데 어길 수 없다며 나라를 떠나 버렸다. 이에 숙제도 즉위하기 전에 형을 따라 나라를 떠나서 고죽국은 다른 이를 왕으로 세우게 되었다. 공자는 백이와 숙제가 사람다움을 추구하다가 사람다움을 얻은 것이니 자신들의 행동에 후회가 없을 거라고 말했다. 이들을 옳다고 생각했다면 부자가 왕위를 놓고 전쟁을 벌이는 상황에 어느 한쪽 편을 들 리가 없다. 아, 이렇게 수준 높은 질문과 은근한 답이라니! 이런 수준의 공자학당에 입학원서를 넣어, 말아?

―――――――――― (7 - 15) ――――――――――

공자가 말했다.

"반찬도 제대로 없는 밥에, 국도 없어 물을 마시고, 베개가 다 뭐야? 팔을 베개 삼아 눕는다 해도 삶의 낙은 그 안에 있는 법. 정의 따위 나 몰라라 한 채 부자 되고 출세하는 건 나에게 뜬구름 같은 것."

172

子曰, 飯疏食飲水, 曲肱而枕之, 樂亦在其中矣. 不義而富且貴, 於我如浮雲.

안연이 살던 모습과 굉장히 비슷한 말. 이래서 공자는 안연을 그렇게 예뻐했던 걸까?

공자가 말했다.

"하늘이 나에게 수명을 몇 해만 더 허락해 줘서 내가『주역』周易을 공부할 수 있다면 아주 큰 잘못은 없을 수 있을 텐데……."

子曰, 加我數年, 五十以學易, 可以無大過矣.

네, 선생님, 그래서 저도『주역』을 배우고 있어요. 그런데 여전히 알쏭달쏭. 어려워요. 지혜가 더 많이 쌓이면 더러는 실수해도 '큰' 잘못은 없을 수 있다 하시니 더 열심히 배워 봐야겠네요! (불끈!)

공자가 표준어를 사용하는 경우는『시경』과『서경』을 말할 때, 의례를 집행할 때였다. 이때 모두 표준어를 사용했다.

173   子所雅言, 詩書執禮, 皆雅言也.

초나라 섭현葉縣의 지도자 심저량沈諸梁(섭공葉公)이 자로에게 공자가 어떤 사람인지 물었는데 자로가 대답하지 못했다. 이 말을 듣고서 공자가 말했다.

"에이, 대답 못 할 게 뭐 있어! 그 양반, 뭐에 꽂히면 밥 먹는
것도 잊어버리고, 즐거워서 근심 걱정도 다 잊어버리고, 늙
어 가는 줄도 모르더라, 그러지 그랬어!"

葉公問孔子於子路, 子路不對. 子曰, 女奚不曰, 其爲人也, 發憤忘食, 樂
以忘憂, 不知老之將至云爾.

──────────── (7 - 19) ────────────

공자가 말했다.
"나는 태어날 때부터 다 알고 태어난 그런 천재가 아닙니다.
옛날 사람들의 지혜를 좋아해서 열심히 파고드는 사람일 뿐
이지요."

子曰, 我非生而知之者, 好古敏以求之者也.

태어나면서부터 세상의 모든 이치를 이미 다 알고 있는 것을 '생
이지지'生而知之라고 한다. 대개 천재를 '생이지지' 급으로 본다. 사
람의 지적 능력을 공자는 크게 네 개 등급으로 나누어서 보는데,
이 네 등급의 자세한 내용은 저 뒤쪽 제16편 「계씨」 9장(396쪽)에
나온다. 이 장과 함께 봐 두어도 좋을 듯하다.

174

──────────── (7 - 20) ────────────

공자는 초자연적인 것, 완력으로 문제를 해결하는 것, 질서

를 어지럽히는 것, 불가사의한 존재에 대해서는 말하지 않았다.

子不語怪力亂神.

　이미 기원전에, 그 까마득한 옛날에 공자는 이토록 합리적인 인간이었다. 스마트기기가 인간을 스마트하게 해 주는 것은 아니다.

──────── (7 - 21) ────────

공자가 말했다.
"세 사람이 함께 길을 가다 보면 그중에 반드시 내 스승이 있어. 그의 장점을 통해서는 내가 본받을 것을 배우고, 단점을 통해서는 내가 고쳐야 할 부분을 배우는 거지."

子曰, 三人行, 必有我師焉, 擇其善者而從之, 其不善者而改之.

──────── (7 - 22) ────────

공자가 말했다.
"사람다움의 가치를 깨달아 알아서 이렇게 말할 수 있는 건 하늘이 나에게 이런 자질과 역할을 부여해 줬기 때문이지. 나를 향한 하늘의 뜻이 있을 거란 말일세. 그러니 환퇴桓魋라는 자가 나에게 뭘 어떡할 수 있겠나?"

子曰, 天生德於予, 桓魋其如予何.

송宋나라의 무관이었던 사마환퇴司馬桓魋는 공자를 매우 싫어했
다. 그래서 공자가 큰 나무 아래 있다는 소식을 듣고 사람을 보내
나무를 뽑아서 공자를 죽여 버리려고 했다. 공자가 겪은 몇 번의
수난 중 하나이다.

공자는 자기가 이 세상에 태어난 이유를 생각하는 것으로 두려움
을 걷어 냈다. 내가 이 세상에 존재해야 하는 이유를 잠잠히 생각
하고 생의 목표를 설정하면 삶에 대해 조금은 더 의연해질 수 있
을까?

──────────── (7 - 23) ────────────

공자가 말했다.

"자네들은 내가 뭘 숨기고 얘기 안 해 주는 것이 있다고 생각
하나? 나는 자네들에게 숨기는 게 없네. 내가 무엇을 하든
다 자네들에게 보여 주었지. 이것이 바로 나라는 사람이네!"

子曰, 二三子以我爲隱乎. 吾無隱乎爾. 吾無行而不與二三子者, 是丘也.　176

대단한 선생님의 대단한 이상. 그러나 막상 질문을 하면, 똑같은
질문을 해도 그 질문을 한 제자의 수준과 성향에 맞춰 답해 줘서
답이 다 다르고……. 제자들은 공자가 무언가 아주 깊고 높은 경
지에 대해 말해 주지 않는다고 느꼈던 모양이다. 그럴 수도 있을
것 같다. 그러나 공자는 그런 건 없다고 말한다. 내가 행동한 모든

것이 내가 가르치려는 모든 것이라고 말한다. 숨김이 없이 사私가 그 자체로 공公이라고 말할 수 있는 사람, 이게 대체 가능한 경지인가? 그래서 공자가 성인聖人이라 불리나 보다.

———————— (7 - 24) ————————

공자는 네 가지를 가르쳤는데, 학문과 덕행, 충실, 신의가 그것이었다.

子以四敎, 文, 行, 忠, 信.

———————— (7 - 25) ————————

공자가 말했다.

"성인聖人은 내가 만나 볼 수 없더라도 인품과 학식이 두루 갖춰진 진짜 지성인이라도 만날 수 있으면 좋겠는데."

공자가 말했다.

177

"선한 사람은 내가 만나 볼 수 없더라도 꿋꿋하게 마음을 지켜 한결같이 하는 사람이라도 만나 봤으면 좋겠는데. 없으면서 있는 척, 텅 비었으면서 가득 찬 척, 가난하면서 부자인 척하면, 꿋꿋하게 마음을 지키기 어렵지."

子曰, 聖人, 吾不得而見之矣, 得見君子者, 斯可矣. 子曰, 善人, 吾不得而見之矣, 得見有恒者, 斯可矣. 亡而爲有, 虛而爲盈, 約而爲泰, 難乎有恒矣.

성인聖人은 대개 요임금과 순임금처럼 인품과 능력과 지위가 다 갖추어져서 세상을 구제하고 바로잡을 수 있는 사람, 참된 지성인은 인품과 학식이 두루 갖춰져 사람들에게 모범이 될 수 있는 사람, 선한 사람은 배움은 없으나 아름다운 마음 바탕을 가지고 태어나 사람답게 사는 데 뜻을 두고 살아 악을 행하지 않는 사람을 의미한다.

───────────── (7 - 26) ─────────────

공자는 물고기를 잡을 때는 낚시질을 하지 그물질은 하지 않았고, 새를 사냥할 때는 날아가는 새를 주살로 쏘아 잡지 자고 있는 것을 쏘아 맞히지는 않았다.

子釣而不網, 弋不射宿.

씨를 말리거나 비겁한 짓은 하지 않은 것이다.

───────────── (7 - 27) ─────────────

공자가 말했다.

"제대로 알지도 못하면서 창작하는 자가 있기도 하겠지만 저는 그런 적이 없어요. 저는 많이 듣고 거기서 좋은 것을 선택해 본받아 따르고, 또 많이 보고 모두 기억해 두지요. 이렇게 하면 이치를 다 아는 데까지는 못 가더라도 그 바로 아래 수준까지는 갈 수 있어요."

子曰, 蓋有不知而作之者, 我無是也. 多聞, 擇其善者而從之, 多見而識之, 知之次也.

창작을 하기도 해야겠지만 먼저 스스로에게 물어야 한다. '나는 충분히 알고 있는가?' 자칫 뜻하지 않게 내 창작물 때문에 이후로 전문가로만 살아가야 할 수도 있기 때문이다. 본받아 따르려면 하나를 선택해야 하고, 그래서 '선한 것'을 가려야 한다. 그러나 기억(앎)은 어떤 일의 선과 악을 판단하고 대비하는 데 활용해야 하기 때문에 선과 악을 모두 담고 있어야 한다.

(7 - 28)

풍속이 아주 안 좋아서 함께 이야기할 종자들이 못 된다고 소문이 난 동네인 호향互鄕에서 한 소년이 공자를 만나러 왔다. 공자가 그를 만나 주자 제자들이 갸우뚱했다. 이에 공자가 말했다.

"나를 만나러 온 것을 인정할 뿐 돌아가서 잘못하는 것이야 미리 생각할 거 없으니 뭣 때문에 심하게 대하겠나? 사람이 자기를 반성하고 지금 새사람이 되어 내게 왔으면 그 새사람만 인정하면 되는 거야. 뭐하러 과거를 물고 늘어져?"

互鄕難與言, 童子見, 門人惑. 子曰, 與其進也, 不與其退也, 唯何甚. 人潔己以進, 與其潔也, 不保其往也.

공자가 말했다.

"사람다움의 경지가 멀리 있다고 생각합니까? 아니요, 내가 정말로 사람다워지고 싶다고 마음먹잖아요? 그럼 어느새 사람다움은 내게 훌쩍 다가와 있습니다!"

子曰, 仁遠乎哉. 我欲仁, 斯仁至矣.

사람이니까.

진陳나라의 어떤 벼슬아치가 물었다.

"소공昭公은 예를 아십니까?"

소공은 공자의 나라인 노나라 임금이었다. 공자가 대답했다.

"예를 아시죠."

공자가 나간 뒤에, 그 벼슬아치는 공자의 제자 무마기巫馬期와 인사를 나누면서 이건 아니라는 듯 뒷공론을 했다.

"내가 알기로 참다운 지성인은 자기편이냐 아니냐에 따라서 판단이 달라지는 그런 당파적인 행동을 하지 않는다던데, 그런 지성인 역시 당파적일 때가 있나 봅니다그려. 그 왜, 소공은 성씨가 같은 오吳나라 공주에게 장가들었잖습니까? 성씨가 같은 사람과 결혼한 것도 예법에 어긋나는데, 그걸 속이려고 은근슬쩍 공주 성씨를 감춘 호칭을 썼단 말이에요. 그런 소공이 예를 안다고 한다면 예를 모르는 사람이 어디 있겠소? 허 참!"

무마기가 공자에게 쪼르르 달려가서 이 말을 그대로 읊었더니 공자가 말했다.

"나는 참 복도 많지. 내가 잘못을 하면 그걸 알려 주는 사람이 꼭 있어!"

陳司敗問, 昭公知禮乎. 孔子曰, 知禮. 孔子退, 揖巫馬期而進之, 曰, 吾聞君子不黨, 君子亦黨乎. 君取於吳, 爲同姓, 謂之吳孟子. 君而知禮, 孰不知禮. 巫馬期以告, 子曰, 丘也幸, 苟有過, 人必知之.

노나라와 오나라는 성姓이 희姬로 동성 관계. 원칙대로 하자면 임금의 부인에 대한 호칭은 출신국의 이름에 성을 붙여 불러야 하므로 오희吳姬가 된다. 공주는 맏이니 거기에 맹孟을 넣어 오맹희吳孟姬라고 해야 한다. 그러나 이렇게 하면 예법을 어기고 동성끼리 혼인한 사실이 드러나기 때문에 노나라에서는 오나라 공주를 오맹자吳孟子로 슬쩍 바꿔 불렀다.

공자가 이런 잘못을 몰랐을 리 없다. 그러나 공자의 입장에서 볼 때 남의 나라에 가서, 그것도 공개적으로 자기 나라 임금의 허물을 들춰 내는 것은 마땅치 않았을 것이다. 그래서 군주의 잘못에 대한 비난을 자기가 받게 되도록 외교적으로 이야기했다. 공자의 이런 점을 좋게 보는 사람들도 있을 수 있겠지만, 요즘 관점에서 보면 바람직한 것은 아니다. 잘못된 걸 잘못된 그대로 백일하에 드러내 책임을 지게 하지 않고 일단 감싸 준 뒤 개인적으로 충고

181

하면, 그 사람이 잘못을 고칠 확률보다는 또 다른 잘못을 저지를 확률이 훨씬 더 높아진다. 내 잘못을 굳이 감싸 주겠다는데 내가 애써 힘들게 고쳐야 할 이유가 없질 않는가!

───────── (7 - 31) ─────────

공자는 사람들과 함께 노래 부를 때 그 사람이 노래를 잘 부르면 꼭 '한 번 더!'를 외쳐 다시 부르게 했다. 그렇게 한 뒤에 자신도 따라 불렀다.

子與人歌而善, 必使反之, 而後和之.

공자의 이런 모습은 참 의외다. 재밌는 분이란 생각이! "그 노래 잘됐다! 다시 한 번 또 들어 보자! 한 번 더! 한 번 더!"

───────── (7 - 32) ─────────

공자가 말했다.
"노력이야 나도 남 못지않게 합니다. 그렇지만 인격을 제대로 닦은 된 사람의 삶을 직접 그대로 살아 내는 것은 아직도 자신이 없네요."

182

子曰, 文莫吾猶人也. 躬行君子, 則吾未之有得.

공자가 말했다.

"성스러움이나 인간다움의 완성 같은 것을 내가 어찌 주제넘게 할 수 있네 마네 할 수 있겠나? 그저 그런 길을 걷고자 하는 노력을 싫증 내지 않고 계속하고, 남을 가르치는 것을 게을리하지 않는 것 정도라면 그렇게 하고 있다고 말할 수 있지."

공서화가 말했다.

"바로 이 점이 저희가 따라 하기 어려운 부분이에요."

子曰, 若聖與仁, 則吾豈敢. 抑爲之不厭, 誨人不倦, 則可謂云爾已矣. 公西華曰, 正唯弟子不能學也.

맞아요, 선생님, 저도 공서화 선배의 의견에 동의해요. 아는 것보다 '멈추지 않고 계속'하는 게 제일 어려워요!

183

언젠가 공자가 병이 들었다. 조금 앓는가 싶더니 낫기는커녕 병이 악화되었다. 이에 자로가 천지신명께 기도를 드려보자고 청했다. 공자가 말했다.

"그렇게 하는 거라던?"

자로가 대답했다.

"예, 그러던데요? 애도사 같은 데 보면 '당신을 위해 천지신명에게 기도합니다.' 이런 말이 나오던데요."

공자가 말했다.

"그런 기도라면 이미 오래도록 해 왔다!"

子疾病, 子路請禱. 子曰, 有諸. 子路對曰, 有之, 誄曰, 禱爾于上下神祇.
子曰, 丘之禱久矣.

평소에 천지신명에 어긋난 행동은 하지 않았으니 이미 삶으로 오
랫동안 기도했던 셈이란 뜻이다. 이렇게 보면 공자는 참 현대적
인 사람이다.

———————————— (7 - 35) ————————————

공자가 말했다.

"사치하다 보면 어느새 거만해지고, 검소하다 보면 어느새
쫀쫀하고 답답한 사람이 됩니다. 하지만 거만해지는 것보다
야 쫀쫀하고 답답해지는 게 낫지요."

子曰, 奢則不孫, 儉則固. 與其不孫也, 寧固.

184

돈이 곧 '나'가 아닌데, 명품을 무섭잖게 사고 돈으로 할 수 있는
건 뭐든 할 수 있게 되다 보면, 내 돈 때문에 사람들이 내 앞에서
설설 기는 모습을 자꾸 보게 되고, 그렇게 되면 내가 대단한 사람
이라도 된 듯한 생각에 자꾸 빠져들게 된다. 나란 사람 자체의 수
준은 조금도 변한 게 없는데도 말이다. 또 반대로 절약을 하다 보

면 사람이 자꾸 웅크리게 된다. 손을 움켜쥐다 보니 생각도 마음도 자꾸 오그라들게 되는 것이다. 그래도 절약하다가 쫀쫀해진 사람이 세상을 망치진 않는다. 세상은 돈지랄하는 사람들이 망쳐 놓는다. 자연도, 정치도, 경제도, 교육도, 사회도, 문화도. 그 무엇이든.

―――――――――――――――― (7 - 36) ――――――――――――――――

공자가 말했다.
"성숙한 인간은 늘 시원시원, 좀팽이는 언제나 조마조마."

子曰, 君子坦蕩蕩, 小人長戚戚.

인간 됨을 잘 수양한 지성인은 마음에 거칠 것이 없어 너그럽고 여유가 있는데 인간 됨을 몰라 그저 태어났으니 살아가는 사람은 세상만사 걱정 아닌 게 없어 늘 죽을상이다.

―――――――――――――――― (7 - 37) ――――――――――――――――

185 공자는 온화하면서도 엄격하고, 위엄 있으면서도 사납지 않고, 매너 넘치면서도 편안한 모습으로 늘 자연스러웠다.

子溫而厲, 威而不猛, 恭而安.

좋은 건 혼자 다 하시는 듯!

태백

—

훌륭한 옛적 임금들

泰伯

공자가 말했다.

"태백泰伯이란 분은 최고의 덕을 지녔다고 할 만합니다. 세 번이나 왕위를 사양했는데 그 흔적이 남아 있지 않아 백성들이 칭송할 수 없었지요."

子曰, 泰伯, 其可謂至德也已矣. 三以天下讓, 民無得而稱焉.

태백은 주나라 태왕太王의 큰아들이다. 문왕文王은 태왕의 셋째 아들로, 태백이 왕위를 사양했기 때문에 문왕으로 왕위가 이어진 것이다. 태백은 자신이 왕위를 잇기에 부족하다고 생각하고 오나라로 도망가서 머리를 아주 짧게 자르고 온몸에 문신을 새겨서 설사 자기를 찾아낸대도 일을 돌이킬 수 없게 했다. 세 번의 내용은 정확히 알 수 없다.

왕위 계승의 분쟁이 일어나지 않게 먼저 행동을 취하는 것은 쉬운 일이 아니다. 부모의 유산 때문에 형제간의 다툼이 비일비재하게 일어난다. 재산이 많은 경우, 그 다툼은 상상도 할 수 없을 정도로 끔찍해지기도 한다. 기업의 상속 전쟁은 이제 우리 사회에서 당연한 일로 받아들여지는 듯하다. 태백의 왕위 사양은 멋진 일이다. 그러나 그런 사양은 나 말고 딴 사람이 해 줬으면 한다는 게 함정이라면 함정이겠지.

공자가 말했다.

"공손하긴 한데 질서와 규범의 의미를 알지 못하면 힘만 들어 피곤하죠. 조심스럽게 행동하긴 하는데 질서와 규범의 의미를 알지 못하면 당당함이 없고요. 용맹스러운데 질서와 규범의 의미를 알지 못하면 난폭해서 문제를 일으킵니다. 강직한데 질서와 규범의 의미를 알지 못하면 옆에 있기도 숨 막히게 빡빡하지요.

지도자가 부모님과 가까운 사람들을 따뜻하게 잘 대하면 사람들이 사람답게 지내는 풍속을 가지게 되고, 옛 친구를 버리지 않으면 사람들이 야박해지지 않는 법입니다."

子曰, 恭而無禮則勞, 愼而無禮則葸, 勇而無禮則亂, 直而無禮則絞. 君子篤於親, 則民興於仁, 故舊不遺, 則民不偸.

질서와 규범의 의미를 알지 못하면 좋은 자세를 취하려고 해도 어딘지 삐걱거린다. "공손해야 해. 이러저러하게 행동하는 게 공손한 거야"라고 무작정 당위와 행동 수칙을 암기시켜서 하게 하면 이유도 모른 채 억지로 했기 때문에 몸만 피곤하다. 시간이 지날수록 그렇게 행동해야 하는 게 불만스럽기만 할 것이다. 쇼핑센터나 백화점에서 무조건 손님에게 굽실거리게 하는 건 공손함이 아니다. 손님이 왜 왕인가? 손님은 그냥 손님일 뿐이다. 불필요한 감정노동은 손님과 점원 사이의 예절에 맞지 않는다. "새 제품이 나오셨거든요" "손님, 음식 나오셨어요" "저희 나라에만

훌륭한 옛적 임금들

189

있는 제품이시거든요." 흔히 듣게 되는 이런, 말도 안 되는 높임 표현도 무조건, 그야말로 무조건 공손해야 한다는 발상에서 나온 직원 교육 때문일 것이다. 이유와 원리를 아는 건 생각보다 훨씬 중요한 일이다.

───────────── (8 - 3) ─────────────

증자가 자기 병이 깊어지자 문하의 제자들을 불러다 놓고 말했다.

"이불을 들춰 내 발을 보게, 내 손을 보게! 상처 하나 있는지 들춰 보시게들! 『시경』의 시에 '깊은 연못가에 있는 것처럼 전전긍긍 조심하라, 살얼음 위를 걷는 것처럼 전전긍긍 조심하라'라는 구절이 있지 않던가? 제자들이여! 나는 이제야 비로소 부모님께서 주신 몸을 상할까 하는 걱정에서 벗어나게 되었네!"

曾子有疾, 召門弟子曰, 啓予足. 啓予手. 詩云, 戰戰兢兢, 如臨深淵, 如履薄氷. 而今而後, 吾知免夫, 小子.

190

───────────── (8 - 4) ─────────────

증자가 병들었을 때 맹경자孟敬子가 문병을 왔다. 문병 온 그에게 증자가 말했다.

"새가 죽을 때가 되면 그 울음소리가 구슬프고, 사람이 죽을 때가 되면 그 말이 착해지는 법이지요. 그러니 제 말에 진지

하게 귀를 기울여 주세요. 좋은 지도자가 되기 위해 중요시
해야 할 것 세 가지를 말씀드리고 싶군요. 행동은 난폭하게
도 하지 마시고 거만하게 하지도 마십시오. 표정은 최대한
진실한 표정으로 바로잡도록 하시고요. 그리고 야비하거나
사리에 맞지 않는 말을 하시는 일이 없으셔야 합니다. 이 세
가지 면모만 갖추시면 다 된 거예요. 자잘한 실무는 담당자
가 있으니 그들에게 맡겨 두시면 됩니다."

曾子有疾, 孟敬子問之. 曾子言曰, 鳥之將死, 其鳴也哀, 人之將死, 其言
也善. 君子所貴乎道者三, 動容貌, 斯遠暴慢矣, 正顔色, 斯近信矣, 出辭
氣, 斯遠鄙倍矣. 籩豆之事, 則有司存.

지도자가 해야 할 일이 있고 실무 담당자가 해야 할 일이 있다.
말은 쉽지만 의외로 잘 안 되는 부분. 지도자는 사람들에게 본이
될 수 있도록 자기를 바루어야 하고 바른 판단력을 가져야 한다.

------ (8 - 5) ------

191　증자가 말했다.

"능력이 있으면서 능력이 없는 이에게 배울 줄 알고, 많이 알
고 있으면서 적게 알고 있는 사람에게 배울 줄 알고, 가지고
있으면서도 없는 것 같고, 꽉 차 있으면서도 텅 빈 것 같으며,
누가 시비를 걸어도 맞대응하지 않는 자세, 옛날에 나의 벗
중에서 이런 자세를 줄곧 지녔던 사람이 있었지!"

曾子曰, 以能問於不能, 以多問於寡, 有若無, 實若虛, 犯而不校, 昔者吾
友嘗從事於斯矣.

이렇게 했던 나의 벗이란 아마도 공자도 칭찬을 아끼지 않았던
제자인 안연을 가리키는 말일 것이라고 한다. 그나저나 그게 누
구이든 그 벗 참 멋지네!

─────────────── (8 - 6) ───────────────

증자가 말했다.
"아직 어린 군주를 맡길 수 있고, 작은 나라의 국정을 맡길
만하고, 큰 위기 상황에 닥쳐서도 그 절개를 뺏을 수 없다면,
지도잣감이겠지? 지도잣감 맞네, 맞아!"

曾子曰, 可以託六尺之孤, 可以寄百里之命, 臨大節而不可奪也, 君子人
與. 君子人也.

─────────────── (8 - 7) ───────────────

증자가 말했다.
"한 사회의 지식인은 그 마음이 반드시 넓고 강인해야만 하
네. 임무는 막중하고 갈 길은 멀기 때문이지. 사람다움을 성
취해 내는 것을 자기 임무로 삼았으니 그 짐이 참으로 막중
하지 않겠나? 그리고 그 임무는 죽은 뒤에야 끝이 나니 갈
길이 멀 수밖에!"

曾子曰, 士不可以不弘毅, 任重而道遠. 仁以爲己任, 不亦重乎. 死而後已,
不亦遠乎.

───────────────── (8 - 8) ─────────────────

공자가 말했다.

"시를 통해 사람다운 마음을 일으키고, 예를 통해 그 마음을
개인적으로나 사회적으로 잘 가다듬고 확립하며, 음악을 통
해 조화롭고 유연하게 완성합니다."

子曰, 興於詩, 立於禮, 成於樂.

───────────────── (8 - 9) ─────────────────

공자가 말했다.

"민중은 옳은 길로 따라오게 할 수는 있지만 그 길이 왜 옳은
길인지를 이해시키기는 어렵네."

子曰, 民可使由之, 不可使知之.

왜요? 공자 시대 세계관의 한계겠지만 지금 엘리트는 민중에 대
해 다르게 생각하나 살펴보면 글쎄……. 지배층은 부릴 수 있을
만큼만 똑똑한 민중을 원한다. 아주 무지하면 부릴 수조차 없
지만 '왜'를 물을 수 있고 이해할 수 있는 수준이 되면 지배가 어려
워지기 때문이다. 그래서 우리는 사회에 대해 기어이 '왜'를 물어

야만 하고 생각하고 이해해야만 한다.

──────────────── (8 - 10) ────────────────

공자가 말했다.

"용맹한 걸 좋아하면서 가난한 걸 싫어하면, 그런 사람은 큰 사달을 내게 마련이죠. 사람이 사람답지 못한 걸 너무 질색해서 마구 몰아세우면, 궁지에 몰린 상대가 큰 사달을 내게 되고요."

子曰, 好勇疾貧, 亂也. 人而不仁, 疾之已甚, 亂也.

용맹한 걸 좋아하면서 가난한 걸 싫어하는 사람이 이것을 개인적으로 해소하게 되면 조폭이나 은행 강도가 될 수 있겠고, 사회적으로 해소하게 되면 폭동이나 민란을 일으킬 수 있을 것이다. 용맹을 좋아하든 아니든 궁지에 몰린 쥐는 고양이를 물게 마련이다. 대책 없이 문제를 일으키는 사람을 천천히 교화시키지 않고 너무 강한 굴레로 내리누르면 잠잠해지기는커녕 폭발해 버려서 더 큰 문제를 일으키는 것이다.

──────────────── (8 - 11) ────────────────

공자가 말했다.

"주공과 같이 어마어마한 재능을 지녔더라도 교만하고 인색하잖아요? 그럼 그 나머지는 볼 것도 없습니다!"

子曰, 如有周公之才之美, 使驕且吝, 其餘不足觀也已.

주공은 공자의 이상형이자 롤모델이었다. 그런 어마어마한 주공의 재능을 지녔더라도 교만하고 인색하면 그 사람은 끝장이라는 거다. 자기가 기대했던 인물이 교만이나 인색으로 무너져 가는 것을 공자는 적잖이 경험했던 모양이다. 그러니까 이렇게 극단적인 비유를 들어 단호하게 말했겠지.

사람은 누구나 뛰어난 재능으로 소위 성공한 인생이란 것을 살고 싶어 한다. 그러나 성공에는 우쭐함이 따라오게 마련이다. 뛰어난 재능으로 빨리, 그리고 크게 성공한 경우 교만에 빠져드는 건 거의 필연적인 결말이다. 불행하게도 이 결말은 대개 추락으로 이어진다. 그 추락 끝에 매달려 있는 분노, 불안, 초조, 공포와 같은 것은 사람을 움츠러들게 해서 마음도 손도 인색해지게 만든다. 그렇게 교만과 인색이 복합적으로 작용하게 되면 예전의 아름다운 재능은 그 사람에게 더 이상 아름다운 것일 수 없게 된다. 이 사이클에 걸려들었지만 이것을 딛고 일어선 사람도 물론 있다. 그러나 그보다 훨씬 더 많은 사람이 이를 잘 극복해 내지 못했다. 인간은 시간을 걸어가는 존재, 그래서 재능 그 이상으로 그 재능을 품고 갈 성품이 중요하다고 공자 선생님은 말하고 있는 것이다.

(8 - 12)

공자가 말했다.

"한 삼 년 공부하고 나면 다들 출세나 번듯한 직장 쪽으로 머리를 돌리는 것 같아."

子曰, 三年學, 不至於穀, 不易得也.

순수하게 학문에 뜻을 두고 자기를 완성해 가기란 이미 춘추 시대부터 어려웠던 일.

───────────── (8 - 13) ─────────────

공자가 말했다.

"사람으로서 꼭 걸어야 할 길을 굳게 믿고, 그 길을 옳게 분변할 수 있도록 학문에 힘을 쏟고, 선택한 그 길을 죽음으로써 지켜야 합니다. 망조가 든 나라에는 들어가지 않고, 혼란한 나라에는 살지 않으며, 세상이 바른길을 걷고 있거든 공직에 나가 힘을 발휘하고 세상이 엉망진창이거든 은둔해야 합니다. 나라가 바른길을 걷고 있을 때는 가난하고 천하게 사는 게 창피한 일이에요. 그러나 반대로 나라가 엉망진창인데도 부자인 데다가 출세도 했잖아요? 그럼 이것도 엄청 창피한 일이지요!"

子曰, 篤信好學, 守死善道. 危邦不入, 亂邦不居. 天下有道則見, 無道則隱. 邦有道, 貧且賤焉, 恥也, 邦無道, 富且貴焉, 恥也.

───────────── (8 - 14) ─────────────

공자가 말했다.

"그 직책에 있지 않다면, 그 직무에 대한 참견은 금물."

子曰, 不在其位, 不謀其政.

그 자리에 있어 봐야 그 자리의 무게를 안다. 내가 실행할 것이 아니라 그가 실행할 것이고 내가 책임질 것이 아니라 그가 책임진다. 그러니 섣부른 훈수는 종종 부끄러움이 되어 돌아오곤 한다.

─────────────── (8 - 15) ───────────────

공자가 추억하며 말했다.
"마에스트로 지摯가 처음 노나라 악관이 되었을 때 연주했던 「물수리」라는 곡의 연주 소리가 아직까지도 내 귀에 생생하게 울려 퍼지고 있구나!"

子曰, 師摯之始, 關雎之亂, 洋洋乎盈耳哉.

마에스트로 지가 제나라로 가 버린 뒤 음악을 유난히 사랑한 공자는 그 수준의 음악을 다시 들을 수 없어 많이 아쉬워했던 듯하다. 뭐든 그렇지만 귀도 고급스러워지면 수준이 떨어지는 음악을 들었을 때 차라리 안 듣느니만 못하게 고통스럽다. 까탈을 부리는 게 아니라 어쩔 수 없는 것이다.

197

─────────────── (8 - 16) ───────────────

공자가 말했다.
"포부는 크고 열정적인데 강직한 구석이 없거나, 아둔한데 무던한 구석이 없거나, 무능력한데 믿을 만한 구석도 없는 사람에 대해서는 내가 뭘 어찌해야 될지 모르겠구나."

子曰, 狂而不直, 侗而不愿, 悾悾而不信, 吾不知之矣.

턱없이 뜻과 이상이 높은 사람은 저래서 세상에 어떻게 발을 붙이고 사나 싶긴 해도 대개는 솔직하고 강직한 매력이 있는 편이다. 아둔한 사람은 답답하긴 해도 자기 부족함을 알아서 좀 무던하고 넉넉하게 마음 쓰는 매력이 있는 편이고. 무능력한 사람은 또 자기 무능한 걸 알아 성실하게 일해서 믿음을 얻는 매력이 있는 편이다. 하나가 부족하면 다른 하나는 있어야 함께할 수 있다. 둘 다 없으면, 이도 저도 아니면, 아아, 힘들지⋯⋯!

―――――――――――― (8 - 17) ――――――――――――

공자가 말했다.
"배울 때는 암만해도 따라가지 못할 것처럼 열심히 앞으로 나아가면서 동시에 이미 배운 것을 놓칠까 두려워해야 하는 거야."

子曰, 學如不及, 猶恐失之.

어렵다, 공부.

공자가 감탄하여 말했다.

"정말이지 그 높은 경지를 따라갈 수가 없구나! 순임금과 우임금은 천자가 되어 온 세상을 다 얻고도 그것을 인생의 낙으로 삼아 누리지 않았으니 말이야."

子曰, 巍巍乎, 舜禹之有天下也而不與焉.

우禹임금은 순임금의 뒤를 이어 나라를 물려받은 임금이며, 동시에 하나라 왕조를 연 임금이다. 순임금 때 중국에 홍수가 범람하여 혼란하기 짝이 없었는데 우가 죽을힘을 다해 물길을 잘 다스려 홍수의 혼란을 끝냈다. 이 공을 백성으로부터 인정받아 순임금으로부터 나라를 물려받게 되었다.

공자가 감탄하여 말했다.

"아아, 요임금은 정말 위대하게 임금 노릇을 하셨어요! 아, 너무나 높고 큽니다! 오직 저 하늘이 높고 큰 것인데 오직 요임금께서만 하늘의 그 특성을 본받으셨지요! 그 위대함이 하도 넓고 넓어서 백성들이 무어라 이름 붙여 찬양하질 못했어요. 아, 정말이지 높고도 높습니다, 그의 공적은! 아, 참으로 눈부시게 찬란합니다, 그가 이룩한 문화는!"

子曰, 大哉, 堯之爲君也. 巍巍乎. 唯天爲大, 唯堯則之. 蕩蕩乎, 民無能名焉. 巍巍乎其有成功也, 煥乎其有文章.

───────── (8 - 20) ─────────

순임금에게는 훌륭한 신하가 다섯이었는데 천하가 다스려졌다. 주나라 무왕은 "나에게 뛰어난 신하 열 사람이 있다"라고 말했다.

이에 대해 공자가 말했다.

"인재 얻기가 참 어렵다는 거 정말 맞는 말 아닌가요? 요순시대 이후로 무왕이 나라를 세운 주나라 초기가 가장 인재가 많았던 시대였는데 무왕의 열 신하 중 한 명이 자기 부인이었어요. 그러니까 사실상 아홉 사람뿐이었던 셈이죠. 문왕은 천하의 삼분의 이를 차지했으면서도 은나라를 섬겼어요. 이 점을 보면 주나라의 도덕은 정말 최고로 고상한 도덕이라고 할 수 있죠."

舜有臣五人而天下治. 武王曰, 予有亂臣十人. 孔子曰, 才難, 不其然乎. 唐虞之際, 於斯爲盛. 有婦人焉, 九人而已. 三分天下有其二, 以服事殷. 周之德, 其可謂至德也已矣.

인재는 구하기도 어렵고 잘 쓰기도 어렵다. 인재를 제대로 쓰면 최고 통치자는 사실 할 일이 없다. 그들이 다 잘 알아서 다스리니까. 그러니까 위로 올라갈수록 더 중요하게 요구되는 능력은 사람을 알아보는 능력이다. 나에게 잘하는 사람이 좋게 보이는 거야

인지상정이지만 윗사람이 그런 식으로 사람을 판단하는 경우, 일은 점점 더 엉망진창이 되어 가고 조직은 힘들어지기 시작한다.

순임금의 훌륭한 신하 다섯 사람은 우禹, 직稷, 설契, 고요皐陶, 백익伯益이다. 무왕의 훌륭한 신하 열 사람은 주공周公, 소공召公, 태공太公, 필공畢公, 영공榮公, 대전大顚, 굉요閎天, 산의생散宜生, 남궁괄南宮适, 무왕의 부인 읍강邑姜이다.

문왕 이야기는 앞과 문맥이 잘 맞지 않는다. 그래서 중간의 어떤 이야기가 빠져 있거나 "문왕은 천하의 삼분의 이를 차지했으면서도" 이하를 끊어 따로 독립시켜야 한다고 보기도 한다. 문왕은 무왕이 주나라를 세우면서 아버지를 왕으로 추존해 왕이 된 것이고 사실 생존해 있을 때에는 은나라의 신하였다. 서쪽 패권을 장악했기 때문에 서백西伯이라고 불렸다. 상당히 많은 제후를 섭렵했으면서도 끝내 은나라의 신하로 남았기 때문에 이와 같이 말한 것이다.

─────────── (8 - 21) ───────────

공자가 말했다.

"우임금은 제가 어디 하나 흠잡을 것이 없습니다. 당신은 참소박한 식사를 했으면서도 제사에는 효를 다했고, 평상복은 참 낡고 촌스러운 것을 입으면서도 임금으로서 입어야 할 정식 예복에는 위엄 넘치는 아름다움을 다했고, 궁궐은 누추하기 그지없었는데도 주민 생활에 직결되는 관개수로 완비에는 모든 힘을 다 쏟았죠. 우임금은 정말이지 제가 뭐 하나 꼬투리 잡을 만한 것이 없단 말씀이죠!"

子曰, 禹, 吾無間然矣. 菲飲食, 而致孝乎鬼神, 惡衣服, 而致美乎黻冕, 卑宮室, 而盡力乎溝洫. 禹, 吾無間然矣.

자한

—

마음가짐이 위대함을
만듭니다

子罕

공자는 이익, 운, 온전한 사람다움에 대해서는 되도록 말을 아꼈다.

子罕言利與命與仁.

> 『논어』의 많은 부분이 그렇지만 여기도 해석이 분분하다. '공자는 이익에 대해서는 말하는 경우가 거의 없었고 천명과 온전한 사람다움에 대해서는 허용했다'라고 보는 경우도 있다. 그러나 온전한 사람다움에 대해 공자가 먼저 이깃을 중심어로 해서 식섭적으로 거론한 경우는 별로 없기 때문에 나는 이와 같은 해석을 선택했다.

달항達巷이란 동네에 사는 사람이 말했다.
"공자 님은 정말 대단하시잖니! 온갖 것을 다 배우셨는데 어떤 한 분야 전문가라는 명성은 없으시잖니!"
공자가 이 말을 듣고 문하생들에게 말했다.
"흠, 그럼 뭘 전공으로 해 볼까나? 운전을 할까, 사격을 할까? 아무래도 난 베스트 드라이버가 되고 싶네!"

達巷黨人曰, 大哉, 孔子. 博學而無所成名. 子聞之, 謂門弟子曰, 吾何執.
執御乎. 執射乎. 吾執御矣.

이 부분에 대해서는 달항 동네 사람이 공자를 비꼰 건지 칭찬한 건지 알 수가 없다는 게 중론인데 내 생각에는 그가 공자를 비꼬았던 것 같다. 그러니까 그 말을 들은 공자가 "그럼 뭘 전공으로 해 볼까나?" 하고 위트 있게 응수한 거겠지. 배움을 시작하는 사람이 처음 익혀야 하는 여섯 가지 기예 중에서 제일 수준이 낮은 것이 수레 몰이(운전)와 활쏘기(사격)인데, 공자는 이 중에서 운전으로 최종 낙점을 보았다. 아마 사격은 목표물만을 맞혀야 하지만 운전대는 잡으면 어디든 내 뜻대로 끌고 갈 수도 있고 이곳저곳을 돌아다닐 수도 있기 때문이 아닐까?

—————————————— (9 - 3) ——————————————

공자가 말했다.

"모자를 쓸 때 복잡한 과정을 거쳐 최고로 가늘게 뽑아낸 삼베로 만든 것을 쓰는 게 원래 예법에 맞는 거지만 지금은 생사로 짠 것을 쓰지 않습니까? 검소한 거죠. 저는 지금 사람들이 하는 대로 따르겠어요.

존경하는 사람을 만날 때 대청 아래에서 인사하는 것이 예법에 맞는 건데 지금은 대청 위에서 인사하지 않습니까? 교만한 거죠. 지금 문화랑은 안 맞는다 해도 저는 대청 아래서 인사하는 걸 선택하겠어요."

子曰, 麻冕, 禮也, 今也純, 儉, 吾從衆. 拜下, 禮也, 今拜乎上, 泰也. 雖違衆, 吾從下.

예는 행동강령을 외워 그대로 해야 하는 기계적인 것이 아니다. 예의 정신과 원칙을 알고 상황에 맞게 변용해야 하는 것이다.

──────────────── (9 - 4) ────────────────

공자는 네 가지를 절대 하지 않았다. 근거 없이 미리 억측하지 않았고, 자기가 절대 옳다고 하지 않았고, 고집을 부리지 않았고, 자기부터 앞세우는 일을 하지 않았다.

子絶四, 毋意, 毋必, 毋固, 毋我.

──────────────── (9 - 5) ────────────────

공자가 광匡 지방에서 그곳 사람들에게 사로잡혔다. 그 위기의 순간에 공자는 스스로에게 이렇게 말했다.
"문왕은 이미 돌아가셨고 주나라의 찬란한 문화 전반을 제대로 알고 이어받고 있는 사람은 나밖에 없는 것 같은데…….
하늘이 이 문화를 아주 없애 버리려 했다면 주나라가 쇠약해져 가는 이때 굳이 나를 태어나게 해서 이것을 배우고 익히게 했을 리가 없어. 하늘이 이 문화를 아주 없애 버리려 한다면 모를까, 그게 아니라면 이 사람들이 나를 뭐 어떻게 할 수 있겠어?"

子畏於匡, 曰, 文王旣沒, 文不在玆乎. 天之將喪斯文也, 後死者不得與於斯文也, 天之未喪斯文也, 匡人, 其如予何.

노나라에서 방귀 좀 뀐다는 양화陽貨라는 권신이 있었는데 그가 광 땅을 침략해서 그곳 사람들을 학대한 적이 있었다. 운 나쁘게 도 공자가 그 양화랑 생긴 게 많이 닮아서 광 땅 사람들이 공자를 양화로 잘못 알고 사로잡아 가두었다. 요즘 같으면야 "내가 아는 얼굴인데 그 사람 양화 아님" "닮긴 닮았네. 하핫" 이런 글이 사 회관계망 서비스에 마구 뜨면서 싱겁게 해결됐겠지만, 당시는 인 터넷이나 통신이 발달하지 않았으니 까딱 잘못하면 소리 소문 없 이 죽을 수도 있는 상황이었다. 스스로 손쓸 수 없는 위협이 닥쳐 오면 자기 삶의 이유를 잔잔히 되짚어 보고 찬찬히 스스로에게 일러주는 모습이 제7편「술이」22장(173쪽)에서 사마환퇴에게 공 격을 받던 때 보였던 모습과 비슷하다.

어떤 재상이 자공에게 물었다.

"공자 선생님께서는 성인이신가요? 어쩜 그렇게도 할 줄 아 는 게 많으신가요?"

자공이 대답했다.

209　"저희 스승님은 본래 하늘이 내린 대단한 성인이신 데다가 또 잘하는 것도 아주 많으시죠."

공자가 그 이야기를 듣고는 말했다.

"그 재상이 나를 아는구나! 나는 어렸을 때 출신이 변변찮아 서 먹고사느라 이런저런 일들을 닥치는 대로 했기 때문에 잔재주만 많지. 근데 위대한 사람이 재주가 많을까? 재주가 많지 않다네!"

이 말에 대해 후일 금뢰琴牢는 이렇게 말했다.

"스승님께서 '나는 등용되지 못해서 재주만 많아졌다'라고 하시더라고요."

大宰問於子貢曰, 夫子聖者與. 何其多能也. 子貢曰, 固天縱之將聖, 又多能也. 子聞之曰, 大宰知我乎. 吾少也賤, 故多能鄙事. 君子多乎哉. 不多也. 牢曰, 子云, 吾不試, 故藝.

이 부분은 앞서 증자가 맹경자한테 지도자에게 필요한 자세를 말하면서 자잘한 실무 담당자가 있으니 그들에게 맡겨 두시면 된다고 했던 구절(188쪽)을 떠올리게 한다. 재주가 많다는 게 칭찬이 될 수 없다고 생각하는 공자. 그래서 마치 '내가 변변찮은 인물이라는 걸 들켰네!'라는 식으로 말하고 있다. 지금 세상은 깊이 있는 사람이 아니라 재주 많은 사람, 인품을 갖춘 사람이 아니라 기술을 갖춘 사람이 되라 한다. 진정 위대한 사람은 큰 가치를 지향하는 마음, 올바른 철학을 갖고 있는 사람이다. 지도자는 그런 사람이어야 하는데, '내가 해 봐서 안다'라고 하면서 자잘한 것만 붙들고 시시콜콜 지시하고 고집 부리는 지도자를 많이 본다.

210

──────── (9 - 7) ────────

공자가 말했다.

"제가 뭘 좀 안다고요? 천만에요, 저는 아는 게 없습니다. 가령 지식수준이 낮은 사람의 질문에도 막막해지는걸요. 다만 저는 그 질문의 처음과 끝, 양쪽 방향에서 따져 들어가 모든 측면을 샅샅이 다 짚어 보일 뿐이에요."

子曰, 吾有知乎哉. 無知也. 有鄙夫問於我, 空空如也. 我叩其兩端而竭焉.

진정한 현자는 어떤 질문에 자기가 가지고 있는 한 가지 답을 내려 주기보다는 같이 고민한다.

늘 열심히 공부하고 가르치는 데에 게으르지 않은 공자를 곁에서 보고 있노라면 아는 것이 참 많은 사람 같았을 것이다. 그러나 공자는 당신이 아는 것이 없다고 말한다. 겸손한 표현이라는 사람도 있지만 늘 자신은 나면서부터 천재가 아니라고 했던 공자의 모습을 미루어 보건대 이것도 그냥 한번 해 보는 괜한 겸사는 아닌 듯하다. 절대적으로 아는 것이 많다기보다 세상을 논리적으로 볼 수 있었기 때문에 어떤 질문에도 그 질문 안에 들어 있는 원리와 부수적인 것, 시작점이나 끝점, 고차원적인 부분이나 저차원적인 부분을 따져 볼 수 있었고, 항상 가르쳐 주는 것에 최선을 다했기 때문에 그렇게 따져 본 내용을 상대방에게 다 이야기해 주었을 것이다. 이렇게 질문하고 답하다 보면 질문자는 점점 자기 질문에 대한 답을 찾아가게 되었을 것이고, 이렇게 답을 찾은 이가 점점 늘면서 공자가 정말 아는 게 많다는 소문이 점점 퍼졌겠지……

──────────── (9 - 8) ────────────

공자가 탄식했다.

"봉황새도 오지 않고 황하에서 그림도 나오지 않네! 문화가 새롭게 빛날 거란 그 어떤 조짐도 보이질 않아! 결국 내가 걷는 이 길에 세상이 호응하게 되는 건 하늘 뜻이 아니란 건가? 이제 그만두어야겠어……."

子曰, 鳳鳥不至, 河不出圖, 吾已矣夫.

> 봉황새는 태평성대를 상징하고 황하에서 나온 그림은 주역 점이 생긴 배경이니 새로운 문명을 상징한다. 상서로운 조짐이 아무것도 안 보인다는 말이다. 공자의 뒷모습이 더없이 쓸쓸한 날이다…….

──────── (9 - 9) ────────

공자는 상복을 입은 사람, 관복을 입은 사람, 혹은 맹인과 마주치면 그들이 어리다 할지라도 반드시 일어났고 그들 옆을 지나치게 될 때는 반드시 마음을 담아 조심스러운 걸음걸이로 지나갔다.

子見齊衰者, 冕衣裳者與瞽者, 見之, 雖少, 必作, 過之, 必趨.

──────── (9 - 10) ────────

안연이 한숨을 크게 내쉬며 찬탄하고 탄식했다.
"스승님은 우러러볼수록 더 높아만 지고, 파헤쳐 볼수록 더 견고해져만 가는 분이지! 바라보면 앞에 계신 듯해서 '앞에 계신가?' 하면 또 어느새 뒤에 계셔. 진짜 놀랍지. 헤아릴 수가 없어!

그러나 또 그렇게 대단하시면서도 제자들을 차근차근하게 이끌어 주셔서 학문으로 내 식견을 넓혀 주시고 질서와 규범이라는 틀로 나를 다잡아 정리해 주시지. 이러니 그만 배우고 싶어도 그럴 수가 있겠어? 그래서 내 재능을 다 쏟았지. 나는 이미 내 재능을 다 쏟았는데 여전히 스승님은 내 앞에 우뚝 서 계셔. 아아, 따라가고 싶은데 어디로 어떻게 들어가야 좋을지조차 모르겠어!"

顏淵喟然歎曰, 仰之彌高, 鑽之彌堅. 瞻之在前, 忽焉在後. 夫子循循然善誘人, 博我以文, 約我以禮, 欲罷不能. 旣竭吾才, 如有所立卓爾. 雖欲從之, 末由也已.

　　공 선생님이 입에 침이 마르게 칭찬했던 수제자 안연이 평가하는 공 선생님은 뭐 이 정도! (둘이 서로 너무 추어주는 거 아님?)

────────── (9 - 11) ──────────

213　공자의 병이 위독해지자 자로가 스승님의 장례식을 격을 높여서 치러 드리고 싶은 마음에 문하생들을 장례를 집행할 신하로 세우는 장례위원회를 조직했다. 그런데 이게 웬일? 공자의 병이 호전되었다. 병이 호전되고서 이 사실을 알게 된 공자는 자로의 무리한 행동에 실망해서 적잖이 화가 났다.

"자로가 참 오래도 사기를 쳤구나! 나한테 무슨 신하가 있었다고 신하를 세워? 그럼 내가 누구한테 사기를 친 거냐? 하늘한테 사기를 친 거 아니냐? 나는 나한테 있지도 않았던 신하들 시중 받으며 죽고 싶지 않아. 그저 너희들 품에서 죽으면 된다고! 내 비록 거창한 장례식을 치르지 못한다고 해도 그렇다고 내 시체가 길거리에 버려지는 건 아니잖아."

子疾病, 子路使門人爲臣. 病間, 曰, 久矣哉, 由之行詐也. 無臣而爲有臣. 吾誰欺. 欺天乎. 且予與其死於臣之手也, 無寧死於二三子之手乎. 且予縱不得大葬, 予死於道路乎.

공자가 자로의 마음은 이해했으리라. 그래도 아닌 건 아닌 거다. 꾸짖을 땐 여시를 수지 말아야 다시는 그 행동을 하지 않는다. 자로처럼 행동에 뛰어난 사람은 또다시 마음만으로 행동할 가능성이 높으니까 원칙만 분명히 밝혀 주는 게 아니라 말도 모질게 해서 꾸짖는다. 그런 것이 아니라면 병이 위독해져서 죽음 문턱까지 갔던 사람이 무슨 기운에 이렇게 화를 냈겠는가? 또 스승의 그 마음을 잘 아니까 자로는 만날 퉁을 먹으면서도 공자가 그렇게 좋다며 늘 그 옆에 있었던 거겠지.

─────────────── (9 - 12) ───────────────

자공이 물었다.
"스승님, 여기에 엄청 비싸고 좋은 옥이 있다고 치면요, 스승님은 그걸 잘 싸서 궤 속에 넣어 감춰 두시겠어요, 아니면 비싼 값을 쳐주는 사람을 찾아서 파시겠어요?"
공자가 말했다.

"팔아야지! 암, 팔고말고! 다만 난 제값 쳐줄 사람을 기다리고 있는 것이라네."

子貢曰, 有美玉於斯, 韞匵而藏諸. 求善賈而沽諸. 子曰, 沽之哉. 沽之哉. 我待賈者也.

나의 가치를 제대로 알아주는 사람을 만나는 건 정말 힘든 일이다. 그래서 내 가치를 알아준 사람을 위해서라면 죽음도 불사한다지 않는가?

───────────── (9 - 13) ─────────────

공자가 구이九夷란 곳에서 살고 싶다고 하니까 어떤 사람이 말했다.
"거기는 되게 낙후된 곳인데 어쩌시려고요?"
공자가 대답했다.
"지성인이 산다면야 낙후된 게 뭐 문제 될 거 있겠나?"

215　　子欲居九夷. 或曰, 陋, 如之何. 子曰, 君子居之, 何陋之有.

공자 선생님의 다음 말은 '내가 개화시키면 그만이지!'였을까? 그런데 공자 선생님이 이런 말을 했을 땐 이미 자기의 길로 세상을 바꿀 수 없다는 걸 느끼고 피로와 실망을 격하게 느꼈을 때이다. 그렇다면 또 거기까지 가서 그곳을 개화시킨다거나 하는 것을 꿈꾸진 않았을 것 같다. 오히려 제대로 배운 문명인답게, 그 누군가는 그곳을 미개하다고 하지만 그곳의 문화도 그곳 나름의 것으로 존중하고 자기가 배우고 익힌 문명도 지키면서, 별 무리 없이 그곳 사람들과 어우러져 이곳의 치열했던 삶을 좀 놓고 여유롭게 지내겠다는 의미가 아니었을까? 우리가 삶에 지칠 때 종종 낯선 곳으로 훌쩍 떠나기를 꿈꾸는 것처럼…….

──────────── (9 - 14) ────────────

공자가 말했다.
"제가 위나라에서 노나라로 돌아온 뒤에야 음악이 바로잡혔습니다. 그래서 궁성 음악인 아雅와 종묘 음악인 송頌이 제 모습을 찾았지요."

子曰, 吾自衛反魯, 然後樂正, 雅頌各得其所.

음악가가 아니면서 국가 음악의 틀인 정악正樂을 바로잡은 공자. 뛰어난 식견과 탁월한 감각, 그리고 절대음감으로 조선의 음악을 바로잡았던 세종대왕을 떠올리게 하는 장면이다. 공자 옆에서 말이라도 한마디 붙여 보려면 문화 수준이 완전 대단해야 한다. 시와 음악에 무지한 사람의 입이란 공자 앞에서는 그저 음식 먹는 도구, 없으면 허전한 얼굴 장식이 되어 버릴 뿐.

216

공자가 말했다.

"사회에서는 윗사람을 잘 모시고 집에 돌아와서는 집안 어른을 잘 모시는 것, 상을 당해서는 정성을 다해 장례를 치르는 것, 술을 마셔도 주사를 부리지 않는 것, 이런 것이 나에게 뭐 어려울 거 있겠어?"

子曰, 出則事公卿, 入則事父兄, 喪事不敢不勉, 不爲酒困, 何有於我哉.

공자가 냇가에서 냇물을 바라보다가 냇물의 미덕을 찬탄했다.

"저 흘러가는 것 좀 보게! 밤이고 낮이고 그치질 않는다고!"

子在川上曰, 逝者如斯夫. 不舍晝夜.

217

시작한 이상 쉼이 없이 지속하는 것, 십 년이고 이십 년이고 삼십 년이고 누가 뭐라든 매달려 계속해 보는 것, 재능이 있어 잘 해내는 것보다 훨씬 훨씬 훠얼씬 힘든 일.

"미색을 밝히는 것만큼 미덕을 밝히는 사람은 아직 못 봤어."

마음가짐이 위대함을 만듭니다

子曰, 吾未見好德如好色者也.

섹시한 것에는 본능적으로 눈과 귀가 반응한다. 그런데 사람이
살 만한 세상을 만들 수 있는 가치들에 그렇게 본능적으로 두근
거리는 반응을 하는 사람은 안 보인다. 본능. 사람이 이 세상에 존
속하기 위해 갖는 본능이 성욕이다. 사람이 태어나기 위한 본능
이 있다면 그렇게 태어난 사람이 살 만한 세상을 만들기 위한 본
능도 있어야 맞는 것 아닐까? 그런 본능이 없다면 최소한 그런
가치들에 본능적으로 반응하기는 해야 하지 않을까? 사람이 살
수 없는 세상에 태어나 버린 것처럼 불행하고 아픈 일이 또 어디
있단 말인가?

───────────── (9 - 18) ─────────────

공자가 말했다.
"산을 쌓는 일을 한번 생각해 볼까요? 한 무더기만 더 쌓으
면 산이 완성돼요. 근데 그걸 못하고 그만두잖아요? 산은 완
성되지 못하고 끝난 거예요. 거의 다 쌓을 뻔했는데……. 이
런 건 의미가 없어요. 완성되지 못한 건 결국 내 탓이죠. 하
지만 반대의 경우도 생각해 볼 수 있어요. 땅을 편평하게 고
르겠다고 흙 한 무더기를 퍼다 날랐잖아요? 그럼 이미 시작
된 거예요. 그 무더기만큼 땅이 골라진 거고, 그 크기가 얼마
든 나는 전진한 거죠."

218

子曰, 譬如爲山, 未成一簣, 止, 吾止也. 譬如平地, 雖覆一簣, 進, 吾往也.

얼마나 많이 하고 멈췄더라도 멈춘 것은 멈춘 것. 얼마나 적게 했더라도 하고 있는 것은 하는 것. 학문이든 일이든 포기하지 않고 지금 하고 있다는 것이 중요하고, 그것이 발전이고 진보다. 옛날에 체르니 치다 말았으면 뭐해? 이제 바이엘 시작했더라도 지금 하고 있는 사람이 발전해 나가는 사람이지.

———————————————— (9 - 19) ————————————————

공자가 말했다.
"뭔가 말해 주면 열심히 이해하고 실천할 사람은 아마 안연 녀석일 거네!"

子曰, 語之而不惰者, 其回也與.

하여간 유난하심! 이 사랑을 누가 말려?

———————————————— (9 - 20) ————————————————

219 공자가 안연의 죽음을 몹시 애석해하며 말했다.
"아, 이렇게나 안타까울 데가! 나는 그 녀석이 앞으로 나아가는 것만 봤지 멈추는 것은 본 적이 없다!"

子謂顔淵曰, 惜乎. 吾見其進也, 未見其止也.

공자가 말했다.

"식물을 보면 싹 났다고 다 꽃을 피우는 건 아니더군요. 꽃을 피웠다고 다 열매 맺는 것도 아니고 말이죠."

子曰, 苗而不秀者, 有矣夫. 秀而不實者, 有矣夫.

'싹이 나서 꽃이 피고 열매가 맺힌다'는 모두에게 일제히 해당되는 예외 없는 법칙이 아니다. 나는 어디쯤 서 있는 걸까? 싹 틔운 것만 신나하다가 꽃 피우기를 놓치진 않았을까? 꽃 피웠다고 안심하다가 열매 맺는 걸 잊어버리진 않았을까? 무언가 시작했으면 안연처럼 계속 전진해야 한다. 천천히 가더라도 중단하지는 않으면서.

공자가 말했다.

"후배를 두려워할 줄 알아야 해요. 다음 세대가 우리만 못할 거라고 어떻게 장담해요? 물론 그들이 사오십 줄에 들어서서 선배 소리 들을 만한 나이가 됐을 때에도 별 볼 일 없다면야 뭐 별로 두려울 것도 없겠지만."

子曰, 後生可畏, 焉知來者之不如今也. 四十五十而無聞焉, 斯亦不足畏也已.

9

자
한

子罕

220

자주 만나는 사자성어 후생가외後生可畏. 그런데 으으으, 마흔이나 쉰이 되기 전이라고요! 마음이 급해진다.

──────── (9 - 23) ────────

공자가 말했다.

"엄격한 질책을 듣고 순종하는 태도를 보이는 게 뭐가 어렵겠어? 실제로 개선하는 게 어렵지. 부드러운 충고를 듣고 좋아하는 게 뭐가 어렵겠어? 그 말이 진짜 무슨 뜻인지 곰곰이 생각하고 새겨듣는 게 어렵지. 좋아만 하고 새겨듣지는 않고, 순종하는 태도만 보이고 개선하지 않는다? 그런 사람에 대해서 내가 더 이상 뭘 어떻게 해? 방법이 없지."

子曰, 法語之言, 能無從乎. 改之爲貴. 巽與之言, 能無說乎. 繹之爲貴. 說而不繹, 從而不改, 吾末如之何也已矣.

이렇게 말해 줘도 저렇게 말해 줘도 나이가 들수록 내가 틀렸다고 인정하기가 힘들어서 뭐든 잘 고쳐지지 않는다. 문제다. 특히나 돌려서 말해 주면 돌리느라 듣기 좋게 해 준 말만 기억하고 심지어 칭찬인 줄 알고 좋아라 한다. 진짜 문제다…….

──────── (9 - 24) ────────

공자가 말했다.

"일을 할 때는 마음을 다해서 충실하고 신의 있게 하고, 친구

마음가짐이 위대함을 만듭니다

221

를 사귈 때는 만만한 사람 말고 보고 배울 게 많은 사람을 선택하도록 하세요. 그리고 실수하거든 곧장 고쳐야 합니다. 실수는 누구나 할 수 있어요. 다만 주저 없이 고치는 걸 아무나 못하는 거죠."

子曰, 主忠信, 毋友不如己者, 過則勿憚改.

　　제1편「학이」8장(41쪽)에 거의 유사한 내용이 나온다.

──────── (9 - 25) ────────

"군사가 수만이라도 그 장군을 빼앗을 수는 있다. 그러나 평범한 한 사람이라도 그 뜻을 빼앗을 수는 없다."

子曰, 三軍, 可奪帥也, 匹夫, 不可奪志也.

──────── (9 - 26) ────────

공자가 말했다.

"깔깔이를, 그것도 다 해진 깔깔이를 입은 채로 밍크코트를 쫙 빼입은 사람과 함께 서 있어도 신경 쓰지 않을 사람은 자로일 거네, 그렇지? '시샘하여 남을 해치지도 않고 남의 것을 탐내지도 않는다면 이 어찌 멋지지 않을쏘냐!'라는 시도 있잖아."

자로는 칭찬 들은 것이 너무 좋아서 하고한 날 그 시만 외고 다녔다. 그랬더니 공자 선생님, 라임을 맞춰 은근한 퉁을 날렸다.

"이 수준에 머무른다면 이 어찌 충분히 멋질쏘냐!"

子曰, 衣敝縕袍, 與衣狐貉者立而不恥者, 其由也與. 不忮不求, 何用不臧.
子路終身誦之. 子曰, 是道也, 何足以臧.

푸핫! 자로와 공자의 일상은 가끔 개그 같다. 자로 '귀여움 주의!'

─────────── (9 - 27) ───────────

공자가 말했다.

"겨울이 온 뒤에야 소나무와 잣나무가 오래도록 푸르다는 것을 알게 되는 법이지요."

子曰, 歲寒然後, 知松柏之後彫也.

캬, 더 무슨 말이 필요하리오! 저 유명한 추사의 「세한도」는 바로 이 구절을 화제畫題로 한 것.

─────────── (9 - 28) ───────────

공자가 말했다.

"지혜로운 사람은 현혹되지 않고, 온전한 사람다움을 이룬 사람은 근심하지 않고, 용감한 사람은 두려워하지 않습

223

니다."

子曰, 知者不惑, 仁者不憂, 勇者不懼.

　　사람은 불완전한 존재이고 사람의 삶이란 늘 예기치 못한 시간 앞
에 놓여 있는 것이기에 우리는 자칫 삶을 걱정으로 가득 채울 수
있다. 그러나 온전한 사람다움을 이룬 사람은 걱정을 해결할 능력
을 가져서가 아니라 외부를 통제하는 것이 불가능함을 알고 자기
가 해야 할 것만 할 뿐이므로 걱정을 내려놓을 수 있는 것이다.

──────────────── (9 - 29) ────────────────

공자가 말했다.
"함께 공부를 할 수는 있어요. 그렇다고 함께 올바른 목표를
추구할 수 있는 건 아니에요. 아니, 함께 올바른 목표를 추구
해 갈 수 있다고 칩시다. 그렇다고 함께 끝까지 갈 수 있는
건 아니에요. 아니, 백번 양보해서, 끝까지 갈 수 있다고 쳐
요. 그렇다고 다양한 상황과 변수에 대해 응용까지 함께 해
낼 수 있는 건 아니다, 이 말씀입니다."

子曰, 可與共學, 未可與適道, 可與適道, 未可與立, 可與立, 未可與權.

　　사람은 다 다르다. 시작이 같았다고 해서 가는 길이나 이르는 수
준, 판단이 같아지지는 않는다. 결국 자기의 완성은 자기가 하는
만큼이니, 스스로 모질게 다잡을 수밖에. 선택이 힘겨워질 때면

나와 함께하는 사람에게 물어보곤 한다. "너라면 어떡할래?" 그를 신뢰하니까 그의 선택에 나를 맡기고 싶다. 그러나 진짜 선택은 반드시 나 스스로 해야 하는 정말 고독한 작업.

────────────── (9 - 30) ──────────────

산아가위꽃
바람에 흩날리네.
진정 그대가 그립기 그지없소.
그러나 이를 어째? 집이 멀다네.

이 시를 읽고 공자가 말했다.
"그립지 않은 거지, 그립다면야 멀다는 게 무슨 핑곗거리나 되나?"

唐棣之華, 偏其反而. 豈不爾思, 室是遠而. 子曰, 未之思也, 夫何遠之有.

핑계. 간절한 그리움을 산이 막겠나, 바다가 막겠나? 어린 날 불꽃 같은 연애를 하지 말았어야 했다. 만나겠단 의지를 막을 건 아무 것도 없다는 걸 경험해 보지 말았어야 했다. '못' 하는 것과 '안' 하는 것의 차이는 다만 내 의지의 문제라는 것을 배우지 말았어야 했다. 그래야 못난 자기변명이라도 해 볼 수 있었을 것을……. 흑!

225

향당

—

생활 속에서 공자는

郷黨

공자의 언어생활 – 동네 vs 공식적인 자리

1) **동네에서** 마치 말을 잘 못하는 사람인 것처럼 말을 아껴 공손하게.

2) **공식적인 자리에서** 아주 신중하지만 분명하면서도 막힘 없이 말해서 전문가답게.

10

향
당

孔子於鄕黨, 恂恂如也, 似不能言者. 其在宗廟朝廷, 便便言, 唯謹爾.

鄕
黨

「향당」편은 주로 공자가 일상 속에서 어떤 몸가짐으로 어떻게 움직였는지를 다루고 있다. 이런 서술을 통해 공자가 어떤 사람이었는지 그의 말뿐 아니라 행동을 통해서도 볼 수 있을 것이다. 그리고 덤으로 공자가 문화에 특별한 애정을 가지고 있었던 사람인만큼, 어떻게 하면 당당하고 위엄 있으면서도 우아한 몸가짐을 가질 수 있는지에 대해서도 힌트를 얻어 볼 수 있을 것이다.

여기서 보이는 공자의 모습이 과하거든 덜어내면 된다. 요즈음에 맞지 않는 것은 맞게 수정해서 적용하면 된다. 요즘 '진심'을 봐 달라는 말을 참 많이 듣는다. 내 진심은 그런 게 아니라고, 내 진심을 봐 달라고, 진심만 있으면 되는 것 아니냐고. 그러나 정말 '진심'이 있었다면 상대가 나의 그 '진심'이란 것을 열심히 찾아야 하기 이전에 내가 먼저 준비해 이미 보여 줬을 것이다. 이 편을 읽으며 진심을 잘 드러내 보여 줄 수 있는 아름다운 형식에 대해 고민해 보는 것은 어떨까?

228

공자의 언어생활 – 직장에서

1) **아랫사람과 이야기 나눌 때** 온화하면서도 깐깐하게.

2) **윗사람과 이야기 나눌 때** 깍듯하면서도 조리 정연하게.

3) **임금(혹은 최고책임자)과 있을 때** 긴장을 유지하면서도 아주 우아하게.

朝, 與下大夫言, 侃侃如也, 與上大夫言, 誾誾如也. 君在, 踧踖如也, 與與如也.

국내에서의 타국 귀빈 접대

1) **몸가짐** 예에 맞는 얼굴 표정, 약간 긴장감 있는 빠른 걸음걸이.

2) **다른 나라 귀빈과의 인사** 앉거나 일어서거나 왼쪽으로 돌리거나 오른쪽으로 돌리거나 어떤 자세든 상대에 맞춰 자연스럽게 바꾸어 가며 주변의 귀빈 모두에게 바르게 인사. (주의: 그렇게 인사하는 동안에도 옷매무새에 흐트러짐 없도록 유지.)

3) **의식 집행** 빠른 걸음으로 민첩하게 움직여 공손함을 보임.(주의: 옷자락은 나부껴서 날아가는 듯한 우아함 유지.)

4) **사후 보고** 귀빈이 돌아가고 난 뒤 임금에게 "손님들이

아쉬운 기색 없이 돌아갔습니다"라고 해서 간명하게 말하면서도 모든 일이 잘 진행되었음을 알림.

君召使擯, 色勃如也, 足躩如也. 揖所與立, 左右手, 衣前後襜如也. 趨進, 翼如也. 賓退, 必復命曰, 賓不顧矣.

출근

1) **관청 문에 들어설 때** 몸을 굽혀 겸손한 자세로 조심조심 들어감. (주의: ① 그 관청의 장을 위한 전용 통로로 함부로 들어가지 않음. ② 다닐 때 문지방 밟지 않음.)

2) **다른 공직자의 자리를 지나갈 때** 예에 맞는 표정. 빠른 걸음.

3) **다른 공직자와의 대화** 조심스럽고 어눌하게 말함.

4) **관청의 장을 만나러 이동할 때** 옷매무새를 가다듬고 흐트러짐 없게. 몸을 굽혀 겸손하고 조심스러운 자세 유지. 숨소리를 고르게(이동하느라 흐트러진 거친 숨소리 정돈).

5) **만나고 나와서** 그곳으로부터 조금씩 멀어질 때마다 조금씩 안색을 편안하게. 완전히 멀어져 자기 자리와 가까워지면 빠른 걸음으로 다시 자기 자리로. 그러나 여전히 흐트러지지 않은 바른 자세로 이동.

6) **자리로 돌아와서** 편안하지만 긴장감은 유지. 공손한 자세.

230

入公門, 鞠躬如也, 如不容. 立不中門, 行不履閾. 過位, 色勃如也, 足躩如也, 其言似不足者. 攝齊升堂, 鞠躬如也, 屏氣似不息者. 出降一等, 逞顔色, 怡怡如也. 沒階, 趨進翼如也. 復其位, 踧踖如也.

외국 방문

1) **공적 업무로 나가 그곳에서 공식 행사에 참여할 때** ① 책임감이 자세에서부터 느껴지도록 처신. ② 공적인 서류와 증명서를 들고 자기 자리에 설 때는 항시 겸손하고 조심스러운 자세. 그것들을 올릴 때나 내릴 때 분명하고 반듯한 손의 위치. 긴장을 늦추지 않고 삼가고 조심스러워하는 표정 유지. 발걸음은 보폭을 좁혀 살짝 끌듯이.

2) **공식 행사를 마치고 양국의 선물 교환 예식을 치를 때** 표정을 바꾸어 기쁘고 환하게.

3) **상대국 인사와의 비공식 미팅** 긴장을 풀고 표정을 아주 즐겁고 반갑게.

231 執圭, 鞠躬如也, 如不勝. 上如揖, 下如授. 勃如戰色, 足蹜蹜如有循. 享禮, 有容色. 私覿, 愉愉如也.

평상복

1) **색상** 재계할 때의 옷 색깔인 검푸른색과 상복 색깔인

검붉은색으로 옷깃을 장식하지 않음. 붉은색과 자주색 사용하지 않음.

2) **여름옷** 칡 섬유인 갈포로 성글성글 시원하게 만든 옷 착용. (주의: 외출 시에는 꼭 겉옷을 걸쳐 속살이 비치지 않도록 함.)

3) **겨울옷** 가죽 외투 착용. (주의: 안에 입은 옷과 색을 맞춰 주는 센스! 안에 검은색 옷을 입었으면 거기에 어울리는 검은색 양가죽 겉옷을, 안에 흰색 옷을 입었으면 거기 어울리는 흰색 사슴가죽 겉옷을, 안에 노란색 옷을 입었으면 거기 어울리는 노란색 여우가죽 겉옷을 착용.) 가죽옷은 길게 해서 따뜻하게 입되 자주 사용하는 오른쪽 소매는 짧게 하여 편의성 향상.

4) **잠옷** 반드시 착용. 길이는 키의 1.5배 정도.

5) **보온용품** 여우나 담비 가죽을 깔아 보온성 확보.

6) **장신구** 상복을 벗은 뒤에는 즐겨 착용.

7) **기타 사항** 예복이 아닌 치마 스타일의 하의는 품을 줄여 착용. 길례吉禮에 입는 검은색 양가죽 옷과 검은 관 차림으로는 조문을 하지 않음. 매달 초하룻날 조정에 문안 및 회의에 참석할 때에는 반드시 정식 예복을 갖추어 입음.

君子不以紺緅飾, 紅紫, 不以爲褻服. 當署, 袗絺綌, 必表而出之. 緇衣, 羔裘, 素衣, 麑裘, 黃衣, 狐裘. 褻裘長, 短右袂. 必有寢衣, 長一身有半. 狐貉之厚以居. 去喪, 無所不佩. 非帷裳, 必殺之. 羔裘玄冠, 不以弔. 吉月, 必朝服而朝.

제사를 위한 준비(목욕재계)

1)   목욕과 깨끗한 베옷 필수.

2)   **식단 삼가기** 금주. 마늘, 생강, 파 등 향이 강한 식물 섭취 금지.

3)   **거처 삼가기** 편안한 곳에서 별실로 옮기기.

齊必有明衣, 布. 齊必變食, 居必遷坐.

식생활

1)   **곡물** 도정이 잘된 것 선호.

2)   **회** 얇게 잘 뜬 것을 선호.

3)   **조심스러운 식생활 1** 쉰밥, 상한 생선과 맛이 간 고기, 빛깔이 안 좋은 음식, 냄새가 안 좋은 음식, 덜 익거나 탄 것, 제철 음식이 아닌 것, 바르게 썰지 않은 것, 소스가 음식에 맞지 않는 것을 먹지 않음.

4)   **고기 섭취 방법** 밥보다 많이 먹지 않음.

5)   **음주** 주량은 따로 없으나 취해서 주사를 부리는 데까지 가지는 않음.

6)   **조심스러운 식생활 2** 시장에서 파는 술과 육포를 먹지 않음.

7)   **생강을 매일 그러나 조금씩만 섭취.**

8)   **육류 유통기한 엄수** 임금이 주관하는 공식적인 제사를 지

생활 속에서 공자는

233

내고 나서 나눠 준 제사 고기는 하루 넘게 묵히지 않음.
집안에서 제사 지내고서 생긴 제사 고기는 사흘을 넘기
지 않음. 사흘이 지나면 폐기 처분.

9) **기타** ① 식사를 시작하면 말하지 않음. ② 잠자리에 들
면 말하지 않음. ③ 아무리 변변찮은 식탁이 차려지더라
도 반드시 경건한 자세로 고수레를 올려 감사를 표시.

食不厭精, 膾不厭細. 食饐而餲, 魚餒而肉敗, 不食. 色惡, 不食. 臭惡, 不
食. 失飪, 不食. 不時, 不食. 割不正, 不食. 不得其醬, 不食. 肉雖多, 不使
勝食氣. 唯酒無量, 不及亂. 沽酒市脯, 不食. 不撤薑食, 不多食. 祭於公,
不宿肉. 祭肉, 不出三日. 出三日, 不食之矣. 食不語, 寢不言. 雖疏食菜羹,
瓜祭, 必齊如也.

——————————— (10 - 9) ———————————

자리가 바르지 않으면 앉지 않음.

席不正, 不坐.

——————————— (10 - 10) ———————————

마을 행사

1) **마을 잔치** 어르신들이 일어나는 것을 기준으로 술자리
를 지속하거나 끝냄.

2) **연말의 건강 기원제** 마을 행사지만 조정에 들어갈 때 입

는 정식 예복을 갖추어 입어 정성을 표하고 동쪽 섬돌 계단에 엄숙하게 서서 참관.

鄕人飮酒, 杖者出, 斯出矣. 鄕人儺, 朝服而立於阼階.

───────────────── (10 · 11) ─────────────────

다른 나라에 안부를 물으러 사람을 보내면서 그 상대를 대하듯 공손히 인사하고 보냈다. 계강자가 약을 보내오자 계강자를 대하듯 절을 하고 받았다. 그리고 이렇게 말했다.
"제가 아직 이 약에 대해 정확히 알지 못해서 아무래도 함부로 복용할 수 없습니다. 부디 이해해 주시길 부탁드립니다."

問人於他邦, 再拜而送之. 康子饋藥, 拜而受之. 曰, 丘未達, 不敢嘗.

시장 음식을 먹지 않는 습관과 비슷하다.

───────────────── (10 · 12) ─────────────────

235

차고가 불에 타 버렸다. 공자가 퇴근해서 물었다.
"다친 사람은 없느냐?"
제네시스며 벤츠에 대해서는 묻지 않았다.

廐焚. 子退朝, 曰, 傷人乎. 不問馬.

그렇지. 사람이 먼저지. 한 아파트 경비원이 비인격적 대우를 못 견뎌 자살을 했는데, 한술 더 떠서 아파트 이미지 떨어지게 했다고 전원 해고를 했다고……? 원문에서는 물론 마구간에 불이 나고 말에 대해 묻지 않은 것으로 나온다. 하지만 그렇게 말해서는 요즘 우리의 느낌으로는 아무래도 그 피해의 규모가 와닿지 않는다. '그깟 마구간이며 말이 대수야? 당연히 안 물을 수도 있지'라고 생각하면 안 된다. 마구간이 움막도 아니었고, 말도 단순히 가축 정도의 가치를 갖는 짐승이 아니었다.

10

향
당

鄕
薰

────── (10 - 13) ──────

아주 높은 사람을 대하는 예절

1) **임금이 먹을 것을 선물로 내려 줄 때** 반드시 자리를 바르게 하고 먼저 맛을 봄.

2) **임금이 날생선을 선물로 내려 줄 때** 반드시 잘 익혀서 조상에게 먼저 올림.

3) **임금이 살아 있는 생물을 선물로 내려 줄 때** 반드시 잘 키움.

4) **임금을 모시고 식사할 때** 임금이 고수레를 올린 뒤 자신이 먼저 기미를 해서 음식 상태를 점검.

236

5) **임금이 병문안을 왔을 때** 머리를 동쪽으로 하고 누워 그 위에 조정에서 입는 정식예복을 덮고 그 위에 예복 위에 차는 허리띠를 늘어뜨려 예의 갖춤.

6) **임금이 궁에 들어오라 부를 때** 기사가 차를 대기시키기도 전에 일단 달려 나가 군주의 명에 지체 없이 응하는 예를 보임.

7) **태묘에 들어가서** 모든 일을 일일이 물어봄.

君賜食, 必正席先嘗之. 君賜腥, 必熟而薦之. 君賜生, 必畜之. 侍食於君, 君祭, 先飯. 疾, 君視之, 東首, 加朝服拖紳. 君命召, 不俟駕行矣. 入太廟, 每事問.

─────────── (10 - 14) ───────────

친구가 죽었을 때 염을 하고 장사 지내 줄 사람이 없자 공자가 나서서 말했다.
"우리 집에 빈소를 마련하도록 하지."
친구가 주는 선물은 제사 고기처럼 신성한 의식을 위한 이바지 물품이 아니면 비록 고급 승용차일지라도 받으면서 절을 하지는 않았다.

朋友死, 無所歸, 曰, 於我殯. 朋友之饋, 雖車馬, 非祭肉, 不拜.

─────────── (10 - 15) ───────────

237

평소 생활

1) **잠잘 때** 시체처럼 잠자지 않음(죽은 듯이 축 늘어져 자지 않았다는 것).
2) 평상시에 너무 엄숙한 모습으로 있지 않음.
3) 상복을 입은 사람을 보면 아주 친한 사람이라 할지라도 반드시 표정을 바꾸어 상을 당한 사람을 대하는 예

를 갖춤.

4) 관복을 갖춰 입은 공직자와 맹인을 만나면 비록 평소 익숙히 알고 지내는 사이라 하더라도 반드시 예의를 갖추어 대함.

5) 차를 타고 이동하는 중이라도 상복을 입은 사람을 만나면 손잡이를 잡고 몸을 숙여 인사해 예를 표함.

6) 나라의 지도와 호적부처럼 중요한 문서를 나르는 사람을 만나게 되었을 때도 바로 앞과 마찬가지로 손잡이를 잡고 몸을 숙여 인사해서 예의를 갖춤.

7) 넘치는 진수성찬으로 대접받는 경우에는 반드시 아주 기뻐하고 감사하는 표정으로 일어나서 그런 대접을 해준 이에게 감사의 예를 표함.

8) 천둥이 치고 태풍같이 매서운 바람이 불면 또 반드시 삼가고 두려워하는 표정으로 얼굴빛을 바꾸어 하늘의 노여움에 공경하고 겸손한 자세를 보임.

寢不尸, 居不容. 見齊衰者, 雖狎, 必變. 見冕者與瞽者, 雖褻, 必以貌. 凶服者, 式之. 式負版者. 有盛饌, 必變色而作. 迅雷風烈, 必變.

238

때와 장소에 맞는 몸가짐이 중요한 건 알아도 표정을 걸맞게 짓는 것이 그 시작인 것은 모르기 쉽다. 표정이 아무것도 아닌 것 같지만 실은 내 마음가짐을 드러내 보이고 동시에 나를 단속하는 첫 번째 관문. 하긴 의외로 표정 관리가 참 어렵다. 표정으로 실수하는 경우가 사람마다 적지 않다. 순간적으로 마음이 드러나 버리니까.

차에 올라탈 때에는 반드시 바른 자세로 앉거나 서고, 손잡이를 잡았다.

차 안에서는 머리를 이리저리 돌리지 않고, 빠르고 격하게 말하거나 손가락질을 해서 무언가 가리키는 등 차 안 사람들을 놀라게 할 수 있는 행동은 하지 않았다.

升車, 必正立, 執綏. 車中, 不內顧, 不疾言, 不親指.

공자님, 버스 좀 타 보신 듯.

사람의 표정이 변하자 꿩이 푸드득 날아올라 빙빙 돌다가 다시 내려와 나무에 앉았다. 이에 공자가 말했다.

"산 다릿목 까투리들, 제때를 만났구나, 제철을 만났어!"

자로가 잡아 바치려 하니 꿩이 날개를 푸드덕푸드덕하다가 이내 날아가 버렸다.

239

色斯擧矣, 翔而後集. 曰, 山梁雌雉, 時哉時哉. 子路共之, 三嗅而作.

뭔가 빠진 것이 있는 글. 어떤 해석도 자연스럽지 않아 의견이 분분하다. 아마 공자가 제자들과 함께 숲속에 있을 때 벌어진 풍경인 것 같다.

선진

—

공자와 안연,
그 애틋한 사제간

先進

11

공자가 말했다.

"요즘 사람들이 말하길 앞 세대의 예와 음악은 좀 촌스럽고 요즘 세대의 예와 음악은 세련되긴 한데 좀 형식적이라고 하더군요. 제가 예와 음악을 쓴다면 저는 본질이 살아 있는 앞 세대 쪽을 따르겠어요."

子曰, 先進於禮樂, 野人也, 後進於禮樂, 君子也. 如用之則吾從先進.

세련됨과 화려함에 취하다 보면 그게 왜 만들어지셨는지 그것이 담고 있는 정신 따위는 깨끗이 잊어버리게 된다. 그렇게 되면 그 문화를 충분히 익혀 고상해 보이는 배운 사람 층은 그것을 무기로 배우지 못한 사람 층을 무시하기 십상이다. 사실 우아함이나 고상함은 그 가지 끝에 달린 꽃에 불과한데⋯⋯. 사회 규범과 문화에 접근할 때도 우리는 이것이 '왜' 만들어졌을까 하는 질문에서 시작해야 한다고 공 선생님은 말하고 있다.

공자가 말했다.

"진陳나라와 채蔡나라에서 내가 곤경을 당했을 때 따랐던 자 중 아무도 지금 내 문하생으로 남아 있는 사람이 없구나!"

子曰, 從我於陳蔡者, 皆不及門也.

공자 만년의 풍경. 쓸쓸하기 그지없다. 함께 술 한잔해 드려야 하는 날. 공자가 진나라와 채나라 사이에 머물고 있을 때 강대국인 초나라에서 사람을 보내 공자를 자기 나라로 모셔 가려 한 일이 있었다. 이 소식을 들은 진나라와 채나라는 자기들의 행동이 공자의 평소 주장과 맞지 않는데 공자가 강대국 초나라의 모사가 되기라도 하면 분명 초나라가 자기들을 치러 오게 될 것이라며 공자가 초나라에 갈 수 없도록 공자를 포위해 버렸다. 그래서 공자 무리는 오도 가도 못 한 채 식량까지 떨어지는 등의 어려움을 겪었다.

(11 - 3)

공자의 제자들을 재능을 보이는 분야에 따라 나눠 보면 다음과 같다.

덕행 안연, 민자건, 염백우, 중궁.

언어 재아, 자공.

정치·행정 염유, 자로.

문학 자유, 자하.

243

德行, 顔淵閔子騫冉伯牛仲弓. 言語, 宰我子貢. 政事, 冉有季路. 文學, 子游子夏.

공자가 말했다.

"안연이란 녀석은 사실 나한테 도움이 안 되는 녀석이야. 내가 무슨 말을 해도 다 이해하고 마냥 좋아하거든!"

子曰, 回也, 非助我者也, 於吾言, 無所不說.

'질문도 하고 좀 그래야 서로 성장하는데 말이지…….'라고 말하고 있지만 실은 안연에 대한 궁극의 칭찬. 이해력이 빛의 속도.

공자가 말했다.

"민자건은 정말이지 대단한 효자야! 그 친구 부모 형제들이 다 '우리 아들은 진짜 효자네, 우리 형은 효자네'라고 칭찬을 하거든? 아니 할 말로다가 자기 부모 형제 칭찬을 어떻게 믿나? 팔이 안으로 굽는 거 뻔히 아는데. 근데 사람들이 그 친구 부모 형제들 말에 토를 안 달아. 그럼 진짜 그렇다는 거지."

子曰, 孝哉, 閔子騫. 人不間於其父母昆弟之言.

남용이 「하얀 옥으로 만든 홀」白圭이라는 시를 반복해서 외고 또 외는 모습을 보고 공자가 자기 형의 딸을 남용에게 시집보냈다.

南容三復白圭, 孔子以其兄之子妻之.

「하얀 옥으로 만든 홀」이라는 시의 내용은 다음과 같다.

하얀 옥으로 만든 홀에 흠집이 생기면 갈아 없앨 수 있지. 하지만 이미 뱉은 말에 흠집이 생기면 어찌해 볼 길이 없다네.

이 시를 줄곧 반복하는 사람이라면 얼마나 신중하고 입이 무거운 사람이겠나? 그래서 제5편 「공야장」(110쪽)에서 공자는 남용을 나라가 정상적으로 운영되고 있으면 절대 버려지지 않을 거고, 나라가 잘못된 길로 가고 있더라도 그런 난세에 애꿎은 화를 입지는 않을 녀석이라고 했다. 그나저나 형의 딸은 어떤 사람이려나? 남용도 성품은 성품이고 이성 취향이 있을 텐데……

245

계강자가 물었다.
"제자들 중에서 누가 제일 학문을 좋아하나요?"
공자가 대답했다.

"안연이란 녀석이 있었는데 그 아이가 학문을 참 좋아했지요. 아…… 그런데 불행하게도 명이 짧아 요절했어요……. 그 아이가 죽고 난 지금은 이렇다 할 만큼 학문을 좋아하는 제자가 없습니다."

季康子問, 弟子孰爲好學. 孔子對曰, 有顔回者好學, 不幸短命死矣, 今也則亡.

─────────── (11 - 8) ───────────

안연이 죽었다. 안연이 숙자 안연의 아버지인 안로顔路가 공자에게 공자의 차를 팔아 안연의 관을 넣을 곽을 만들게 해 주면 안 되느냐고 부탁해 왔다. 공자가 말했다.
"재주가 있거나 없거나 간에 아비 된 입장에서는 다 자기 아들 쪽으로 팔이 굽는 법이지. 내 아들 이鯉가 죽었을 때 관만 하고 곽은 하지 않았네. 물론 마음 같아서는 내가 뚜벅이가 되더라도 내 차를 처분해서 곽을 마련하고 싶었지. 하지만 그렇게 하지 않는 것은 전직 고위 공직자인 내 위치에서 뚜벅이로 다니는 것이 예법상 맞지 않았기 때문이었네."

顔淵死, 顔路請子之車以爲之槨. 子曰, 才不才, 亦各言其子也. 鯉也死, 有棺而無槨. 吾不徒行以爲之槨. 以吾從大夫之後, 不可徒行也.

안연의 아버지 역시 공자의 제자였다. 그러니까 이런 부탁도 할 수 있는 것. 그러나 공자는 역시 공자. 그는 '예'라는 공△은 '아버지'라는 사私로 무시할 수 있는 것이 아니라고 말하고 있다.

이鯉는 공자의 아들로, 자는 백어伯魚이다.

─────────── (11 - 9) ───────────

안연이 사망하자 공자가 안타깝고 애절하게 통곡했다.

"아아! 하늘이 나를 버리는구나! 하늘이 나를 버리는구나!"

顔淵死. 子曰, 噫. 天喪予. 天喪予.

안연의 죽음에 공자는 '하늘이 나를 버리는 것'이라 반응했다. 이
후로도 안연의 죽음에 대해 보이는 공자의 슬픔은 절절하기 그
지없다. 흡사 자식을 잃은 아버지의 모습이다.

─────────── (11 - 10) ───────────

안연이 요절하자 공자가 애통하며 곡을 했다. 이 모습에 공
자를 모시고 있던 제자들이 걱정스러워 만류했다.

247
"선생님, 너무 지나치게 애통해하시는 거 아닌가 걱정스럽
습니다. 몸 상하시겠어요."

공자가 말했다.

"내가 지나치게 애통해한다고? 내가 이 아이를 위해서 애통
해하지 않고 누구를 위해 애통해하겠는가?"

顔淵死, 子哭之慟. 從者曰, 子慟矣. 曰, 有慟乎. 非夫人之爲慟而誰爲.

공자의 슬픔이 전해진다. 공자가 안연을 얼마나 아끼고 예뻐했는지는 『논어』를 조금만 읽어도 금세 알 수 있는데 그 제자가 요절해 버렸다. '내 모든 걸 이 아이에게 전해 주어야지. 내가 못한 것 이 아이가 이루게 해 줘야지.' 안연을 만나고 공자는 자신의 젊음이, 자신의 가능성이 이 아이에게서 다시 피어난 것처럼 행복했을 텐데 그런 제자가 죽고 말았다. 아들이 죽는 장면도 기록되지 않은 책에 안연의 죽음에 대해서만큼은 자주 자세하게, 감정도 있는 그대로 적혀 있다. "하늘이 나를 버린다"라고 말했을 만큼 아파했던 죽음. 공자는 얼마나 많이 울었을까? 제자들이 스승님이 상할까 염려할 정도로 울었으면서도 아직 통곡이 더 남았다고 밀하는 이 장면이 삼 인간석이고 아프다.

───── (11 - 11) ─────

안연이 사망하자 제자들이 그의 장례를 후하게 치러 주고 싶어 했다. 그러나 공자는 반대했다.

"안 된다!"

그러나 끝내 제자들은 장례를 후하게 지내 버렸다. 화가 난 공자가 나무랐다.

248

"안연은 나를 아버지처럼 대했는데 나는 그 아이를 자식처럼 대하지 못했구나! 내가 아니라, 너희들이 그렇게 만들어 버렸다!"

顔淵死, 門人欲厚葬之. 子曰, 不可. 門人厚葬之. 子曰, 回也, 視予猶父也, 予不得視猶子也. 非我也, 夫二三子也.

"안연은 내 아들이나 마찬가지니 내 아들 녀석과 똑같은 장례를 지내 주고 싶었단 말이다! 엉엉……." 공자님, 속상하셨겠다. 넘치게 하는 게 사랑은 아니다.

———————— (11 - 12) ————————

자로가 귀신을 어떻게 섬겨야 하는지 질문하니까 공자가 말했다.

"사람도 제대로 섬기지 못하는데 어떻게 귀신을 섬기겠나?"

"저기……. 선생님, 그럼……. 사후 세계라는 건 뭔가요?"

"자네도 참. 삶도 잘 모르는데 어떻게 사후 세계를 알겠나?"

季路問事鬼神. 子曰, 未能事人, 焉能事鬼. 曰, 敢問死. 曰, 未知生, 焉知死.

———————— (11 - 13) ————————

공자와 함께할 때 제자들의 모습을 보면 민자건은 부드러우면서 싹싹하고, 자로는 살벌할 정도로 씩씩하고, 염유와 자공은 든든했다. 이런 그들을 보면서 공자는 해피. 그런데 걱정이 없지는 않았다, '자로 같은 성격이면 아무래도 제명에 못 죽을 것 같단 말이지…….'

閔子侍側, 誾誾如也, 子路, 行行如也, 冉有子貢, 侃侃如也. 子樂. 若由也, 不得其死然.

249

그런데 정말 이 걱정대로 자로는 제명에 죽지 못하고 말았다. 자로가 위나라에서 지방관을 맡아 보던 때 공회孔悝의 난이 일어났는데, 그는 도망가지 않고 공직자로서 군주에 대한 의리를 지키다가 죽임을 당했다. 거기에서 끝나지 않고 시신이 저며져 젓갈로 담기는 참상까지 겪어야 했다.

──────────── (11 - 14) ────────────

노나라 정부에서 대형 창고를 다시 지었는데, 민자건이 이 소식을 듣고는 영 못마땅하다는 투로 한마디 했다.
"옛날 건불 그대로 쓰면 되지 뭐하러 굳이 다시 짓는답니까?"
공자가 이 말을 듣고 웃으며 말했다.
"저 사람이 말수가 아주 적어서 그렇지 입을 열었다 하면 꼭 맞는 말만 한다니까!"

魯人爲長府. 閔子騫曰, 仍舊貫, 如之何, 何必改作. 子曰, 夫人不言, 言必有中.

왜 창고 건물을 다시 지었는지는 분명하지 않지만 건물을 다시 짓는 건 돈 낭비, 시간 낭비, 노동력 낭비일 뿐이지 그것으로 위엄이 선다거나 더 있어 보이게 된다거나 더 훌륭한 무언가가 되진 않는다. 도시를 끊임없이 갉아먹는 건축 괴물들을 보며 민자건의 이 말을 떠올려 본다.

악기 소리에는 연주자의 성격이 그대로 드러나는 법. 그래서 자로의 연주에는 급하고 거칠고 어쩌면 살벌하기조차 한 느낌이 있었다. 전문가 이상의 음악 수준을 지닌 공자의 귀에 좋게 들릴 리 없었다. 어느 날 학당에 자로의 거문고 소리가 울려 퍼지고 있었는데, 이 연주 소리를 들은 공자가 미간을 찌푸리며 말했다.

"자로의 거문고 연주 소리가 어째서 내 학당 안에서 들리는 건가?"

이 말을 듣고서 문하생들이 아주 대놓고 자로를 무시하기 시작했다. 자로 수준에 미치지도 못하는 이들이 저지르는 이 어이없는 상황에 공자가 문하생들을 불러다 놓고 따끔하게 꾸짖었다.

"자로의 수준은 대청 위로 올라온 급이네. 아직 방 안에 들어오지 못한 정도일 뿐이지. 자네들이 무시하고 그럴 사람이 아니란 말일세!"

251   子曰, 由之瑟, 奚爲於丘之門. 門人不敬子路. 子曰, 由也, 升堂矣, 未入於室也.

"나대지 마라. 어색해진다"라는 명언(?)이 떠오르는군.

자공이 물었다.

"자장과 자하 중에서 누가 더 뛰어난가요?"

공자가 말했다.

"자장은 지나치고 자하는 도달하지 못했지."

자공이 다시 물었다.

"그러면 자장이 더 나은 건가요?"

공자가 말했다.

"지나친 건 도달하지 못한 거나 같네."

子貢問, 師與商也孰賢. 子曰, 師也過, 商也不及. 曰, 然則師愈與. 子曰, 過猶不及.

그 유명한 과유불급過猶不及 등장. 자장은 좀 일단 판돈은 크게 걸고 보자는 스타일, 자하는 잔걱정이 많고 작은 것에 집착하는 스타일이었던 듯. 그러나 섬세하지 못한 시야도, 돋보기만 들여다보는 시야도 결국 걸어야 할 바른길 앞에서 똑같이 걸림돌이 될 뿐이다.

노나라 대부 계씨는 높은 지위에 있는 왕족보다 부자였는데, 계씨의 신하로 들어간 염유는 그런 계씨를 위해 세금을 박박 거둬서 재산을 더 늘려 주고 있었다. 이에 공자가 말했다.

"염유는 이제 내 제자가 아니다! 너희들은 비상 소집해서 온 세상 사람이 듣도록 염유의 죄를 성토하도록 해라!"

季氏富於周公, 而求也爲之聚斂而附益之. 子曰, 非吾徒也. 小子鳴鼓而攻之, 可也.

계씨는 노나라를 돈과 권력으로 휘어잡고 흔드는 실력자였다. 그런 계씨를 말리지는 못할망정 세금까지 박박 거둬 주며 충성을 하고 있었으니 공자가 느꼈던 배신감을 어찌 말로 다하랴! 스승의 얼굴에 먹칠을 해도 유분수지……! 염유는 앞에서 공서화 어머니에게 생활비로 30만 원 드리랬더니 3500만 원 드렸던 바로 그 인물(136쪽).

───────────────── (11 - 18) ─────────────────

공자의 제자들을 평해 보자면 다음과 같다.
자고子羔는 어수룩하지만 좋은 사람.

253

증자는 좀 미련하긴 하지만 꾸준한 사람.
자장은 극단적인 사람.
자로는 세련되지 못하고 거친 사람.

柴也愚, 參也魯, 師也辟, 由也喭.

공자가 안연과 자공을 견주어 평했다.

"안연이란 녀석은 거의 성인이 될 수 있을 정도로 학문이나 수양의 수준이 높았는데 자주 빈털터리가 되곤 했어요. 그런가 하면 자공이란 녀석은 타고난 제 운명을 받아들이지 않고 재산 증식에 관심을 보여 재산을 꽤 불렸지요. 그 녀석은 재미있는 게, 상황을 보고 이게 이럴 거야 하면서 흐름을 예측하잖아요? 그럼 그게 자주 딱 맞아떨어지곤 했답니다. 재산이 그래서 불어났죠."

子曰, 回也, 其庶乎, 屢空. 賜, 不受命, 而貨殖焉, 億則屢中.

안연이 될 것인가? 자공이 될 것인가? 둘 다 머리는 좋지만 관심 분야가 조금 달랐다. 공부를 한다고 해서 꼭 둘 중 하나를 선택해야 하는 건 아니다. 사회로 시선을 확장시켜 보면 둘 다 필요한 사람들이다. 안연 같은 사람은 사회의 정신적 기틀을 마련하는 데 꼭 필요하고, 자공은 사회의 물질적 기틀을 마련하는 데 꼭 필요하다. 둘이 손을 잡으면 짜잔~ 복지 국가 탄생. 그들이 둘 다 성향대로 마음껏 일하는 복지 국가에서 나도 내 재능만큼 일해서 그들을 도우며 행복하게 살겠소.

자장이, 배우지는 않았지만 본바탕이 선한 사람의 경지는 어떤지 물었다. 공자가 말했다.

"이미 누적된 선대의 지혜가 있다. 그것은 배워야만 알 수 있는 것이다. 그러니 배우지 않으면 천성이 착한 것만으로는 완성의 경지에 이르지 못한다."

子張問善人之道. 子曰, 不踐迹, 亦不入於室.

공자가 말했다.

"말이 이론적으로 아주 정확한 것도 중요하긴 하죠. 하지만 말하는 것만 봐서는 인격이 잘 닦인 진짜 지성인인지 아니면 겉모습만 그럴싸하게 꾸민 사람인지 분간하기 어려워요. 이 점을 주의해야 해요."

255   子曰, 論篤, 是與, 君子者乎, 色莊者乎.

자로가 물었다.

"옳은 것에 대해 들었으면 바로 실천해야죠?"

공자가 말했다.

"자네도 참……. 부모님도 계시고 집안 어른들도 계신데 여 쭤 보지도 않고 옳은 것이라고 그냥 막 자네 혼자 바로 행동 해 버리면 어떡하나?"

염유가 같은 질문을 던졌다.

"옳은 것에 대해 들었으면 바로 실천해야죠?"

공자가 말했다.

"그럼! 들었으면 바로 실천해야지!"

물음은 같은데 답은 다른 걸 보고 공서화가 이상스럽게 여 겨 질문했다.

"선생님, 자로가 옳은 것에 대해 들었으면 바로 실천해야 하 느냐고 물었을 때는 선생님께서 부모님이나 집안 어른들에 게 여쭈어 봐야 한다고 말씀하셨잖아요? 근데 염유가 똑같 은 걸 질문하니까 선생님께서는 자로에게 답하신 것과 다 르게 옳은 것을 들었으면 바로 실천해야 한다고 말씀하셨 어요. 왜 같은 질문인데 답이 다르죠? 제가 듣기엔 좀 이상 스러웠어요. 왜 그러셨는지 여쭤 봐도 돼요?"

공자가 공서화를 보고 싱긋 웃으며 답해 주었다.

"이 사람아, 그거야, 염유는 소심해서 뭐든 주저주저하는 사 람이잖나? 그러니까 앞으로 좀 나아가게 하려고 그런 거네. 그런가 하면 또 자로는 아주 용기가 넘쳐서 남의 몫까지 해 버리려는 사람 아닌가? 그러니까 좀 주저주저할 줄도 알게 해 주려고 그런 거지."

子路問, 聞斯行諸. 子曰, 有父兄在, 如之何其聞斯行之. 冉有問, 聞斯行 諸. 子曰, 聞斯行之. 公西華曰, 由也, 問聞斯行諸, 子曰, 有父兄在, 求也,

問聞斯行諸, 子曰, 聞斯行之. 赤也惑, 敢問. 子曰, 求也退, 故進之, 由也
兼人, 故退之.

질문이 같다고 대답도 같아야 하는 건 아니다. 그게 논리적인 건
아니다. 선생님이라면 먼저 학생들의 특성부터 파악해서 거기에
맞추어 답해 주어야 할 것이다. 어디 선생님뿐이랴? 누군가와 관
계를 맺으며 살아야 하는 우리 전부가 말하기에 앞서 서로에 대해
가장 먼저 할 일은 상대방에 대해 깊은 시선을 던지는 일이리라!

(11 - 23)

공자가 광 땅에서 포위되었다가 풀려난 적이 있었는데 안
연이 맨 나중에 도착했다. 공자가 놀란 가슴을 쓸어내리며
말했다.
"휴우, 자네가 죽은 줄 알았지 뭔가!"
자신을 향해 정신없이 달려 나온 공자의 모습을 본 안연이
눈물을 참으며 애써 덤덤하게 말했다.
"에이, 선생님께서 이렇게 살아 계신데 제가 어떻게 감히 죽
을 수가 있겠어요?"

子畏於匡, 顏淵後. 子曰, 吾以女爲死矣. 曰, 子在, 回何敢死.

이렇게 말하던 안연이었는데……. 공자의 통곡 소리가 다시 들
리는 듯하다. 공자가 광 땅에서 곤란을 겪은 이야기는 제9편 「자
한」 5장(206쪽)에서도 보인다.

257

계씨 집안의 일원인 계자연季子然이란 사람이 일부러 찾아
와 공자를 만나서는 어렵사리 질문을 꺼냈다.

"자로와 염유는 훌륭한 신하라고 할 수 있을까요?"

공자가 대답했다.

"저는 당신이 굳이 찾아온 것도 그렇고 해서 좀 특별한 질문
을 하지 않을까 하고 생각했는데, 기껏 자로와 염유에 대해
물어보십니다그려? 이른바 '훌륭한 신하'라는 게 뭔가요? 군
주를 옳은 길로 인도하다가 해도 해도 안 되면 미련 없이 그
자리를 사직하는 신하를 말하는 거죠. 지금 자로와 염유는
그저 신하라는 자리의 구색을 맞춰 주는 신하 정도 됩니다."

자로와 염유는 유능한 인재인데 이들에 대해 옳은 길로 군
주를 이끌 역량이 아직 부족한 사람이라고 한 공자의 평가
는, 힘으로 노나라를 좌지우지하고 있는 계씨 쪽 입장에서
볼 때는 꼭 나쁠 것도 없는 말이었다. 아니 어쩌면 공자 입장
에서 볼 때 아직 부족한 제자들인 것이 계씨로서는 더 나을
수도 있었다. 계자연이 엉큼한 마음으로 다시 물었다.

"(오호! 이것은 그렇다면 앞으로 우리의 목적을 위해 충성
을 바칠 사람들로 바뀔 수도 있다는 말?) 그러면 그네들은
위에서 시키면 시키는 대로 잘 따르겠군요?"

공자가 마지노선을 분명히 일러 주어 계자연의 엉큼한 속
을 틀어막았다.

"그래도 아비와 군주를 시해하는 것 같은 일에는 복종하지
않을 겁니다!"

11

선진

先進

258

季子然問, 仲由冉求可謂大臣與. 子曰, 吾以子爲異之問, 曾由與求之問. 所謂大臣者, 以道事君, 不可則止. 今由與求也, 可謂具臣矣. 曰, 然則從之者與. 子曰, 弑父與君, 亦不從也.

'얘들은 최소한 나, 공자의 제자들이다! 사람다움이 무엇인지 의로움이 무엇인지 배우고 또 배운 나의 제자들이라고!'

———————————— (11 - 25) ————————————

자로가 자고에게 비費라는 지방의 책임자 자리를 맡겼다. 그런데 자고는 아직 준비된 인재가 아니었다. 그래서 공자가 자로를 나무랐다.

"남의 멀쩡한 자식 하나 버려 놨구나!"

또 야단을 맞으니 자로가 발끈해서 대꾸했다.

"아니, 선생님도 참! 다스릴 백성이 있고, 지킬 사직이 있습니다. 이런 중요한 일을 맡아 직접 몸으로 뛰면서 배워 갈 수도 있는 거지, 꼭 책을 읽어야만 배우는 겁니까?"

"(어이구야, 언뜻 들으면 맞는 말 하는 줄 알겠다?) 바로 이래서 나는 말 잘하는 것들이 싫어!"

259

子路使子羔爲費宰. 子曰, 賊夫人之子. 子路曰, 有民人焉, 有社稷焉, 何必讀書, 然後爲學. 子曰, 是故惡夫佞者.

다시 한 번 외쳐 본다. 아아, 자로!

자로와 증점, 염유와 공서화가 공자 선생님을 모시고 앉아 있었다. 문득 공자가 입을 열었다.

"내가 자네들보다 나이 좀 많은 게 별것이겠나? 그런 거 신경 쓰지 말고 편안하게 재미난 이야기 좀 해 보면 어떤가? 내가 듣고 싶어서 그래. 왜 자네들은 평소에 세상이 자네들을 몰라준다고 좀 불만스러워하고 그러잖나? 그래서 말인데, 만약에 세상이 알아준다면 뭘 하고 싶은가들?"

말이 떨어지기가 무섭게 자로가 불쑥 나서서 기다렸다는 듯이 대답했다.

"저는 이런 생각을 해요. 이제 여기 어떤 나라가 있어요. 규모가 꽤 되는 나라죠. 그런데 그런 나라가 강대국들 사이에 끼여 있는 거예요. 그래서 늘 전쟁의 위험에 시달리죠. 게다가 흉년까지 겹쳐서 칡뿌리조차 캐 먹기 힘든 상황이 된 거예요. 바로 그런 나라가 그런 상황에 처했을 때 제가 그 나라를 맡는다면 저는 삼 년이면 백성들이 용기백배해지게 만들 수 있고, 또 그들이 도리를 알고 살아가게 할 수 있어요!"

이 패기 넘치는 발표에 공자는 너답다는 웃음을 웃었다. 그리고 이어서 물었다.

"염유, 자네는 무얼 할 건가?"

"저는요, 제가 자그마한 나라를 맡아 보게 된다면요, 한 삼년 정도면 백성들을 경제적으로 넉넉하게 해 줄 수 있을 것 같아요. 하지만 제 능력은 그런 정도이고요, 문화적으로도 완성된 나라를 만들어 줄 윤리 도덕과 음악 분야는 그 방면

11

선진

先進

260

지성인을 찾아서 맡겨야지요."

공자가 또 물었다.

"공서화, 그대는?"

"저는요, 아무리 생각해도 제가 똑떨어지게 잘 해낼 수 있다는 말씀은 드릴 수가 없고요, 그냥 저는 나라의 종묘제례나 국가 간의 외교 회담에서 예에 맞는 바른 예복을 갖추어 입고서 의식이 제대로 진행되도록 돕는 그런 자리나 하나 맡아 일하면서 더 배우고 발전해 나갈 수 있으면 좋겠어요."

공자가 이번에는 증점 쪽을 바라보았다.

"그러면 증점, 그대는?"

증점은 대화 내내 나지막하게 비파를 연주하며 이 장면의 백그라운드 뮤직을 담당하고 있었다. 공자의 질문이 증점을 향하자 연주 소리가 점점 옅어지는가 싶더니 증점이 '챙그랑!' 하는 소리와 함께 비파를 내려놓고 자리에서 일어나 대답했다.

"저는 세 사람이 말씀드린 것과 생각이 많이 다른데요……."

공자가 말했다.

"괜찮네, 괜찮아. 그게 무슨 문제겠어? 각자 자기 생각을 말하는 것뿐인데 뭐."

"그렇다면……. 저는 늦은 봄에 봄옷이 다 만들어지면 어른은 대여섯 명쯤? 그리고 어린애들은 예닐곱 명쯤? 그렇게 사람들을 모아 가지고 강에 가서 봄맞이 목욕을 하겠어요. 그리고 기우제 지내는 제단이 있는 멋진 숲 있잖아요? 또 거기 가서 풍욕을 하고요. 그렇게 즐기다가 즐겁게 노래를 흥얼거리며 돌아오고 싶어요. 그게 제 바람이에요."

이 말을 들은 공자가 감탄하면서 격하게 동의했다.

"이야, 좋구나, 좋아! 나는 증점이 꿈에 한 표!"

자리가 파한 뒤 세 사람은 나가고 증점만 뒤에 남았다. 증점이 공자에게 물었다.

"저 세 사람의 말이 어떤가요? 어떻게 생각하세요?"

공자가 말했다.

"어떻긴. 그냥 자기들 생각을 말한 건데 뭘."

증점이 콕 찝어 물었다.

"그럼 선생님께서는 자로가 말했을 때 왜 웃으셨어요?"

"나라를 다스리는 건 공경하고 사양하는 예를 바탕으로 해야 하는 건데 자로 말에는 겸손이 없었잖아. 그래서야 어디 제대로 다스릴 수 있겠어? 너무 자로다워서 나도 모르게 웃음이 나와 버렸네."

"그럼 염유가 이야기한 건 나라를 다스리는 일이 아닌가요?"

"왜 아니겠나? 작다고 해서 나라가 아니겠어?"

"그럼 또 궁금한 게, 공서화가 말한 건 나라를 다스리는 일이 아닌가요?"

"종묘제례와 외교 회담이 나랏일이 아니면 뭐겠어? 공서화 정도의 수준을 갖춘 사람이 돕는 정도의 일이나 한다면 대체 누가 주관을 할 수 있겠나?"

262

子路曾晳冉有公西華侍坐. 子曰, 以吾一日長乎爾, 毋吾以也. 居則曰, 不吾知也. 如或知爾, 則何以哉. 子路率爾而對曰, 千乘之國, 攝乎大國之間, 加之以師旅, 因之以饑饉, 由也爲之, 比及三年, 可使有勇, 且知方也. 夫子哂之. 求, 爾何如. 對曰, 方六七十, 如五六十, 求也爲之, 比及三年, 可使足民. 如其禮樂, 以俟君子. 赤, 爾何如. 對曰, 非曰能之, 願學焉. 宗廟之事, 如會同, 端章甫, 願爲小相焉. 點, 爾何如. 鼓瑟希, 鏗爾, 舍瑟而作, 對曰, 異乎三子者之撰. 子曰, 何傷乎. 亦各言其志也. 曰, 莫春者, 春服旣成, 冠者五六人, 童子六七人, 浴乎沂, 風乎舞雩, 詠而歸. 夫子喟然歎曰, 吾與點也. 三子者出, 曾晳後. 曾晳曰, 夫三子者之言, 何如. 子曰, 亦各言其志也已矣. 曰, 夫子何哂由也. 曰, 爲國以禮, 其言不讓, 是故哂之. 唯求則非邦也與. 安見方六七十如五六十而非邦也者. 唯赤則非邦也與. 宗廟會同, 非諸侯而何. 赤也爲之小, 孰能爲之大.

증점은 이다음에 무슨 생각을 했을까? 나랑 비슷한 생각이 아니었을까? '뭐지? 이 물을수록 더 모르겠는 느낌은? 염유와 공서화 얘기에는 왜 반응이 없으셨지? 그럼 난 왜 칭찬을 받은 거지?' 셋 중에서 증점의 말만 나라를 다스리는 것과 관계없는 내용이다. 하지만 공자는 크게 등용되어 나라를 바로잡는 것이 평생의 꿈이었다. 그런데 왜 증점의 꿈에 한 표를 던지셨을까? 아마 그건 공자가 꿈꿨던, 자신이 사람다움을 바탕으로 해서 문화로 바로잡은 나라에 사는 이들의 모습이 증점이 말한 것 같은 풍경이었기 때문이 아닐까? 평화롭게 누구나 자기의 봄을 즐기는 모습. 별것 아닌 것 같아 보여도 그건 정치, 경제, 사회, 문화 모든 면이 제대로 성숙한 나라에서만 가능한 풍경이니까 말이다.

안연

인仁이란
대체 무엇인가요?

顔淵

안연이 공자에게 '온전한 사람다움仁'이란 게 무엇인지 물었다. 공자가 말했다.

"'나'를 생각하는 마음을 넘어서서 '함께 사는 세상에 대한 예의'를 회복하는 게 온전한 사람다움이지. 하루라도 제대로 '나'를 넘어서서 '함께 사는 세상에 대한 예의'를 생각할 수 있다면 세상은 온전한 사람다움이 지닌 가능성을 신뢰하게 될 거네. 온전한 사람다움을 실천하는 건 다 내 할 탓이지 다른 사람이 해 주지 않아. 이게 어려운 점이지."

공자의 말을 듣고 안연이 다시 물었다.

"구체적인 실천 항목으로는 뭐가 있을까요?"

공자가 말했다.

"'함께'와 '그 함께를 위한 질서'에 대한 개념이 중요하네. 이 개념에 맞지 않는다 싶으면 보지도 말고, 듣지도 말고, 말하지도 말고, 움직이지도 말아야 하지."

안연이 자못 결연한 표정으로 말했다.

"제가 많이 부족하지만 이 말씀대로 따라 보도록 할게요!"

266

顔淵問仁. 子曰, 克己復禮爲仁. 一日克己復禮, 天下歸仁焉. 爲仁由己而
由人乎哉. 顔淵曰, 請問其目. 子曰, 非禮勿視, 非禮勿聽, 非禮勿言, 非禮
勿動. 顔淵曰, 回雖不敏, 請事斯語矣.

그 유명한 극기복례克己復禮가 등장하는 곳. 극기복례만큼 주연급 사자성어는 아니지만 주조연급까지는 된다고 볼 수 있는 '비례물시非禮勿視, 비례물청非禮勿聽, 비례물언非禮勿言, 비례물동非禮勿動'도 아울러 등장한다. 한마디로 매우! 유명한 구절이다.

사람은 육체에 갇혀 있다. 그래서 '나'와 '너'의 구분이 당연히 뚜렷하다. 그래서 종종 '나'가 존재하기 위해서는 '너'와 '우리'가 필요하다는 사실을 잊곤 한다. 일부러 이기심을 부리든 아니든 개인의 모든 단추는 '나'에서 시작해 채워지게 마련이다. 하지만 세상 모든 사람이 다 자기 입장에서만 단추를 채우면 어떻게 될까? 한두 개 잘 채워지는가 싶더니 얼마 못 가서 내 단추인 줄로만 알고 있던 단추에, 어라? 남의 손이 불쑥 나와서 자기 단추라며 채우고 있고, 어쩌면 서너 명이 한 개의 단추에 달려들기도 해서 네 거네 내 거네 하며 다툼이 일어나는 경우가 부지기수일 것이다. 세상은 원하든 원하지 않든 얽혀 있는 곳이니까.

적절한 간격 조정이 필요하다. 여기에서 '예'禮가 등장한다. 예는 '나와 너'가 함께하는 이 사회란 곳이 무난하게 돌아갈 수 있는 질서와 규범이다. 안 지키면 욕먹고, 벌 받고, 벌금 내고, 그렇게 귀찮고 손해나는 일이 생겨서가 아니라 '나'가 잘 살기 위해서는 '너'의 자리를 존중하는 것도 필요하다는 것을, 어쩌면 '너'의 자리부터 생각해 주는 것이 '나'도 내 자리를 인정받으며 살 수 있는 것임을 받아들이는 데서 예에 대한 이해가 시작된다. 우리의 삶이 타인과 얼마나 밀접하게 연관되어 있는지를 생각한다면 우리는 공인公人 아닌 사람이 없다.

중궁이 '온전한 사람다움'이란 게 무엇인지 물었다. 공자가
말했다.

"사회생활은 아주 큰 손님을 만나는 자세로, 누군가에게 무
언가 시킬 때는 큰 제사를 받드는 듯한 마음가짐과 자세로
임해야 하지. 내가 하고 싶지 않은 일은 남에게도 시키지 말
아야 하는 법이네. 이렇게 하면 큰 조직에서건 작은 조직에
서건 원망하는 사람이 없어질 거네."

중궁이 고개를 끄덕이며 말했다.

"제가 많이 부족하긴 하지만 이 말씀대로 따라 보도록 할
게요!"

仲弓問仁. 子曰, 出門如見大賓, 使民如承大祭. 己所不欲, 勿施於人. 在
邦無怨, 在家無怨. 仲弓曰, 雍雖不敏, 請事斯語矣.

사마우司馬牛가 '온전한 사람다움'이란 게 무엇인지 물었다.
공자가 말했다.

"온전한 사람다움을 이룬 자는 입이 무겁지."

사마우가 이 답변이 좀 놀랍다는 듯이 다시 물었다.

"입이 무겁기만 하면 온전한 사람다움이라고 말할 수 있다
는 말씀이세요?"

"그게 왜 '입이 무겁기만'이야? 말해 놓은 거 실천하는 게 얼

마나 어려운가? 그러니까 입이 안 무거울 수 있겠나?"

司馬牛問仁. 子曰, 仁者, 其言也訒, 曰, 其言也訒, 斯謂之仁已乎. 子曰, 爲之難, 言之得無訒乎.

사마우는 공자의 제자이다. 송나라의 지체 높은 가문의 자제였다. 공자를 곤경에 빠뜨렸던 사마환퇴가 그의 형이다. 사마우는 평소에 말이 많고 성격이 급했다. 그래서 사마우에게 적합한 사람다움의 공부는 먼저 입을 무겁게 열 줄 알게 되는 것이므로 공자가 이렇게 말해 준 것이다. 안연과 중궁과 사마우의 질문이 똑같았는데 답이 다 다르다. 눈높이 교육은 계속된다. 객관식으로는 절대 나올 수 없는 답.

———————————————— (12 - 4) ————————————————

사마우가 이번에는 성숙한 지성인이란 어떤 사람을 말하는지에 대해 물었다. 공자가 말했다.

"성숙한 지성인은 걱정하지도 않고 두려워하지도 않지."

사마우가 다시 물었다.

"걱정하지도 않고 두려워하지도 않기만 하면 그것만으로 성숙한 지성인이라고 할 수 있다는 말씀이세요?"

공자가 다시 묻는 그를 깨우쳐 주었다.

"왜, 부족한 것 같은가? 스스로 반성해 봤을 때 아무 잘못이 없다면 뭘 걱정하고 뭘 두려워하겠나?"

司馬牛問君子. 子曰, 君子不憂不懼. 曰, 不憂不懼, 斯謂之君子已乎. 子
曰, 內省不疚, 夫何憂何懼.

　　사마우는 또한 꽤나 걱정이 많은 사람이었나 보다. 우리는 대개
걱정거리가 밖에 있다고 생각한다. 걱정할 일이고 겁낼 일이라서
걱정하고 두려워하는 거라고 생각한다. 그러나 공자는 걱정과 두
려움이 자기 자신에게서 비롯된다고 본다. 다만 내가 해야 할 것
과 할 수 있는 것에 거짓 없이 최선을 다할 뿐, 결과까지 내가 좌
지우지할 수 없다는 점을 인정하는 것이다.

──────────── (12 - 5) ────────────

사마우가 마음고생을 하다가 우울한 목소리로 말했다.
"사람들은 다 형제가 있잖아? 왜 나만 없는 거냐고!"
이 아픈 한탄을 듣던 자하가 사마우를 위로했다.
"왜 이런 말이 있지 않나? '죽고 사는 문제는 운명에 달려 있
고, 부귀는 하늘에 달려 있다.' 성숙한 지성인이 신중하게 행
동해서 실수하지 않고, 사람을 대할 때 공손하고 예의 바르
게 행동하면, 온 세상 사람이 다 그의 형제가 되지. 그러니
성숙한 지성인이 무슨 형제 없는 걸 걱정하겠나?"

司馬牛憂曰, 人皆有兄弟, 我獨亡. 子夏曰, 商聞之矣, 死生有命, 富貴在
天. 君子敬而無失, 與人恭而有禮, 四海之內, 皆兄弟也, 君子何患乎無兄
弟也.

사마우는 사실 형제가 없지 않았다. 없지 않은 정도가 아니라 형제가 넷씩이나 있었다. 그러나 그중 하나인 사마환퇴는 반란을 일으켰고 나머지는 모두 그 반란에 가담했다. 사마환퇴는 공자를 매우 싫어해서 죽이려고 하기도 했다. 그 사건은 제7편 「술이」 22장(173쪽)에 소개되어 있다. 사마우는 이런 형제들과 도저히 뜻을 함께할 수 없어 이를테면 의절을 했다. 아마 처음부터 외동이었던 것보다 더 마음 아프고 힘들었을 것이다. 자하는 사마우를 위로하면서 동시에 혈연에 매인 그 마음을 넓혀 준다. 진짜 성숙한 사람은 혈연에 구애받지 않는다. 내가 바르게 되면 나에게로 사람이 온다. 내면에 바른 가치를 지니고 그 가치를 실천해 가는 사람은 외롭지 않다. 반드시 이웃이 생기는 법이다. 그것도 많이. 전 세계적 규모로다가. 단, 언어의 장벽이 좀 있겠지만 바디랭귀지도 있고 인공지능AI 통번역기도 등장한 마당이니 패스!

──────────────── (12 - 6) ────────────────

자장이 '밝은 판단력'에 대해서 물었다. 공자가 말했다.

"서서히 스며드는 물처럼 슬며시 다가와서 내 정신을 야금야금 마비시키는 누군가에 대한 험담, 그리고 너무나 살 떨리는 내용이라 듣는 순간 꼭지가 돌아 진실이고 뭐고 더 알아볼 생각조차 들지 않는 자극적인 하소연, 이 둘에 흔들리지 않는다면 밝은 판단력을 지니고 있다고 할 수 있지. 아니, 이런 험담과 하소연에 흔들리지 않는다면 밝을 뿐만 아니라 멀리까지 내다볼 줄 아는 판단력을 지녔다고 할 수 있지."

子張問明. 子曰, 浸潤之譖, 膚受之愬, 不行焉, 可謂明也已矣. 浸潤之譖, 膚受之愬, 不行焉, 可謂遠也已矣.

이런 험담과 이런 하소연에 놀아날 때가 너무 많다. 사실 관계를 파악해 보지도 않은 채 이러쿵저러쿵, 심지어 당사자는 아무 말도 없는데 '카더라' 통신에 입각해서 상관도 없는 사람들이 죽이네 살리네 괜히 서로 싸우기도 한다. 대개 험담은 지속적이고 하소연은 자극적이다. 감정을 열기 전에 이성을 열자!

─────── (12 - 7) ───────

자공이 정치에서 무엇이 중요한지 물었다. 공자가 말했다.
"넉넉한 경제력, 충분한 군사력, 국민의 신뢰."
자공이 다시 물었다.
"꼭 굳이 어쩔 수 없이 하나를 빼야 한다면 셋 중에서 무얼 제일 먼저 빼야 할까요?"
"군사력을 빼야지."
자공이 또 물었다.
"또 굳이 어쩔 수 없이 하나를 빼야 한다면 둘 중에 어떤 것을?"

"경제력을 빼야지. 먹고살기 어렵겠지만 어차피 사람은 모두 다 죽게 마련이니까. 하지만 국민이 믿어 주지 않으면 아예 그 나라 자체가 설 수가 없네."

子貢問政. 子曰, 足食, 足兵, 民信之矣. 子貢曰, 必不得已而去, 於斯三者, 何先. 曰, 去兵. 子貢曰, 必不得已而去, 於斯二者, 何先. 曰, 去食. 自古皆有死, 民無信不立.

아, 신뢰. 정치권에 대해서 이것을 가져 본 게 그 언제였던가. 공직자와 정치인을 먹여 살리는 것은 바로 우리, 즉 국민이다. 우리 주머니를 털어서, 세금이란 이름으로. 그런데 그들 중에는 국민의 신뢰는 안중에 없는 사람이 많은 것 같다. 그저 선거 때 쓴 본전을 배로 챙기느라 급급한 사람, 빈곤한 철학과 안목으로 엉뚱한 사업 벌여 국토 망치고 예산 낭비하는 사람……. 국민에게는 세금을 낼 의무만 있는가? 아니다. 우리에게는 권리가 있다. 우리가 신뢰할 수 있도록, 정직하게 책임을 다하라고 요구할 권리가. 그것은 납세 의무보다 더 큰 의무이다. 이 의무를 나 몰라라 하면 내가 낸 세금으로 나와 내 부모와 내 자식이 학대당하기 때문이다. 우리 역사와 미래가 벼랑 끝에 서게 되기 때문이다. 애써 번 돈으로 성실하게 낸 그 세금이 그렇게 허탈하고 절망적으로 사용되어선 안 되지 않겠는가. 이 권리와 의무를 포기하지 맙시다, 여러분!

극자성棘子成이 잘난 척하며 말했다.
"훌륭한 인격이란 건 타고난 바탕으로 이미 다 된 것 아닌가요? 굳이 세련된 형식까지 배워서 갖춰야 할 필요가 있을까요?"
그 말을 듣고 자공이 탄식했다.

"아, 참 안타깝네요! 인격에 대해 그렇게 말씀하시다니! 이만저만 잘못 말씀하신 게 아니네요. 세련된 형식이 곧 바탕이고, 바탕이 곧 세련된 형식이에요. 둘은 떼려야 뗄 수 없습니다. 자, 호랑이가죽이나 표범가죽이 여기 있다고 쳐요. 거기에서 털을 다 밀어 버리면 뭐가 됩니까? 개가죽이나 양가죽하고 무슨 차이가 있겠어요?"

棘子成曰, 君子質而已矣, 何以文爲. 子貢曰, 惜乎, 夫子之說君子也. 駟不及舌. 文猶質也, 質猶文也. 虎豹之鞹, 猶犬羊之鞹.

극자성은 위나라 대부이다.

우린 때로 너무 극단적이다. 상황과 시기에 맞게, 혹은 상대에 맞추어 갖추어야 할 몸가짐 등에 대해 신경 써야 할 것이 두 가지만 돼도 반드시 나오는 반응. "몰라, 몰라! 어떻게 일일이 다 신경 쓰고 살아? 진심이 중요한 거지, 자잘한 형식이 뭐 중요해!" 그런데 그 자잘한 것조차 귀찮아한다면 그 진심, 참을 수 없이 가벼운 거 아닐까? 몇 가지 불편도 참을 수 없는 사람이 지닌 진심은 대체 얼마나 무겁고 가치 있는 것일까? 형식만 세련되게 갖춘 사람도 겉도는 느낌이지만 무턱대고 진심만 내세우는 사람도 부담스럽다. 무례의 그 어디쯤에서 나를 향한 그의 진심을 찾아야 하는 것일까?

노나라 군주 애공이 공자의 제자 유약有若에게 물었다.

"흉년이 들어 국가 재정이 부족합니다. 어떡하죠?"

유약이 대답했다.

"그럼 세금을 소득의 10퍼센트만 걷는 조세법을 사용하셔야죠!"

그 대답을 들은 애공은 어이가 없어 되물었다.

"아니, 지금 소득의 20퍼센트를 거둬도 부족한 판에 어떻게 10퍼센트만 걷습니까?"

유약이 대답했다.

"임금님, 백성이 풍족하면 왕도 풍족한 거고, 백성이 경제난을 겪는다면 왕도 가난한 거 아닙니까? 백성이 풍족한데 왕이 누구랑 경제난을 겪겠습니까? 백성이 죽을 맛인데 왕이 누구랑 넉넉하겠습니까?"

哀公問於有若曰, 年饑, 用不足, 如之何. 有若對曰, 盍徹乎. 曰, 二, 吾猶不足, 如之何其徹也. 對曰, 百姓足, 君孰與不足. 百姓不足, 君孰與足.

275

옳거니! 유자有子 말 잘한다! 백성은 수탈의 대상이 아니다. 백성은 왕이 존재하는 이유다.

유자는 공자의 제자로 이름은 유약, 자는 자유子有이다. 원문에 자주 등장하면서 여러 명칭으로 불리는 공자의 제자들은 혼란을 피하기 위해 대체로 이름 대신 자로 통칭하였는데 유약의 자는 언언言偃의 자인 자유子游와 독음이 같아 사용하지 않았다.

인仁이란 대체 무엇인가요?

자장이 내면의 바른 가치를 성장시키는 방법, 그리고 정신이 홀려 판단이 흐려지는 일이 없게 되는 방법에 대해 물었다. 공자가 말했다.

"무엇을 하든 충실하게 하고 미덥게 하는 것을 원칙으로 하고 정의에 따라 움직이는 게 내면의 바른 가치를 성장시키는 방법이네. 사랑한다는 건 그 상대가 살았으면 싶어 하는 거고, 미워한다는 건 그 상대가 죽었으면 싶어 하는 거지. 근데 언제는 살았으면 하다가 또 언제는 죽어 버렸으면 하는 것, 그게 성신이 홀려 판단이 흐려진다는 것이네. 왜, 이런 시가 있잖나? 남편에게 버림받고 남편을 원망하면서 '돈 보고 혹한 것이 아니지, 다만 새 사람이라 좋을 뿐'이라고 읊은 조강지처의 시."

子張問崇德辨惑. 子曰, 主忠信, 徙義, 崇德也. 愛之欲其生, 惡之欲其死. 旣欲其生, 又欲其死, 是惑也. 誠不以富, 亦祇以異.

시는 『시경』 소아小雅에 있는 「나, 들에 나가서」我行其野라는 시로, 인용구가 포함된 연의 내용은 다음과 같다.

나, 들에 나가 잔무를 뜯도다.
조강지처 따위 생각 않고 그대 새 짝을 찾네.
돈 보고 혹한 것이 아니지, 다만 새 사람이라 좋을 뿐.

12

안연

顔淵

276

그런데 마지막 이 시구에 대해 해석이 분분하다. 본문의 해석 자체를 시와는 다르게 해서 '진실로 부유하게 해 주지도 못하면서 다만 이상한 사람이라는 취급만 받게 된다'라고 볼 수도 있다. 이렇게 해석하면 앞 구절의 맥락에 이어 맹목적으로 퍼부어 대도 현실적으로는 그 뜻대로 이루어지지 않는 것이니 다만 사람들에게 이상한 사람이라는 취급만 받게 된다는 뜻으로 풀이할 수 있다. 또 송나라 때의 유명한 학자인 정이程頤의 주석에 따라 이 구절을 떼다가 제16편「계씨」12장(398쪽)에 이어 붙여서 보기도 한다.

내가 보기엔 아주 순하게 앞의 글에 시가 이어지고 있는 건 아니지만 그래도 제자리가 아니라 할 만큼 어색한 것도 아닌 것 같다. 덕을 높이는 것과 무엇에 홀려 판단이 흐려지는 일이 없게 하는 건 둘이 함께 가야 하는 것인데, 무엇에 홀리면 이성 따위 온데간데없어진다는 점에 대해 이 시가 남녀 간의 사랑을 상황으로 해서 잘 드러내 보여 주고 있다고 생각하기 때문이다. 이 시의 앞 연에서 조강지처는 자신에게 충실하지 않으면 친정으로 돌아가 버릴 거라고 경고했다. 그러나 경고는 먹혀들지 않았다. 그렇다면 끝나지 않은 마음 자락에 남은 것은 악다구니뿐. 남자들의 영원한 이상형은 '낯선 여자.' 세상에 돈 많은 여자보다 많은 것이 낯선 여자. "흥! 사랑 좋아하네. 차라리 돈이 좋았다고 하지 그래? 낯선 여자와 금세 사랑에 빠지는 너는 앞으로 할 사랑이 끝도 없어 좋겠네, 아주 좋으시겠어!" 퍼붓는 느낌이다. 여하튼 마음의 냉정은 완전히 잃은 상황. 충실하고 미덥게 움직이되 정의에 따라 움직이려면 감정을 잘 다스려 판단이 흐려지지 않게 해야 한다. 질투에 눈멀어 사랑이 파국으로 치닫지 않으려면…….

제나라 경공이 공자에게 정치의 기본 원칙에 대해 물었다.
공자가 대답했다.
"임금은 임금답고, 신하는 신하답고, 아비는 아비답고, 자식
은 자식다워야 하는 것이지요."
제나라 경공이 그 대답을 듣고 기뻐하며 말했다.
"아! 진짜 맞는 말씀입니다! 정말이지 임금이 임금답지 못
하고, 신하가 신하답지 못하며, 아비가 아비답지 못하고, 자
식이 자식답지 못하다면 그런 뒤죽박죽인 사회에서 재산이
넘쳐난들 제가 어떻게 그걸 마음 편히 쓸 수 있겠습니까?"

12
안
연
顔
淵

齊景公問政於孔子. 孔子對曰, 君君, 臣臣, 父父, 子子. 公曰, 善哉. 信如
君不君, 臣不臣, 父不父, 子不子, 雖有粟, 吾得而食諸.

'답다'라는 건 이름에 실제가 잘 짝을 이룬다는 걸 의미한다. 이
름이 바르게 되는 것이다. 임금이란 이름을 달았다고 임금 되는
것이 아니고 부모란 이름 달았다고 부모 되는 것이 아니다. 이
름'답지' 않으면 혼란스러워진다. 대통령은 힘으로 국민의 것을
빼앗고 공무원은 나라에 충성한다는 명분으로 국민을 학대한다.
부모는 자식을 학대하기도 하고 망쳐 놓기도 하고 버리기도 한
다. 자식은 부모를 봉으로 안다. 이름과 내용이 일치하지 않을 때
일어나는 일들이다. 무질서는 그 자체로 불안한 상태이므로 언제
나 주변을 경계해야만 살아남을 수 있다. 돈과 권력이 넘치면 어
떤 곳에서든 잘 먹고 잘살 수 있을 것 같지만 실은 최소한의 질서

278

라도 있어야 그것을 누릴 수 있다. 돈과 지위를 얻고 나면 사방에 CCTV로 도배를 해 놓고, 경호원을 대동하고, 방탄차를 타고 다니는 것으로 안전을 도모하는 모습 자체가 이를 방증하는 것 아니겠는가?

─────────── (12 - 12) ───────────

공자가 칭찬했다.

"한쪽의 말만 듣고도 소송 사건을 정확하게 판결 내릴 수 있는 사람은 아마 분명 자로일 거네!"

자로는 하겠다고 약속한 것을 묵혀 두고 미적거리는 법이 없었다.

子曰, 片言可以折獄者, 其由也與. 子路無宿諾.

─────────── (12 - 13) ───────────

공자가 말했다.

279 "소송 판결하는 거야 나라고 뭐 다른 사람과 다를 거 있겠습니까? 다만 저는 절대로 소송 사건 자체가 생기는 일이 없게 할 것입니다!"

子曰, 聽訟, 吾猶人也. 必也使無訟乎.

　　　이상의 극치. 이 세상에 사람과 사람이 다투는 일이 없을 수 있을까? 모두가 자신과 타인의 위치를 정확히 알아 저마다의 위치에 충실하고 서로 침해하는 일이 없게 한다면, 그렇게 모두 명실이 상부해진다면, 분쟁 자체가 사라지게 된다는 것. 근데 정말 이게 가능한 일일까? 그래도 시도는 해 볼 일이다. 그 노력이 깃들어 법이 최소한이 된 사회와 처음부터 불가능할 것이라 생각해 법이 최대한이 되게 한 사회는 그 안에서 살아가는 삶의 풍경과 만족도 자체가 다를 것이기 때문이다.

──────── (12 - 14) ────────

자장이 정치는 어떻게 해야 하는 것인지 물었다. 공자가 말했다.
"관직에 있을 때는 게으름 피우지 말고 최선을 다하고, 정책을 행하느라 몸으로 뛸 때는 열과 성을 다해서 해야 하지."

子張問政. 子曰, 居之無倦, 行之以忠.

──────── (12 - 15) ────────

공자가 말했다.
"올바른 지식인은 옛 문헌을 다양하게 배우고 익혀서 이치를 공부하고, 자신의 행동을 질서와 규범의 의미에 비추어 정리합니다. 그렇게 하면 사람이 걸어야 할 바른길에서 어긋나는 일이 없게 될 거예요."

子曰, 博學於文, 約之以禮, 亦可以弗畔矣夫.

제6편 「옹야」 25장(153쪽)과 같은 내용이다.

──────── (12 - 16) ────────

공자가 말했다.

"인격을 잘 닦은 지성인은 남의 장점을 발견해서 그걸 활짝 꽃피워 주지 남의 잘못된 점을 부추기고 자리까지 깔아 주는 일 따위는 하지 않습니다. 그런데 인격이 참 못난 사람들은 이것과 반대로 행동하죠."

子曰, 君子成人之美, 不成人之惡. 小人反是.

──────── (12 - 17) ────────

계강자가 공자에게 정치는 어떻게 해야 하는 것인지 물었다. 공자가 대답했다.

281

"정치라는 것은 정正, 그러니까 올바르게 바로잡는 것이지요. 그대가 올바른 길로 앞장서서 간다면 누가 겁 없이 바르지 않은 짓을 하겠어요?"

季康子問政於孔子. 孔子對曰, 政者, 正也. 子帥以正, 孰敢不正.

계강자가 도적 떼가 들끓는 문제로 골머리를 앓다가 공자
에게 해결책을 물었다. 공자가 대답했다.
"어렵지 않은 문젠데요? 먼저 그대가 욕심 사납게 행동하
지 않는다면 아마 상을 준다고 해도 백성들은 도둑질 안 할
걸요?"

季康子患盜, 問於孔子. 孔子對曰, 苟子之不欲, 雖賞之, 不竊.

언뜻 보면 정치와 도적 떼 문제는 별개인 것 같지만 직집 님의 물
건을 뺏는 것과 법과 지위로 교묘히 뺏는 것은 '남의 것을 뺏어
내 배를 불린다'는 면에서 볼 때 똑같다. 지도자가 욕심 사나워서
믿고 의지할 수 있는 정의가 없는데 그 아래 있는 사람이 서로 양
보하고 정직하게 사는 사회, 그런 사회가 과연 가능이나 할까 생
각해 보면 공자의 말에 절로 고개가 끄덕여진다.

계강자가 공자에게 정치를 어떻게 하면 좋을지 물으며 이
렇게 말했다.
"저기……. 본보기로다가 광장에서 아주 나쁜 놈 몇쯤 사형
시켜서 백성들을 바른길로 이끄는 방법은 어떨까요?"
공자가 조금 실망스러운 표정으로 계강자를 보며 말했다.
"그대는 어떻게 살인이란 방법을 정치에 사용할 생각을 했

지요? 그대가 착하게 되려고 무던히도 애쓰면 백성들도 착해지는 거예요. 통치하는 사람의 인품은 이를테면 바람과 같고, 통치받는 사람의 인품은 이를테면 풀과 같아요. 풀 위로 바람이 불면 풀은 반드시 바람을 따라 눕는 법이죠."

季康子問政於孔子曰, 如殺無道, 以就有道, 何如. 孔子對曰, 子爲政, 焉用殺. 子欲善而民善矣. 君子之德, 風, 小人之德, 草. 草上之風, 必偃.

계강자가 정치에 대해 물어보는 세 개의 이야기는 모두 하나의 주제로 통한다. '먼저 지도자인 그대가 본을 보이시오!' 지도자는 바람이고 백성은 풀, 그래서 바람이 불면 풀이 눕는 법이라는 공자의 말은 매우 자주 사용되는 비유이다.

이 구절은 김수영 시인의 「풀」이란 시를 떠오르게 한다. 다만 김수영 시인의 풀은 바람이 불어 눕는 것이 아니라 바람보다 더 빨리 눕고, 바람보다 더 빨리 울고, 바람보다 더 먼저 일어난다. 그리고 바람보다 늦게 누워도 바람보다 먼저 일어나고, 바람보다 늦게 울어도 바람보다 먼저 웃는다. 여기의 풀은 바람에 영향 그대로 움직이는 수동적인 존재가 아니라 오히려 압도하는 능동적인 존재이다. 지도자의 영향을 받긴 하지만 거기서 끝나는 것이 아니라 지도자를 압도하는 주체적인 존재로서의 '민'民인 것이다. 이 점이 공자의 비유에서 나오는 풀과 다르다.

자장이 물었다.

"지식인이 어떤 수준이 되면 통달했다고 말할 수 있나요?"

공자가 말했다.

"자네가 말하는 '통달'이란 게 뭔가?"

자장이 대답했다.

"나라에도 가문에도 반드시 이름이 알려져서 유명해지는 거죠."

공자가 말했다.

"그건 유명해지는 거시 통달하는 게 아니네.

통달한다는 건 말이야, 마음이 순수하고 곧으며 정의를 따르고, 남의 말에 휘둘리지 않고 잘 따져 볼 줄 알며, 상대방의 표정을 주의 깊게 관찰할 줄 알고, 사려 깊게 남보다 자기를 낮출 줄 아는 걸 말하네. 이렇게 하면 사회에서건 조직에서건 반드시 신뢰를 얻어서 뭘 해도 다 이루어지게 되지. 이게 통달이야.

유명해진다는 건 말이야, 겉으로는 내가 훌륭한 인격자인 양 표정 짓지만 행동은 전혀 딴판이지. 그런데 그렇게 지내면서 자기도 자기에게 속아 넘어가는 것이네. 그럼 사람들도 속아 넘어가 나라에서도 가문에서도 반드시 유명해지지. 이게 유명해지는 거야."

284

子張問, 士何如, 斯可謂之達矣. 子曰, 何哉, 爾所謂達者. 子張對曰, 在邦
必聞, 在家必聞. 子曰, 是聞也, 非達也. 夫達也者, 質直而好義, 察言而觀

色, 慮以下人. 在邦必達, 在家必達. 夫聞也者, 色取仁而行違, 居之不疑.
在邦必聞, 在家必聞.

자기 문하에서 삼 년 이상 공부하고서 출세를 기웃거리지 않은
제자는 없었다고 공자는 안타까워했다. 사람 마음이 다 그렇지.
죽도록 공부해서 내가 성숙했으니 되었다 만족하고 말 사람이
몇이나 되겠나? 자장도 그랬던 모양이다. 공자의 답을 듣기 전에
는 통달과 명성을 아예 구분하지 못해서 이런 질문을 했던 건 아
닌 것 같다. 통달과 명성이 함께 갔으면 하는 마음, 통달에 명성
도 따라와서 앞길이 열렸으면 하는 마음, 그 마음이 누구에게나
그렇듯 자장에게도 간절했던 것 아닐까?

──────── (12 - 21) ────────

번지가 기우제 제단인 무우대舞雩臺 아래로 떠난 소풍에 따
라갔다가 질문했다.

"저기……. 선생님, 어떻게 하면 내면의 바른 가치를 성장시
키고, 악한 생각을 없애고, 정신이 홀려 판단이 흐려지는 일
이 없게 될 수 있을까요?"

공자가 기특하다는 듯 빙긋이 웃으며 말했다.

"이야아, 좋은 질문인데? 해야 할 일을 먼저 하고 그 결과로
얻게 될 이득 같은 건 따지지 않는 게 내면의 바른 가치를 성
장시키는 방법 아니겠어?

자기 안의 악한 생각을 뿌리 뽑는 데에만 집중하고 괜히 남
의 악한 생각을 공격하는 데에 집중하지 않는 것이 악한 생

각을 없애는 방법일 것 같은데?

한순간의 분노를 주체하지 못해서 자기 자신도 잊고 난리를 쳐서 그 여파가 부모까지 미치게 한다면, 그게 정신이 홀려 판단이 흐려지는 일 아닐까 싶네만!"

樊遲從遊於舞雩之下, 曰, 敢問崇德, 脩慝, 辨惑. 子曰, 善哉, 問. 先事後得, 非崇德與. 攻其惡, 無攻人之惡, 非脩慝與. 一朝之忿, 忘其身以及其親, 非惑與.

──────── (12 - 22) ────────

번지가 '온전한 사람다움'이란 무언지 질문했다. 공자가 말했다.

"사람을 사랑하는 거네."

그러자 이번에는 번지가 '지혜'란 무엇인지 물었다.

"사람을 아는 거지."

번지가 이 말을 이해하지 못했다. 그걸 눈치챈 공자가 더 말해 주었다.

"바른 사람을 등용해서 비뚤어진 사람 윗자리에 두면 비뚤어진 사람들을 바르게 만들 수 있지."

286

번지가 물러나서 나가다가 자하를 만났다. 잘됐다 싶어 번지가 자하에게 물었다.

"아까 내가 선생님을 뵙고서 '지혜'가 뭔지 물어봤거든요, 근데 선생님께서 바른 사람을 등용해서 비뚤어진 사람 윗자리에 두면 비뚤어진 사람을 바르게 만들 수 있다고 하시데요? 이게 뭔 말이래요?"

자하가 이 말을 듣고 감탄하며 말했다.

"역시 선생님이셔! 이렇게 풍부한 의미를 담아서 말씀해 주시다니! 순임금이 천하를 다스리게 되었을 때 그 많은 사람 중에서 고요를 뽑아 등용하니까 사람답지 못한 사람들이 사라졌지. 그리고 탕임금이 천하를 다스리게 되었을 때는 또 그 많은 사람 중에서 이윤伊尹을 뽑아 등용하니까 사람답지 못한 사람들이 사라졌더랬지."

樊遲問仁. 子曰, 愛人. 問知. 子曰, 知人. 樊遲未達. 子曰, 擧直錯諸枉, 能使枉者直. 樊遲退, 見子夏曰, 鄕也吾見於夫子而問知, 子曰, 擧直錯諸枉, 能使枉者直, 何謂也. 子夏曰, 富哉, 言乎. 舜有天下, 選於衆, 擧皐陶, 不仁者遠矣. 湯有天下, 選於衆, 擧伊尹, 不仁者遠矣.

고요는 요순시대의 법관으로 재판과 형 집행을 관장했는데 아주 공정해서 백성들의 원망이 없게 한 것으로 이름을 얻었고, 이윤은 은나라 탕왕湯王의 재상으로 그 임금을 도와 은나라를 세우고 백성을 안정시킨 것으로 후세에 이름을 전했다.

시스템은 사회를 지키지 못한다. 아무리 정교한 체제도 움직이는 건 결국 사람이기 때문이다. 하늘은 빈부귀천을 따지지 않고 인재를 내린다. 그래서 '엄친아'나 '금수저'에 대한 열광은 사회를 병들게 하는 지름길이 된다. 출신 성분이 좋은 사람이 아니라 인품이 바르고 능력 있는 사람이 윗자리에 있을 때 그 아래 일하는 사람은 일할 맛이 나고 자기도 모르는 새에 정직하고 성실하게 일하게 된다. 사람을 제대로 보는 눈을 잃지 않는 것이 진짜 지혜이다.

자공이 벗을 사귀는 올바른 방법에 대해 물었다. 공자가 말했다.
"진심으로 충고해서 좋은 방향으로 이끌어야 하지. 하지만 아무래도 안 되는 구제 불능이거든 관계를 끊어서 자네가 되레 모욕을 당하는 일이 없게 하게."

子貢問友. 子曰, 忠告而善道之, 不可則止, 毋自辱焉.

친구 사이의 충고……. 아, 어렵다. 『논어』에서는 친구를 '뜻을 함께 하는 사람'으로 보고 있다. 그래서 좋은 충고가 중요하다. 나와 뜻이 다른 사람이라면 내 진심 어린 충고가 상대방에겐 그저 지겹기만 한 한낱 잔소리에 불과하다. 그런 사람에게 충고를 멈추지 않다가 결국 "아, 대체 네가 무슨 상관인데?"라는 말을 듣게 되면, 나만 모욕당하고 그 관계는 끝나 버리게 된다. 섭섭함이 눈물 나게 몰려오는 순간. 충고도 중요하지만 상대방에 대한 관찰도 중요하다.

증자가 말했다.
"제대로 된 지성인은 학문을 통해서 뜻을 함께할 벗을 모으고, 벗을 통해서 온전한 사람다움을 완성해 가죠."

曾子曰, 君子以文會友, 以友輔仁.

자로

—

때로는 귀엽고
멋진 남자

子路

자로가 정치는 어떻게 해야 하는 것인지 물었다. 공자가 말했다.

"먼저 모범을 보이고서 국민에게 뭘 시켜도 시켜야 한다."

"조금 더 말씀해 주시면 안 돼요?"

"앞서 말해 준 걸 시종일관 한 자세로 끝까지 해야 한다."

子路問政. 子曰, 先之勞之. 請益. 曰, 無倦.

13

자
로

子
路

중궁이 세력가인 계씨 집안의 참모로 채용되자 공자에게 정치를 어떻게 해야 하는 것인지 물었다. 공자가 말했다.

"각 부서 실무 담당자에게 먼저 모범을 보이고, 작은 잘못은 너그럽게 용서해 주게. 그리고 성품 좋고 능력 있는 인재를 기용하게."

"어떻게 성품 좋고 능력 있는 인재를 알아보고 채용할 수 있을까요?"

292

공자가 말했다.

"자네가 이미 알고 있는 인재들이 있을 거잖나? 그들을 오로지 성품과 능력만 보고 채용하는 거야. 그럼 사람들이 가만있겠어? 자네가 미처 몰랐던 인재들을 알아서 찾아 줄걸세."

仲弓爲季氏宰, 問政. 子曰, 先有司, 赦小過, 擧賢才. 曰, 焉知賢才而擧
之. 曰, 擧爾所知. 爾所不知, 人其舍諸.

자로가 물었다.

"만약에요, 위나라 임금이 선생님께 정치할 기회를 활짝 열어 준다면 뭐부터 하실 건가요?"

공자가 아주 결연한 어조로 말했다.

"나는 꼭, 용어부터 바로잡을 거네!"

자로가 말했다.

"아, 참……. 선생님, 진짜 답답하시네요. 현실 감각이 너무 없으신 거 아닌가요? 어째서 그걸 바로잡으려 하시는 거죠?"

공자가 한심하다는 듯이 말했다.

"하여간 무식하긴! 지성인이라면 자기가 잘 모르는 것은 잠자코 입 다물어 주는 센스가 있어야지! 용어가 바르지 않으면, 즉 용어의 본질적 의미와 그 용어로 가리키는 현실이 다르면, 말을 해도 소통이 되지 않아. 말을 해도 소통이 되지 않으면, 일이 제대로 이루어질 수 없어. 일이 제대로 이루지지 않으면, 제도와 문화가 발전하지 못해. 제도와 문화가 발전하지 못하면, 형벌 집행이 부당하게 돼. 형벌 집행이 부당하게 되면 민중은 어떻게 움직여야 할지 갈피를 잡을 수가 없게 되지. 그렇기 때문에 올바른 지도자는 어떤 일에 용어를 부여할 때 이치에 맞아 반드시 말이 소통될 수 있게 해야 하고, 말을 하면 소통이 돼서 반드시 실행될 수 있게 해야 하는 거야. 그러니 올바른 지도자는 자기의 말에 대해 결코 떳떳하지 못한 점이 없게 해야 하는 것이지.”

子路曰, 衛君待子而爲政, 子將奚先. 子曰, 必也正名乎. 子路曰, 有是哉, 子之迂也. 奚其正. 子曰, 野哉, 由也. 君子於其所不知, 蓋闕如也. 名不正, 則言不順, 言不順, 則事不成, 事不成, 則禮樂不興, 禮樂不興, 則刑罰不中, 刑罰不中, 則民無所措手足. 故君子名之必可言也, 言之必可行也. 君子於其言, 無所苟而已矣.

정치처럼 멋진 말이 많이 동원되는 분야도 없을 것이다. 아름다운 단어들로 조합된 정치적 슬로건 속에 실은 음흉한 속내를 감추고 있는 경우도 참으로 많다. 가까운 우리 정치사만 보더라도 그렇다. 박정희 정부의 ‘한국적 민주주의’는 한국적이지도 민주주의적이지도 않았다. ‘통일주체국민회의’는 통일도 주체도 국민도 회의도 없는 그냥 모여서 대통령 장기 집권을 승인하는 거수기였을 뿐이다. ‘정의 사회의 구현’을 기치로 내걸었던 전두환 정부는 어떤 면에서 정의와 가장 거리가 멀었다는 사실을 기억할 것이다. 그런 경험 속에서 국민은 ‘공정한 법 집행’이라는 말을 들으면 ‘유전무죄, 무전유죄’를 떠올리고, ‘증세 없는 복지’라는 구호는 ‘증세, 없는 복지’라고 슬프게 읽는다. 이렇게 이름이나 용어나 구호가 실제와 일치하지 않아 빚어지는 결과는 소통의 혼란, 착각과 잘못된 선택, 사회의 전반적 퇴보다. 2500년 전 공자가 제시한 ‘정명론’正名論, 지금 우리에게 가장 절실한 과제 아닐까?

번지가 농사를 좀 가르쳐 주시면 안 되느냐고 물었다. 공자가 말했다.

"그걸 왜 나한테 가르쳐 달라는가? 농사야 나보다는 농사로 먹고사는 노련한 농부가 훨씬 낫지!"

그러자 이번에는 채마밭 가꾸는 걸 가르쳐 달라고 졸랐다. 공자가 말했다.

"허허 참! 아, 그건 또 당연히 나보다는 채소 기르는 데 이력이 난 노련한 밭 일꾼이 훨씬 낫지 않겠어?"

번지가 포기하고 나갔다. 그 모습을 보고 공자가 말했다.

"번지 녀석, 좀 한심한 듯! 지도층이 법규를 준수한다면 민중이 존경하지 않을 리 없고, 지도층이 정의를 추구한다면 민중이 따르지 않을 리 없고, 지도층이 신의를 지킨다면 민중이 성실하지 않을 리 없잖아. 그렇게만 돼 봐라. 온 세상 사람이 자식을 안고 업고 죄다 몰려와 그 나라에서 살려고 할 것 아닌가. 어떻게 배우는 사람이 그런 지도자가 될 생각은 않고 직접 경제 활동을 할 생각부터 하는지!"

295

樊遲請學稼. 子曰, 吾不如老農. 請學爲圃. 曰, 吾不如老圃. 樊遲出. 子曰, 小人哉, 樊須也. 上好禮則民莫敢不敬, 上好義則民莫敢不服, 上好信則民莫敢不用情. 夫如是, 則四方之民襁負其子而至矣, 焉用稼.

공자는 생업에 달리 종사하지 않고 공부를 생업으로 삼는 지식인 집단을 만든 사람이다. 지금이야 석박사 과정에 있는 사람은 공부가 업이니까 생업을 갖지 않는 것이 당연하게 보이지만 공자 당시는 그렇지 않았다. 먹고사는 데에 가장 중요한 농사에 대해 지도자가 몸소 일하는 모습을 보이는 것이 바른 지도자상이란 개념이 많이 있었다. 그러나 공자는 그렇게 되면 학문하는 이는 직업을 이중으로 갖는 셈이란 개념을 갖고 있었고 그래서 전문적으로 공부하는 이가 농사에 종사하는 것을 반대했다. 당연히 정치 지도자의 경우에도 농사할 시간에 더 나은 정책을 고민하고 실행하는 것이 낫다고 생각했다.

『맹자』孟子「등문공」滕文公 편에 보면 이런 논쟁이 자세히 나온다. 농가農家인 진상陳相이 지도자도 농사를 지어야 한다는 주장을 해서 맹자와 일대 토론을 벌인다. 그때 맹자는, 농사꾼은 농사만 짓고 대장장이는 생활 도구나 농기구만 만들어서 서로 필요한 대로 교역해서 쓰지 않느냐면서 그런 일은 하나만 해도 되는데 왜 정치가는 정치랑 농사를 함께 지어야 하는 거냐고, 그럼 정치는 농사랑 함께 해도 될 만큼 사소한 일이냐고 말하면서 진상의 입을 막는다. 번지는 이때 아마 검소하게 손수 일해서 먹고살면서 정치하는 것이 바른 지도자상이라는 주장에 솔깃해 있었던 모양이다.

───────── (13 - 5) ─────────

공자가 말했다.

"시 삼백 편을 다 외운다기에 그에게 정치를 맡겼는데 제대로 응용하지도 못하고, 외교관으로 파견했는데 적절하게 활용해서 재량껏 대응하지도 못한다면, 많이 외고 있는 게 다 무슨 소용이겠습니까?"

子曰, 誦詩三百, 授之以政, 不達, 使於四方, 不能專對, 雖多, 亦奚以爲.

그러게요, 선생님……. 달달 외기만 하고 그것을 이해해서 내 것으로 만들지 못하면 다 배워 세상에 나왔을 때 아무것도 할 수 없죠. 그런데 대체 우리는 왜 써먹을 수 있는지 없는지는 다 관두고 그저 뭐든 달달 외우는 걸 공부라고 생각하는 걸까요? 요즘 우리는 심지어 창의력을 높이는 방법도 아이큐를 올리는 방법도 암기로 익히고 있어요. 멀리서 보면 웃긴데 가까이서 보면 완전 심각한 상황이에요…….

——————————————— (13 - 6) ———————————————

공자가 말했다.

"지도자가 먼저 그 자신이 올바르면 굳이 뭘 시키고 명령하지 않아도 아래서 다 알아서 잘해요. 하지만 그 자신이 올바르지 않으면 애써 시키고 명령해도 아래에서 좀체 따르질 않는 법이지요."

297　　子曰, 其身正, 不令而行, 其身不正, 雖令不從.

맞아요. 선생님, 정말 그런 것 같아요. 근데 진짜 재밌는 건, 아랫사람이 보기에는 지도급 위치에 있는 사람이 전혀 올바르지 않은데 정작 그들은 자기 자신을 올바르다고 평가한다는 거예요. 대개 직장에서 간부급 직원은 회식 자리에서 "나는 열린 사람이라 젊은이들과 잘 소통해요. 젊은 애들 생각을 잘 받아들여요"라고 종종 말하곤 하거든요. 그러면서 허심탄회하게 말해 보래요. 근데 그렇다고 진짜로 허심탄회해지면 바로 끝장이죠. 이런 상황이면 애써 시키고 명령하지 않아도 아래에서 다 알아서 잘할 분위기는 일단 물 건너간 거거든요. 그래서 결국 힘으로 누르죠. 어린 게 대든다고, 어디서 눈을 똑바로 뜨느냐고, 좀 고분고분 따르라고……. 현실은 참 어려워요.

─────────────── (13 - 7) ───────────────

공자가 말했다.
"노나라와 위나라는 정치적으로 형제처럼 닮았구나!"

子曰, 魯衛之政, 兄弟也.

노나라는 주공의 후예이고 위나라는 강숙康叔의 후예인데, 주공과 강숙은 원래 진짜 형제이다. 그러니까 뿌리를 따져도 형제의 나라인데 공자 당시 정치적으로 혼란하고 쇠락해 있던 상태도 매우 비슷했던 모양이다. 그래서 공자가 탄식했다.

─────────────── (13 - 8) ───────────────

공자가 위나라 공자 형荊에 대해 평했다.
"그 사람은 집안 형편을 대하는 태도가 참 좋습니다. 처음 일가를 이루어 살림을 시작했을 때는 '이 정도면 뭐 있을 건 다 있네!'라고 하고, 조금 살림이 늘어나니까 '이 정도면 뭐

완벽한데!' 하더니, 그러다가 아주 부자가 되니까 '이 정도면 뭐 훌륭하고도 남네!'라고 하더라고요."

子謂衛公子荊, 善居室. 始有, 曰, 苟合矣. 少有, 曰, 苟完矣. 富有, 曰, 苟美矣.

없을 때나 있을 때나 만족의 정도가 거의 같다. 신분 자체가 높은데도 서둘러 화려하고 좋은 집에 모든 것을 다 갖춰 놓고 살려 하지 않고 늘 만족할 줄 알았던 점을 칭찬하는 것이다. 그리스신화에 에리직톤이란 인물이 나온다. 데메테르 여신의 저주를 받아서 먹어도 먹어도 배가 고픈 상태가 되어 버린다. 아무리 먹어도 허기를 채울 수 없게 되자 딸까지 팔아서 먹고 또 먹다가 최후에는 자신의 몸까지 뜯어 먹고 입만 남은 사람. 난 부자와 권력자를 보면 언제나 저 에리직톤이 떠오른다. 어차피 부자인데도 만족을 모른다. "이 정도면 뭐 있을 건 다 있네!"라고 하는 단추부터 채울 생각이 없기 때문에 자기 사치를 위해 가난한 이의 월급봉투를 조르고 목을 조른다. 먹어도 조금도 행복하지 않은, 그러나 먹기를 멈출 줄 모르는 에리직톤은 그저 저주를 받은 사람일 뿐인데 말이다.

──────── (13 - 9) ────────

공자가 위나라에 갈 때 염유가 운전을 해서 모셨다. 차창 밖으로 그 나라를 살펴보던 공자가 말했다.

"인구가 꽤 많네?"

염유가 물었다.

"인구가 많아진 뒤에는 뭘 더해야 할까요?"

공자가 말했다.

"넉넉하게 먹고살 수 있게 해 줘야지."

"먹고사는 게 넉넉해지면 또 뭘 더해야 할까요?"

공자가 말했다.

"그럼 가르쳐야지!"

子適衛, 冉有僕. 子曰, 庶矣哉. 冉有曰, 旣庶矣, 又何加焉. 曰, 富之. 曰,
旣富矣, 又何加焉. 曰, 敎之.

정치의 선결 과제를 배울 수 있는 부분. 일단 인구 증가. 다음 경
제 성장. 그리고 최종적으로 교육. 뭘 더해야 하느냐고 물어보고
답한 것이니까 순차적인 것 같지만 실은 셋은 동시에 영향을 주
고받는 관계이다. 경제난이 해결되지 않았는데 인구가 증가하기
어렵고, 사람이 사람으로서 사는 법, 그러니까 윤리와 도덕이 자
리잡히지 않았는데 안정적으로 경제가 성장할 수 없다. 서로가
서로에게 적대적인 관계인 약탈 경제로는 성장에 한계가 있다.
신뢰와 인격적인 대우 등이 있어야 협력이 가능해져서 질적으로   300
나 양적으로나 경제를 한 단계 위로 끌어올릴 수 있다. 이런 가치
들을 교육이 해결해 준다. 이 셋은 사회 발전에 동시에 필요한 요
소다.

공자가 말했다.

"만약에 말이다, 누군가 나에게 정치를 맡겨 준다면, 그 나라는 일 년 안에 법과 기강이 어느 정도 바로잡혀 모양새가 갖추어지게 될 거고, 삼 년이면 입이 떡 벌어질 정도의 정치적인 완성을 볼 수 있을 텐데 말이다……."

子曰, 苟有用我者, 期月而已可也, 三年有成.

선생님을 읽어 갈수록 저도 정말 궁금해져요. 당신의 꿈이 현실이 됐다면 그 세상의 사람들은 어떤 모습이었을까요? 그 사회나 그 나라 전체의 모습이 아니라 그 세상을 살아가는 한 사람 한 사람의 얼굴 표정이 저는 궁금해요.

공자가 말했다.

301 "'타고난 인품이 착한 사람이 나라 지도자가 될 경우 백 년 정도 지나면 잔인하고 악독한 사람이 교화되고 사형 제도가 폐지될 것이다'라는 말이 있는데, 진짜 옳은 말이지요!"

子曰, 善人爲邦百年, 亦可以勝殘去殺矣. 誠哉, 是言也.

때로는 귀엽고 멋진 남자

공자가 말했다.

"지금 만약 만백성의 추대를 받아 왕이 되는 자가 나온다 해도 그 사람도 분명 족히 삼십 년은 걸려야 온전히 사람답게 사는 세상을 만들 수 있습니다."

子曰, 如有王者, 必世而後仁.

바탕이 착한 것만으로는 세상을 바꾸는 데 백 년이 걸리고 천명을 받아 왕이 된 사람도 삼십 년이 걸리는데 공자는 자기가 정치를 맡을 경우 일 년이면 슬슬 효과가 나타나고 삼 년이면 큰 성과를 볼 수 있다고 말했다. 큰 성과라는 게 만백성의 추대를 받은 왕처럼 천하를 놓고 말하는 건 아니라 해도 대단한 자신감이다. 진짜 사람다움이 무엇인지를 깨친다는 게 이렇게나 위력적인 것인가?

공자가 말했다.

"만일 어떤 사람이 먼저 자기 자신부터 똑바로 수습한다면 그런 사람은 정치에 뛰어들어도 아무 어려움이 없을 겁니다. 하지만 자기 한 몸도 똑바로 수습하지 못하면 어떻게 남을 바로 세울 수 있겠어요?"

子曰, 苟正其身矣, 於從政乎何有. 不能正其身, 如正人何.

제 말씀이요. 우리는 정치가 권력이라고만 생각해요. 그래서 거 짓말을 떼 놓고서는 정치를 생각하지 못할 정도로 정치판에는 거짓말이 난무하죠. 그런데 선생님은 앞 장에서 정치라는 것은 '정'正, 그러니까 올바르게 바로잡는 것이라고 말씀하시더니 여 기서 또다시 정치란 자신을 수습하고 남을 수습하는 것이라고 말씀하시네요. 정치가 올바르게 바로잡는 것이라는 생각이 사람 들 사이에 상식으로 자리 잡으면 부정직한 사람이 정치를 한다 고 나서는 건 자연스레 비웃을 가치도 없는 일이 되겠죠. 언제쯤 정치는 '정'正이라는 개념이 상식이 될 수 있을까요?

———————————— (13 - 14) ————————————

염유가 노나라 세력가인 계씨 집안의 참모로 있을 때의 일 이다. 염유가 야근하고 밤늦게 퇴근하자 공자가 물었다.
"왜 이리 늦게 왔나?"
염유가 대답했다.

303 "국정 운영에 관련해서 좀 처리해야 할 게 있었어요."
공자가 피식 웃더니 핀잔했다.
"계씨네 집안일이었겠지! 나랏일이었다면 내가 지금 관직 에 있지는 않지만 원로 자격으로 가서 듣지 않았겠어?"

冉子退朝. 子曰, 何晏也. 對曰, 有政. 子曰, 其事也. 如有政, 雖不吾以, 吾 其與聞之.

노나라 정공이 물었다.

"한마디면 나라를 확 일으킬 수 있는 그런 말이 있나요?"

공자가 대답했다.

"그런 능력이 있는 말은 없죠. 그런데 사람들이 '제대로 임금 노릇하기 어렵고 제대로 신하 노릇하기도 쉽지 않다'라고들 하더군요. 임금 노릇 제대로 하기가 어렵다는 걸 안다면 이 것이 나라를 일으킬 한마디 말이 될 수 있지 않을까요?"

정공이 또 물었다.

"한마디면 나라를 망칠 수 있는 그런 말도 있을까요?"

공자가 대답했다.

"아까와 마찬가지로 그런 능력이 있는 말은 없어요. 다만 사람들 말에 '나는 임금 된 것이 즐거운 게 아니라 내가 말을 하면 사람들이 내 말을 거스르지 않는 것이 즐거울 뿐이다' 라는 말이 있더군요. 만일 임금의 말이 참 좋은 말이라서 그 말을 거스르지 않는다면야 좋은 일이겠지만, 임금의 말이 옳지 못한데 아무도 그 말을 거스르지 않는다면 이거야말 로 나라를 망칠 수 있는 한마디 말이 아닐까요?"

304

定公問, 一言而可以興邦, 有諸. 孔子對曰, 言不可以若是其幾也. 人之言
曰, 爲君難, 爲臣不易. 如知爲君之難也, 不幾乎一言而興邦乎. 曰, 一言
而喪邦, 有諸. 孔子對曰, 言不可以若是其幾也. 人之言曰, 予無樂乎爲君,
唯其言而莫予違也. 如其善而莫之違也, 不亦善乎. 如不善而莫之違也,
不幾乎一言而喪邦乎.

정공도 어지간히 급했던 모양이다. 나라의 흥망을 결정할 수 있
는 한마디 말을 묻다니……. 하긴 뛰어난 언변을 가지고 있는 사
람의 경우, 그가 하는 대중 연설의 파급력이 엄청나긴 하다.

"나는 임금 된 것이 즐거운 게 아니라 내가 말을 하면 사람들이
내 말을 거스르지 않는 것이 즐거울 뿐이다." 아, 진짜 무서운 말
이다. 내 말을 거스르는 사람이 없는 게 권력의 맛일 것이다. 모
두 다 나를 좋아하고 나를 칭찬하고 나를 따르고……. 그러나 이
것은 국가도 망칠 수 있는 한마디 말!

섭공이 정치는 어떻게 하는 것인지 물었다.
"가까이 있는 사람은 그 다스림 안에서 행복해하고, 멀리 있
는 사람은 그게 부러워 다가오게 하는 거죠."

葉公問政. 子曰, 近者說, 遠者來.

305

자하가 노나라의 거보莒父라는 지역의 지도자 자리를 맡게
되었다. 이에 공자에게 정치는 어떻게 해야 하는 것인지를
물었다. 공자가 말했다.

"일을 빨리빨리 서둘러 하려고 하지 말게. 작은 이익에 눈이
돌아가서도 안 되네. 빨리 서두르면 오히려 목적지까지 가
지 못하고, 작은 이익에 눈이 돌아가면 큰일을 이루지 못하

게 되는 법이라네!"

子夏爲莒父宰, 問政. 子曰, 無欲速, 無見小利. 欲速, 則不達, 見小利, 則
大事不成.

'빨리 서두르면 오히려 목적지까지 가지 못한다'라는 뜻의 그 유
명한 욕속부달欲速不達이 나오는 부분. 자하에게는 이런 단점이
있었던 모양이다. 두 가지로 나누어 놓고 있지만 내 생각에 서두
르는 사람은 대개 규모도 크지 못한 것 같다. 조급증이 있으면 일
의 이런저런 면을 다 살펴야 하고 시기까지 살펴야 하는 큰 그림
은 아무래도 그려내기 어렵다. 그리고 실사 그림까지는 어떻게
그렸다 쳐도 지난한 시간을 끝끝내 견디며 그 그림을 현실화하
는 일까지 해낸다는 건 거의 불가능에 가깝다. 작은 이득에 급급
한 사람은 확실히 몸놀림이 좀 잰 편이다. 게을러서도 안 되지만
너무 얕고 빠르게 움직여서도 안 되는 이 속도 조절, 어렵지만 꿈
이 있다면 포기해서는 안 될 숙제이다.

─────────── (13 - 18) ───────────

306

섭공이 공자에게 자랑했다.
"우리 마을에 정직한 사람이 있는데요, 그 사람은요, 자기
아버지가 양을 훔치니까 자기가 나서서 자기 아버지가 도
둑질을 했다고 증언했어요."
공자가 이 말을 듣고 한심하다는 듯이 말했다.
"그쪽 동네에서 정직한 사람은 그런 사람인가 보죠? 우리

동네에서 정직한 사람은 그 사람이랑 좀 다르네요. 아버지는 자식을 위해 자식의 잘못을 숨겨 주고 자식은 아버지를 위해 아버지의 잘못을 숨겨 줘요. 정직도 아버지와 자식이라는 인륜이 먼저고 정직은 그 인륜 안에서 해결해야 하는 거죠."

葉公語孔子曰, 吾黨有直躬者, 其父攘羊, 而子證之. 孔子曰, 吾黨之直者 異於是, 父爲子隱, 子爲父隱. 直在其中矣.

혈족에 대한 정과 공공의 법질서, 어느 것이 우선하느냐 하는 부분은 어느 시대에나 논란이 되어 왔고 현명한 경계선을 찾아 법령 속에 표현하려 애써 왔다. 현행 형사소송법도 이런 인간적 정서를 중시하여 가정폭력 범죄를 제외하고는 자신과 배우자의 직계 존속과 비속 사이, 즉 부모 자식 간의 고소 고발을 인정하지 않는다.

『맹자』에 비슷한 도덕적 딜레마가 나온다. 맹자의 제자가 질문한다. 만약 천하의 성인인 순임금의 아버지가 살인을 저질렀다면 순임금은 어떻게 했을 것이며 당시의 판관 고요는 어떻게 했을 것인가. 맹자는 대답한다. 고요는 순임금의 아버지를 잡아넣었을 것이고, 순임금은 아버지를 업고 딴 나라로 도망갔을 것이라고. 사적인 정리를 좇아 공공의 질서를 배반한다면 사회의 구성원이기를 거부한 것이므로 사회가 주는 권익도 포기하는 것이 당연하다. 순임금의 행동은 거기에서 정당성을 얻는다.

관계가 부모 자식이라면 어느 정도 답이 명확해 보이지만, 그 관계의 범위를 넓혀 놓고 보면 이야기가 다르다. 우리 현실을 보면 더 넓은 범위에 대해서도 계속 이런 정서가 이어져 판단을 흐린 다는 것을 알 수 있다. 친족, 자신이 속한 회사나 조직……. 그래 서 오히려 내부 고발이 죄악시되고 있는 상황이다. 이러한 생각 이 너무 많은 질서를 해쳤다. 뭐든 쉬쉬하는 분위기는 내부를 온 통 곪아 터지게 만든다. 잘못한 건 드러내야 한다. 쉬쉬하고 울타 리 안에서 고쳐 보겠다는 것은 무쇠 소에 털 나기보다 어렵다. 나 는 내부 고발에 찬성이오. 지금 우리 사회에는 내부 고발이 꼭 필 요하오!

──────────── (13 - 19) ────────────

번지가 '온전한 인간다움'이 무엇이냐고 물었다. 공자가 말 했다.

"일상생활을 항상 공손하게 하고, 일을 할 때 경건하게 하 고, 사람들과의 교제는 진실하게 해라. 설령 문화적으로 낙후된 외국에 나갔다고 해도 이런 태도가 달라져서는 안 된다."

樊遲問仁. 子曰, 居處恭, 執事敬, 與人忠. 雖之夷狄, 不可棄也.

308

──────────── (13 - 20) ────────────

자공이 물었다.

"어떤 수준이 돼야 공직을 맡을 만한 지식인이라고 할 수 있 나요?"

공자가 말했다.

"무엇이 수치스러운 건지 알고 행동을 가려서 하고, 외국에 출장 가서 자기 나라를 욕먹게 하지 않으면 그런 지식인이라고 할 수 있지."

자공이 더 물었다.

"그 아래 등급은 어떻게 됩니까?"

"집안에서는 효성스럽다고 칭찬하고, 주변에서는 싹싹하다고 칭찬하는 사람."

자공이 만족하지 않고 또 물었다.

"그 아래 등급은 어떻게 됩니까?"

"말한 것은 지키고 할 일은 하는 사람. 좀 맹꽁이 같긴 해도, 그다음 등급이라고 할 만해."

자공이 질문 하나를 슬쩍 얹었다.

"그럼, 지금 정치하는 사람들은 어떤 등급인가요?"

공자가 탄식했다.

"아이참! 좀생이들까지 어떻게 다 일일이 등급을 매기란 말이냐!"

309 子貢問曰, 何如斯可謂之士矣. 子曰, 行己有恥, 使於四方, 不辱君命, 可謂士矣. 曰, 敢問其次. 曰, 宗族稱孝焉, 鄕黨稱弟焉. 曰, 敢問其次. 曰, 言必信, 行必果, 硜硜然小人哉. 抑亦可以爲次矣. 曰, 今之從政者, 何如. 子曰, 噫. 斗筲之人, 何足算也.

그러게요. 그때나 지금이나…….

때로는 귀엽고 멋진 남자

공자가 말했다.

"중도를 지켜서 행하는 사람과 함께할 수 없다면, 나는 꼭 과격한 사람 아니면 고집스러운 사람과 친구를 맺을 겁니다. 과격한 사람은 행동이 말을 따라가진 못하지만 그래도 뜻이 높아서 진취적이란 장점이 있고, 고집스러운 사람은 지식이 넓지 못해서 상황에 따라 응용을 잘 못하긴 해도 지조가 있다는 장점이 있거든요!"

子曰, 不得中行而與之, 必也狂狷乎. 狂者進取, 狷者有所不爲也.

음, 큰 뜻도 없는데 지조도 없고 과격한 데다 고집까지 세면 정말이지 최악이란 말이군!

공자가 한결같은 마음의 중요성을 말했다.

"남쪽 지방 사람들이 하는 말이 '사람이면서 한결같은 마음이 없으면 천한 무당이나 기술직 같은 일도 할 수 없다'라고 하던데, 정말 맞는 말이야!"

또 어느 날은 "인품을 한결같이 하지 않으면 수치가 뒤따른다"라는 『주역』「항괘」恒卦의 내용을 인용하면서, "그건 사실 점을 쳐 볼 필요도 없는 거지"라고 말하기도 했다.

子曰, 南人有言曰, 人而無恒, 不可以作巫醫. 善夫. 不恒其德, 或承之羞.
子曰, 不占而已矣.

한결같은 마음의 중요성. 맹자 역시 이를 역설한다. 공자는 항상
외부를 탓하기 전에 스스로 내 안을 들여다보라고 말한다. 문제는
너의 '안'에 있는 거라고. 수시로 변덕을 부리는 마음을 가지고 어
떤 일엔들 제대로 힘을 쏟을 수 있겠느냐고, 그리고 그렇게 왔다
갔다 한 그 마음으로 한 일의 결과가 믿을 만한 것이겠느냐고.

─────────────── (13 - 23) ───────────────

공자가 말했다.
"제대로 배운 지성인은 차이 속에서 조화를 이루지만 차이
가 없이 마냥 똑같아지는 방향으로는 가지 않습니다. 그러
나 생각이 짧은 사람은 똑같아지려고 하지 차이 속에서 조
화를 이루려 하지는 않죠."

子曰, 君子和而不同, 小人同而不和.

311

공자는 평등을 추구하지 않았다. 차이 속의 조화를 추구했다. 한
편으로는 동의할 수 있고 한편으로는 동의하기 어렵다. 차이가
다름을 의미하는 차이라면 차이가 인정되는 가운데 조화를 추구
해야 세상이 다채롭다. 그러나 차이가 계급도 의미하는 차이라면
그런 차이는 많은 이를 절망으로 빠뜨린다. 차이가 무엇을 의미
하느냐가 관건이라 하겠다.

자공이 물었다.

"어떤 사람이 있는데요, 주변 사람이 모두 그를 좋아해요. 그 사람은 어떻습니까?"

공자가 말했다.

"쫌 그런데?"

"그럼 주변 사람이 그를 모두 싫어하면요? 그 사람은 어떻습니까?"

"그것도 쫌 그런데? 주변 사람 중에서 착한 사람은 좋아하고 못된 사람은 싫어하는 사람이 낫지 않겠냐?"

子貢問曰, 鄕人皆好之, 何如. 子曰, 未可也. 鄕人皆惡之, 何如. 子曰, 未可也, 不如鄕人之善者好之, 其不善者惡之.

누구에게든 칭찬받는 사람이 진짜 좋은 사람은 아니다. 좋은 사람이 칭찬하고 나쁜 사람이 욕하는 사람이라야 진짜 좋은 사람이다. 그렇지 않겠는가? 좋은 사람도 나쁜 사람도 모두 칭찬하면 그 사람은 진짜 좋은 사람이 아니라 알쏭달쏭한 사람이라고 봐야 맞겠지. 그래도 나는 평판에 종종 속는다. 그리고 나 자신에 대해 생각해 봐도 누구든, 나에 대해 말하는 사람이면, 그 사람이 착하든 말든 나에 대해서는 칭찬만 해 주기를 바란다. 가만 생각해 보면 아주 이상한 노릇이다. 매우 비논리적이다.

312

공자가 말했다.

"바른 리더십을 갖춘 상사는 모시기는 쉬운데 기분 좋게 하기는 어렵습니다. 기분 좋게 하려고 한 일도 올바른 방법으로 했는지를 살펴보고 방법이 옳지 않았다면 좋아하지 않기 때문이죠. 하지만 그 사람이 아랫사람을 부릴 때는 아랫사람의 그릇을 살펴서 딱 맞게 시키기 때문에 모시기가 쉬워요. 반대로 인품과 능력은 볼품없는데 지위만 높아진 상사라면 모시기는 어렵지만 기분 좋게 하기는 쉽습니다. 올바른 방법이든 뭐든 자기 기분 좋게 해 주려고 취향에 맞춰 한 일이면 죄다 좋아하거든요. 그러나 그 사람이 아랫사람을 부릴 때는 아랫사람의 그릇을 고려하기는커녕 온갖 능력을 다 갖추고 있기를 바라기 때문에 모시기가 어렵습니다."

子曰, 君子易事而難說也. 說之不以道, 不說也, 及其使人也, 器之. 小人難事而易說也. 說之雖不以道, 說也, 及其使人也, 求備焉.

공자가 말했다.

"자신의 공부가 인품과 분리되지 않은 지성인은 자신감이 있으면서도 거만을 떨지 않습니다. 그러나 그 둘이 분리되어 버린 사람은 거만은 되게 떠는데 스스로에 대한 자신감은 없는 법이지요."

子曰, 君子泰而不驕, 小人驕而不泰.

거만한 것과 자신감은 다르다. 거만을 떨고 교만을 보이는데 안으로 들어가 보면 자신감은 전혀 없는 경우도 꽤 있다. 자신감이 없어서 되레 거만을 떨어 나름의 보호막을 치는 것이다. 지위에 집착하거나 명품에 집착하는 것도 어쩌면 실제로 내 안에 있어야 하는 스스로에 대한 자신감이 없어 외부에서 그것을 얻으려 하는 행동인지도 모른다.

——————————————— (13 - 27) ———————————————

공자가 말했다.
"강직하고, 의지가 굳고, 꾸밈없이 소박하고, 말이 어눌하다면 사람다움을 위한 기본 품성은 거의 갖춘 것이다."

子曰, 剛毅木訥近仁.

——————————————— (13 - 28) ———————————————

자로가 물었다.
"어떻게 행동해야 지식인이라고 할 수 있나요?"
공자가 말했다.
"간곡하고 자상하게 옳은 길로 서로 다잡아 이끌어야 하고 화목하게 지낸다면 지식인이라고 할 수 있지. (아참, 너 자로지? 헷갈리지 말고) 벗끼리는 간곡하고 자상하게 옳은 길

로 서로 다잡아 이끌어야 하고, 형제끼리는 화목하게 지내
야 하는 거네."

子路問曰, 何如, 斯可謂之士矣. 子曰, 切切偲偲, 怡怡如也, 可謂士矣. 朋
友切切偲偲, 兄弟怡怡.

———————————— (13 - 29) ————————————

공자가 말했다.
"선한 지도자가 백성을 칠 년 동안 가르치고 나면 이들을 전
쟁에 내보낼 수 있게 됩니다."

子曰, 善人敎民七年, 亦可以卽戎矣.

『맹자』「양혜왕 상」梁惠王上 편에 보면, 양나라 혜왕이 강대했던
나라가 자꾸만 전쟁에 패해 오그라든다면서 어떻게 해야 한번
제대로 설욕전을 치러 볼 수 있겠느냐고 맹자에게 묻는 장면이
나온다. 그러자 맹자는 먼저 형벌을 줄이고 세금을 가볍게 해서
백성에게 살 만한 나라를 만들어 주라고 한다. 그렇게 해서 백성
의 살림이 좀 펴지면 그때 백성에게 인륜을 교육하라고, 그렇게
해서 백성이 인륜을 깨치고 또 자신이 나라로부터 보호받고 있
음을 실제로 느끼게 되면 기꺼이 윗사람을 위해 목숨을 바치게
될 것이라고 말한다.
칠 년의 교육 기회가 제공되어야 전쟁에 내보낼 수 있다고 했지,
그냥 전쟁에 내보낼 수 있다고는 안 했다. 그것도 선한 지도자가

315

있어야 한다고 했지, 그냥 지도자라고는 안 했다.

─────────────── (13 - 30) ───────────────

공자가 말했다.

"백성을 가르치고 훈련하지 않고서 전쟁에 내보낸다면, 이
것을 바로 그들을 개죽음으로 몰고 가는 짓이라고 하는
거지!"

子曰, 以不敎民戰, 是謂棄之.

앞 장과 이어서 볼 수 있는 내용이다. 제왕의 시대에도 백성은 도
구여서는 안 되는 존재였다. 하물며 백성이 주인인 시대에야!

헌문

—

이름난 사람들에 대한
이야기

憲問

원헌原憲이 수치스러움이 무엇이냐고 물었다. 공자가 말했다.

"정의로운 정부에서도 공직을 맡고 불의한 정부에서도 공직을 맡는다. 그런 걸 수치라 그러는 거지."

憲問恥. 子曰, 邦有道, 穀, 邦無道, 穀, 恥也.

공직에 나가서 잘못된 것을 바로잡기도 해야겠지만, 이를테면 법과 정의기 무너진 나라에서 검사 판사 뇌었다고 젠체하고 목에 힘준다면 그건 수치스러운 일이겠지. 공직에 있는 이유가 뻔하니까.

원헌이 또 물었다.

"남을 기어이 이겨 먹으려 하지 않고, 자랑질하지 않고, 남에 대해 원망하지 않고, 탐욕을 부리지 않으면 '온전한 사람다움'을 이루었다고 할 수 있을까요?"

공자가 말했다.

"그게 어려운 일이긴 하지. 그렇지만 그걸 온전한 사람다움이냐고 묻는다면 그건 잘 모르겠네."

320

克伐怨欲不行焉, 可以爲仁矣. 子曰, 可以爲難矣, 仁則吾不知也.

공자가 말했다.

"배웠다는 사람이 편안한 삶을 꿈꾼다면 제대로 배운 사람이라고 할 수 없습니다."

子曰, 士而懷居, 不足以爲士矣.

배운다는 건 편안하고 안락한 삶을 포기하는 걸 말한다. 대개는 주로 그 반대의 이유로 배우는데……. 편안하게 안락하게 부유하게 살려고 배우는데…….

공자가 말했다.

"나라가 바른길로 가고 있다면 대차게 말하고 대차게 행동해야 합니다. 그러나 나라가 잘못된 길로 가고 있는 경우에는 행동은 대차게 해야 하지만 말은 기를 한풀 꺾어서 부드럽게 해야 하지요."

321

子曰, 邦有道, 危言危行, 邦無道, 危行言孫.

나라가 잘못된 길로 가고 있을 때 지식인은 종종 이와 반대로 말은 직언인 듯한 냉소를 내뱉지만 정작 행동은 대차지 못할 때가 많다. 기를 한풀 꺾어 부드럽게 말하는 건 내 말이 먹히길 바라기 때문이다. 그런 바람 때문에 행동은 대차지만 말은 어세가 부드러운 것이다. 냉소에는 그런 바람이 없다. 그래서 냉소는 말은 뾰족하고 행동은 없는 것이다. 공자 선생님의 이 말 앞에서 나는 나의 냉소가 떠올라 한없이 부끄러워진다.

─────────── (14 - 5) ───────────

공자가 말했다.

"바른 인품을 지닌 사람은 반드시 옳은 말을 합니다. 그러나 옳은 말을 한다고 해서 꼭 바른 인품을 지니고 있는 건 아니죠. 사람다움을 온전하게 갖춘 사람은 반드시 용감하게 행동합니다. 그러나 용감한 행동을 한다고 해서 꼭 사람다움을 온전하게 갖추고 있는 것은 아니에요."

子曰, 有德者必有言, 有言者不必有德. 仁者必有勇, 勇者不必有仁.

─────────── (14 - 6) ───────────

제자 남궁괄南宮适이 공자에게 물었다.

"예羿라는 사람은 둘째가라면 서러운 명사수였고, 오奡라는 사람은 힘이 얼마나 셌던지 육지에서도 배를 끌고 다닐 정도였죠. 근데 둘 다 제명에 죽지 못했어요. 하지만 우임금과 직稷은 직접 농사나 지으며 살았는데도 결국은 천하를 얻었고요. 어떻게 생각하세요?"

공자가 아무런 대답도 하지 않았다. 남궁괄이 나간 뒤 공자가 말했다.

"저 녀석 참 사람이 됐어! 저 녀석은 힘이 아니라 내면의 가치를 더 높이 치고 있잖아!"

남궁괄은 제5편 「공야장」에 나오는 남용(110쪽)의 본명이다.

南宮适問於孔子曰, 羿善射, 奡盪舟, 俱不得其死然. 禹稷躬稼而有天下.
夫子不答. 南宮适出, 子曰, 君子哉, 若人. 尙德哉, 若人.

──────── (14 - 7) ────────

공자가 말했다.

"인격을 닦은 지성인이라 해도 온전한 사람다움을 다 갖추지는 못한 경우가 있을 수 있어요. 그렇지만 학문도 짧고 인품도 닦이지 못한 시시한 사람이면서 온전한 사람다움을 갖춘 경우는 없습니다."

子曰, 君子而不仁者有矣夫, 未有小人而仁者也.

──────── (14 - 8) ────────

공자가 말했다.

"누군가를 사랑한다면, 그 사랑하는 사람이 아무 노력하는 것 없이 편안하게 지내도록 놔둘 수만은 없습니다. 누군가를 진심으로 위한다면, 그 사람이 잘못한 것을 깨닫도록 깨우쳐 주지 않을 수 없습니다."

子曰, 愛之, 能勿勞乎. 忠焉, 能勿誨乎.

사랑한다는 이유로, 진심으로 위한다는 이유로 우리는 상대방을
망쳐 버릴 때가 참 많은 것 같다. 사랑하니까 뭐든 해 볼 수 있도
록 모든 기회를 다 주고, 위험해 보이는 길에는 발도 들여놓지 못
하게 하고, 그가 잘못하거든 내가 대신 가서 사과하고 물어 준다.
우리는 사랑하는 사람을, 내 전부를 던지는 사람을 그렇게 망쳐
가고 있다.

──────────── (14 - 9) ────────────

공자가 말했다.
"정나라에서는 말입니다. 외교 문서를 작성하라는 명이 떨
어지면, 네 명의 전문가가 모입니다. 초안을 작성하는 사람,
그 초안의 내용을 검토해서 의견을 첨부하는 사람, 외교 문
서에 알맞은 형식으로 손보는 사람, 그리고 마지막으로 문
장을 유려하게 다듬는 사람. 이렇게 넷이 모여서 최상의 외
교 문서를 내놓았습니다."

子曰, 爲命, 裨諶草創之, 世叔討論之, 行人子羽脩飾之, 東里子産潤色之.

정나라는 사통팔달한 위치에 자리 잡고 있었다. 교역에 좋을 수
도 있지만 외침에 무방비 상태이기 때문에 안전하지 못했다. 그
래서 외교술이 많이 발달했던 것 같다. 외교 문서도 각자의 분야
에서 뛰어난 네 명이 각자의 재능을 발휘해서 작성했다. 물 샐 틈

이 없다. 전쟁보다는 외교다. 우리의 외교력은 어느 수준인가? 지금으로부터 무려 2600여 년 전에도 외교 문서 하나가 이렇게 만들어져서 나라를 지켰다는 사실이 오늘 우리를 각성하게 한다.

원문에는 지금 우리는 몰라도 좋은 영역별 전문가가 실명으로 등장한다. 비심裨諶, 세숙世叔, 외교관 자우子羽, 동리東里에 사는 자산子産이 그들이다.

정나라 자산이 어떤 사람이었느냐고 누군가 질문했다. 공자가 말했다.

"인정 넘치는 사람이었죠."

그러니까 이번에는 초나라 자서子西에 대해 물었다. 공자가 말했다.

"그 인간 참……! 아, 그 인간 정말……!"

그럼 관중은 어떠냐고 물었다. 공자가 말했다.

"인물은 인물이죠. 제나라 환공이 관중을 기용하고 나서 대부 백씨伯氏의 영지를 몽땅 빼앗아서 관중에게 넘겨줬어요. 그래서 백씨는 하루아침에 빈털터리가 됐죠. 그런데 죽을 때까지 관중을 원망하지 않았어요. 관중은 그 정도였죠."

或問子産. 子曰, 惠人也. 問子西. 曰, 彼哉, 彼哉. 問管仲. 曰, 人也. 奪伯氏駢邑三百, 飯疏食, 沒齒無怨言.

정나라 자산은 춘추 시대에 정치력과 외교력을 인정받은 대표적

인물이자 백성에게 넉넉하게 베풀 줄아는 인품을 지녔던 사람으로 일컬어진다.

자서는 아주 확실치가 않아서 몇 가지 설이 존재하는데, 초나라 공자 신申이란 설과 정나라 자산의 사촌 동생으로 자산이 죽은 뒤 정나라 정치를 물려받아 행했던 공손하公孫夏라는 설이 비교적 유력하다. 초나라 공자 신은 왕위를 양보하는 인덕을 지닌 사람이기도 했으나 초나라 임금이 공자를 등용하려 하자 극구 말려서 공자가 강대국의 정계에 진출하는 것을 막았던 사람이기도 했다. 시기적으로 봤을 때는 공자가 평가해도 무리가 없을 만큼 아주 멀지도 가깝지도 않게 떨어져 있는 공손하가 자서일 거 같은데, "아, 그 인간 정말……!"이라고 말한 걸로 봐서는 공자 신이 자서일 것 같기도 하다.

관중은 제나라 환공을 도와 제나라를 반석 위에 세운 명재상이다(제3편 「팔일」 22장(85쪽) 참조). 공자는 여기서 그에 대해 평가하면서 '사람'人이라고만 했다. 해석이 분분한 부분이다. '이 사람은'此人이라고 보기도 하고 '인재이다'로 해석하기도 한다. 여기서는 '인재이다'의 해석을 취했다.

──────── (14 - 11) ────────　326

공자가 말했다.

"가난하면서 세상을 원망하지 않는 것은 어렵지만, 부유하면서 거만을 떨지 않는 것은 상대적으로 좀 쉽지요."

子曰, 貧而無怨, 難, 富而無驕, 易.

근데 가난하면서 세상 좀 원망해도 되지 않나? 세상이 그렇게 공정한 곳도 아니지 않은가? 세상'만' 원망하고 있으면 안 되겠지만 세상을 원망하는 눈도 필요하지 싶다. 내 개인적인 생각에는 말이다.

———————————— (14 - 12) ————————————

공자가 말했다.

"노나라 대부인 맹공작孟公綽은 청렴하고 인품이 뛰어나니 큰 조직에서 자문 역할을 맡는다면 아마 잘 해낼 것입니다. 그러나 재능이나 통솔력은 좀 부족하죠. 그래서 작은 조직이라도 일선에서 조직을 끌고 나가는 역할을 맡겨서는 안 됩니다."

子曰, 孟公綽爲趙魏老則優, 不可以爲滕薛大夫.

사람은 참 복합적인 존재다. 선과 악, 잘하고 못하고, 그렇게 딱 극단적으로 판단할 수 있었으면 좋겠지만 한 사람에게는 여러 가지 장단점이 뒤섞여 있다. 그래서 판단이 참 힘들다. 종종 회사에서 직원끼리 이런 질문을 한다. "만약에 상사를 선택한다면 말야. 한 명은 되게 청렴해. 진짜 인품도 좋아. 다만 일을 못해. 그래서 부하 직원을 좀 힘들게 하는 사람이야. 또 반면에 다른 한 명은 좀 구려. 약간 돈을 좀 해 먹는 것 같기도 하고 사생활도 문란해. 근데 일은 완전 잘해. 프로젝트를 막 따 오고, 맡은 일 뒤처리도 깔끔해. 너는 누굴 선택할래?" 누굴 선택해야 할까?

327

공자는 인재 등용과 인재 배치가 정치의 전부라고 해도 과언이
아닐 만큼 사람을 제대로 보는 것과 파악하는 것을 중요시했다.
일을 시킬지 말지가 중요한 것이 아니라 어떤 일을 어떤 위치에
서 얼마나 하게 할 것인가가 중요하다.

───────────────── (14 - 13) ─────────────────

자로가 '완벽한 인간'이란 어떤 사람이냐고 물었다. 공자가
말했다.

"일단 나라에서 알아줄 정도로 지혜롭고, 욕심 없는 사람의
대명사가 될 만큼 욕심이 없고, 그 사람이 무서워서 다른 나
라에서 쳐들어오지 못할 정도로 용기가 넘치고, 어떤 일이
주어져도 어렵잖게 해낼 수 있을 만큼 다재다능해야 하네.
그리고 그런 조건에다가 더불어 사는 삶의 질서와 문화적
감수성을 더해서 품격을 높이면, 그 정도면 완벽한 인간이
라고 할 수 있겠지."

(아 참, 너 자로지?) 잠시 있다가 한마디 덧붙였다.

"하지만 오늘날 '완벽한 인간'이라면 뭐 굳이 그렇게까지 할
것 있겠나? 이익이 보이거든 의로운 것인가 생각해 보고,
사회에 위기가 닥치면 목숨을 바칠 것을 생각하고, 오랫동
안 힘겹게 살아도 평소에 했던 말을 잊지 않고 끝끝내 지켜
낸다면, 그 정도라도 완벽한 인간이라고 할 수 있겠지."

328

子路問成人. 子曰, 若臧武仲之知, 公綽之不欲, 卞莊子之勇, 冉求之藝,
文之以禮樂, 亦可以爲成人矣. 曰, 今之成人者, 何必然. 見利思義, 見危

授命, 久要不忘平生之言, 亦可以爲成人矣.

아아, 지혜와 어진 성품과 용기에, 능력에, 사회적 질서에 대한 감각과 문화적 감수성까지! 이익을 보면 의를 생각하고, 목숨을 바쳐 타인을 지키고, 내 상황과 상관없이 지조를 지켜 내는 것까지! 그러니까 '완벽'이겠지! 그런데 이 대화는 완벽까진 안 되더라도 어떻게 사는 것이 인간다운 삶인가 하는 질문에 대해, 공자가 어떤 사람을 '인간다운 인간'이라고 생각했는지에 대해 힌트를 주는 것 같다.

원문에서는 장무중臧武仲의 지혜, 맹공작의 욕심 없음, 변장자卞莊子의 용기, 염유의 재주라고 당시 그 방면으로 유명했던 이들의 이름을 들어 말하고 있다. 장무중은 노나라 대부로서 지혜로 명성이 높았다. 그는 제나라에 갔을 때 장공莊公이 화를 당할 것을 예견하여 그가 내려 주는 영지를 받지 않는 기지를 발휘한 바 있다. 맹공작은 바로 이 앞 장에서 등장한 인물로서 청렴으로 이름이 높았다. 변장자는 노나라 대부로 매우 용맹하였다. 강대국 제나라는 바로 이 변장자를 두려워하여 노나라를 치지 못하였다고 한다.

──── (14 - 14) ────

공자가 공명가公明賈에게 공숙문자公叔文子에 대해 물었다.
"진짜로 그 선생님은 함부로 말하는 법이 없고, 웃음이 헤프지 않고, 뭘 욕심내서 가지는 일이 없었나요?"
공명가가 대답했다.

"에이, 말해 준 사람이 지나쳤네요. 그 선생님께서는 말해야
할 때 말하기 때문에 사람들이 그분의 말을 싫어하지 않고,
억지로 웃는 법 없이 진짜로 즐거워지면 그때 웃기 때문에
사람들이 그 웃음을 싫어하지 않고, 먼저 따져 봐서 받아야
할 것이어야 받기 때문에 사람들이 그분이 뭘 가져도 싫어
하지 않은 거예요."

공자가 놀랍다는 듯 되물었다.

"예? 정말로 그분이 그런가요? 어떻게 그런 수준이실 수가
있죠?"

子問公叔文子於公明賈曰, 信乎, 夫子不言, 不笑, 不取乎. 公明賈對曰,
以告者過也. 夫子時然後言, 人不厭其言, 樂然後笑, 人不厭其笑, 義然後
取, 人不厭其取. 子曰, 其然, 豈其然乎.

공숙문자는 위나라의 대부이다. 공명가 역시 위나라 사람이다. 공
숙문자가 위나라의 위인으로 명성이 자자했던 모양이다. 그 명성
의 내용은 공자의 말을 미루어 짐작해 볼 수 있다. 공명가는 말해
준 사람이 지나쳤다고 했지만 공명가가 말한 내용이 더 대단하다.
차라리 풍문으로 들리는 말이라면 항상 어느 때고 그런 사람이니
까 그리 대단할 것이 없을 수도 있을 것 같다. 그러나 공명가의 말
대로라면 공숙문자는 상황과 시기에 가장 적절하게 판단해서 움
직이는 사람인 셈이니, '진짜로' 대단한 사람인 것이다. 그래서 공
자가 공명가의 말에 적잖이 놀라 저런 반응을 보였던 것이다.

공자가 말했다.

"장무중은 정변을 일으켰다가 실패해서 망명을 떠났다가 자기 땅인 방防 땅으로 돌아와서는 노나라 임금에게 방 땅을 나라에서 몰수하지 말고 자기 아들을 그곳 후계자로 세워 줄 것을 요구했지요. 그러면 자기가 이 나라를 떠나겠다고요. 이 사건에서 장무중은 자신이 임금을 협박한 일이 없었다고 하지만 저는 그 말 안 믿습니다. 에이, 어떻게 믿어요?"

子曰, 臧武仲以防求爲後於魯, 雖曰不要君, 吾不信也.

장무중은 공자에게 지혜롭다고 인정을 받은 인물이기는 하나 계손씨와 맹손씨의 싸움에 휘말려 망명까지 하게 되었던 인물이다. 망명했다가 돌아와 먼저 자기 땅으로 돌아가 거점을 마련했다. 정변을 일으켰다가 실패해서 망명했으니 자기 가문이 나라로부터 받았던 땅을 몰수당할 수도 있는 것. 그래서 그는 몰수하지 말아 줄 것을 요구했는데, 다만 타국에서 요구하거나 조정에 들어가서 요구한 것이 아니라 망명지에서 곧장 자기 땅으로 돌아가 거기에 자리를 잡고 요구했던 것이다. 이건 '안 들어주면 이판사판 이 땅으로 반란을 일으킬 겁니다'라는 뜻. 협박의 색채가 농후하다. 그 뉘앙스를 공자 선생님께 딱 걸린 것.

331

공자가 말했다.

"진晉나라 문공文公은 속임수도 쓰고 올바르지 않았지만, 제나라 환공은 올바르게 행동했고 속임수도 쓰지 않았습니다."

子曰, 晉文公譎而不正, 齊桓公正而不譎.

제 환공과 진 문공은 춘추 시대를 주름잡았던 패자霸者인데, 제 한공의 경우 주니리 왕실 위에 서려고 하지 않고 왕실의 명분을 세워 줬다. 그래서 공자는 제 환공을 높이 쳐주었다. 진 문공은 제후들의 맹약을 주도하면서 천자더러 어디로 오라 마라 했다. 공자는 이를 제후가 천자를 대하는 예가 아니라고 했다. 전쟁을 할 때도 제 환공은 작은 술수는 쓰지 않았는데 진 문공은 잔꾀를 좀 써서 이기곤 했다. 공자는 그것도 마음에 들어 하지 않았다.

자로가 말했다.

"제나라 환공이 왕위를 놓고 권력 다툼을 벌이다가 결국 승자가 되어서 자기 형인 공자 규糾를 죽였잖아요? 그러니까 규의 사부였던 소홀召忽은 규를 따라 죽었는데, 관중은 소홀과 같이 규의 사부였으면서도 따라 죽지 않았어요. 그렇다면 관중은 진짜 사람다운 사람이 못 되는 거겠죠?"

공자가 말했다.

"환공은 혼란한 시대에 국가들의 연합을 아홉 번이나 이끌어 냈어. 근데 그 연합이란 게 무력으로 밀어붙인 군사 동맹 같은 게 아니라 다 평화 연합이었단 말이지. 진짜 대단하지 않나? 그걸 물밑에서 이뤄 낸 게 누구인가? 관중이네. 다 관중의 힘이었지. 관중만큼 멋진 사람이 어디 있겠나? 누가 관중만큼 멋지게 사람다울 수 있겠냔 말일세!"

子路曰, 桓公殺公子糾, 召忽死之, 管仲不死, 曰, 未仁乎. 子曰, 桓公九合諸侯, 不以兵車, 管仲之力也. 如其仁, 如其仁.

이런 점에서 난 공자가 좋다. 진짜 의리라는 게 뭔지 넓은 시야로 세상을 보라고 말해 주는 것 같기 때문이다. 주군을 위해 죽음을 바치는 것만이 신하의 의리일까? 사람에 대한 의리로 한 나라의 신하가 되는 것이 옳은지, 나라와 백성에 대한 비전으로 한 나라의 신하가 되는 것이 옳은지 생각해 본다면, 나는 후자라고 생각한다. 목숨을 바쳐 섬기는 대상이 나라와 백성이 아니라 주군이 되어 버리면 멀쩡하게 능력과 인품을 갖춘 신하가 폭군을 위해 죽기도 하고, 자기가 모신 주군을 따라 죽어야 하기 때문에 멋진 나라를 만들고자 애써 갈고닦은 능력 한번 펼쳐 보지 못하고 죽음에 몸을 던져야 하기도 한다. 가까이서 보면 그럴듯할 수도 있지만 멀리서 보면, 혹은 큰 그림으로 보면 아무래도 비합리적인 그림. 주군에 대한 충을 이야기하는 제자에게 나라와 백성에 대한 충을 이야기하는 공자가 그래서 멋있다.

자공이 말했다.

"관중은 제대로 사람답지는 못한 사람 아닌가요? 제나라 환
공이 자기 형인 공자 규를 죽였을 때 자기 주군인 규를 따라
죽지 못하고 되레 환공의 신하가 되어 환공을 도왔잖아요."

공자가 말했다.

"관중은 환공을 도와서 그가 제후 중 가장 강한 자가 되게
해서 세상을 한번 제대로 바로잡았지. 그래서 백성이 지금
까지 그 혜택을 누리고 있네. 관중이 아니었으면 우리는 아
마 머리를 풀어 헤치고 옷섶을 왼쪽으로 여미는 오랑캐가
되어 있을걸? 이런 걸 어떻게 자그마한 신의를 지키겠다고
평범한 사람들이 개천에서 목매어 자살하는 거랑 비교할
수 있겠나?"

子貢曰, 管仲非仁者與. 桓公殺公子糾, 不能死, 又相之. 子曰, 管仲相桓
公, 霸諸侯, 一匡天下, 民到于今受其賜. 微管仲, 吾其被髮左衽矣. 豈若
匹夫匹婦之爲諒也, 自經於溝瀆而莫之知也.

공숙문자 집안의 참모를 하던 선僎이란 사람이 공숙문자의
추천을 받아 공직자가 되어서는 공숙문자와 같은 지위에서
함께 나랏일을 보게 되었다. 이 소식을 들은 공자가 말했다.

"이야! 공숙문자는 '문'文이라는 시호를 받을 만하구먼!"

公叔文子之臣大夫僎, 與文子, 同升諸公. 子聞之, 曰, 可以爲文矣.

자기가 부리던 사람의 재주를 알아보고 대의를 위해 자기랑 같은 지위가 되는 것도 불사한다? 대단한 사람이다. 제5편 「공야장」 14장(120쪽)에 보면, 공자는 배우는 데 부지런하고 아랫사람에게 묻는 것을 부끄러워하지 않는 사람에게 내리는 시호를 문文이라 했다.

──────────── (14 - 20) ────────────

공자가 위나라 영공이 폭정을 일삼고 있는 데 대해 말하자 계강자가 물었다.
"그런데 왜 망하지 않나요?"
공자가 말했다.
"외교와 국가 의례, 군사 행정을 모두 내로라하는 능력자들이 맡고 있거든요. 나라의 핵심 분야가 제대로 돌아가고 있는데 나라가 어떻게 망하겠어요?"

335   子言衛靈公之無道也, 康子曰, 夫如是, 奚而不喪. 孔子曰, 仲叔圉治賓客,
祝鮀治宗廟, 王孫賈治軍旅. 夫如是, 奚其喪.

지도자의 가장 큰 능력은 인재를 알아보고 적재적소에 배치하고, 그렇게 배치했으면 시시콜콜 상관하지 않고 맡겨 주는 것이다. 최고 권력자가 제멋대로 날뛰어도 그 날뛰는 게 중요 부서를 일일이 쥐고 흔드는 것으로 날뛰는 것이 아니면 그 조직은 꽤 오랫동안 안전할 수 있다. 이런 부분을 보면 공자는 꽤 현실적이다.

─────────────── (14 - 21) ───────────────

공자가 말했다.

"호기롭게 장담하는 게 부끄러운 짓인지 모르면 나중에 그 거 실천하느라 된통 당하고 말죠!"

子曰, 其言之不怍, 則爲之也, 難.

"내 손에 장을 지져!"라고 하시는 분은 손에 꼭 장을 지져 드려 야 한다. "내 성을 갈아!"라고 하시는 분은 성을 꼭 갈아 드려야 한다.

─────────────── (14 - 22) ───────────────

제나라 진성자陳成子가 그 군주인 간공簡公을 시해했다. 공 자가 목욕재계를 하여 몸과 마음을 가다듬고서 조정에 나 아가 노나라 애공에게 비장하게 말했다.

"진항陳恒이 그 군주를 시해하는, 있을 수도 없고 있어서도 안 되는 일을 저질렀습니다. 임금께서는 군대를 일으켜 그 를 쳐서 그 죄를 만천하에 드러내소서!"

애공이 한발 빼며 말했다.

"내가 무슨 힘이 있다고…… 일단 저 맹손씨, 숙손씨, 계손씨 에게 말해 보구려."

공자가 혼잣말로 탄식했다.

"내가 한때 그래도 나랏일을 맡았기 때문에 이렇게 중대한 일을 임금께 아뢰지 않을 수가 없어 아뢰었건만 임금께서는 일단 저 맹손씨, 숙손씨, 계손씨에게 말해 보라고 하시는구나!"

임금의 지시가 있었으므로 공자는 부득이 세 실권자에게 가서 진항을 쳐서 그 죄를 만천하에 드러내야 한다고 말했다. 그러나 세 실권자는 그렇게 할 수 없다고 답했다. 결국 무산되어 버린 이 일 앞에서 공자가 다시 탄식했다.

"내가 한때 그래도 나랏일을 맡았기 때문에 이렇게 중대한 일을 말하지 않을 수 없었다!"

陳成子弑簡公. 孔子沐浴而朝, 告於哀公曰, 陳恒弑其君, 請討之. 公曰, 告夫三子. 孔子曰, 以吾從大夫之後, 不敢不告也. 君曰告夫三子者. 之三子告, 不可. 孔子曰, 以吾從大夫之後, 不敢不告也.

진성자의 이름이 항恒이다. 춘추 시대는 임금과 신하의 질서가 무너진 시대였다. 공자는 그 흐름을 돌이키려 했다. 불가능한 일이었다. 맹손씨, 숙손씨, 계손씨가 진항과 같은 존재인데 진항을 칠 리가 없다. 임금은 이미 스스로 허수아비 임금임을 온전히 받아들이고 있다. 공자의 바람 따위 아랑곳하지 않고 시대는 이보다 훨씬 더 무질서해지는 전국 시대를 향해 달리고 있었다.

자로가 리더를 어떻게 보좌해야 하는지에 대해 물었다. 공자가 말했다.

"속이지 말아야 하네. 그리고 리더가 올바르지 않은 길을 걸으면 그의 얼굴이 분노로 폭발하든 말든 신경 쓰지 말고 아주 대놓고 지적해야 하네."

子路問事君. 子曰, 勿欺也, 而犯之.

직장에서 리더의 표정을 보지 않고 그의 잘못을 있는 그대로 지적하는 아랫사람의 수명은 얼마나 갈 수 있을까? 그런데 또 그런 아랫사람이 한 명도 없는 조직의 수명은 얼마나 갈 수 있을까?

공자가 말했다.

"인간다움에 뜻을 둔 지성인은 위로 세상과 인생의 도리와 이치에 환하고, 먹고사는 일만 걱정하는 그저 그런 인간은 아래로 눈앞의 이익에만 빠하죠."

子曰, 君子上達, 小人下達.

공자가 말했다.

"옛날에 학문하던 사람들은 그 학문을 통해 자기가 올바르게 되어 가고 있는지 몰두했습니다. 그런데 요즘에 학문하는 사람들은 어떻게 하면 남의 눈에 들까 하는 데에만 혈안이 돼 있더군요."

子曰, 古之學者, 爲己, 今之學者, 爲人.

왜 공부하나? 왜 배우나? 사람이 되는 거 따위 우린 개나 줘 버린 것 같다. 오로지 스펙, 좋은 직장 구하기 위한 스펙을 쌓는 것이 공부의 이유. 명품을 입고 명품을 들고 자가용을 타고 넓고 화려한 집에서 살면서 이웃이 울든 말든, 굶든 말든, 죽든 말든 상관없다는 사람 모습을 한, 사람 아닌 존재로 가득 찬 세상을 만들기 위해 우리는 '굳이' 젊음을 희생하며 엄청난 비용을 치러 가며 학교에 간다, 학원에 간다, 해외 연수를 떠난다.

거백옥蘧伯玉이 공자에게 심부름꾼을 보냈다. 공자가 그 심부름 온 사람과 함께 잠시 이야기를 나누었다.

"거백옥 선생님은 요즘 무슨 일에 마음을 쏟고 계신가?"

심부름 온 사람이 대답했다.

"선생님께서는 잘못을 최대한 줄이려고 노력하고 계십니

다. 그렇지만 아직 제대로 잘 되지는 않으시는 모양이에요."
심부름 온 사람이 그 집에서 나가자 공자가 말했다.
"아, 저 심부름꾼 참 괜찮은 사람인데? 아, 참 괜찮은 사람이야!"

蘧伯玉使人於孔子. 孔子與之坐而問焉, 曰, 夫子何爲. 對曰, 夫子欲寡其過而未能也. 使者出, 子曰, 使乎, 使乎.

거백옥은 위나라 대부이다. 그는 늘 자신을 반성할 줄 아는 사람으로 공자도 그를 꽤 괜찮은 사람이라고 했다. 거백옥에게서 온 심부름꾼은 누구 앞인지 따지지도 않고 자기 윗사람만 생각해서 마냥 높이기만 하지 않고 공자를 고려한 겸양의 덕을 아울러 드러냈다. 심부름꾼은 거백옥과 공자 중간에 서 있는 사람이다. 중간에 서 있을 때는 두 사람을 다 고려해야 한다. 압존법하고 비슷한 말하기이다. 내 윗사람을 윗사람으로 표현하면서도 지금 내가 대화하고 있는 상대를 충분히 고려하면서 말하는 것. 어렵다. 이 어려운 걸 잘 해냈기 때문에 공자의 칭찬을 받은 것이리라!

──────── (14 - 27) ────────

공자가 말했다.
"그 직책에 있지 않다면, 그 직무에 대한 참견은 금물."

子曰, 不在其位, 不謀其政.

제8편 「태백」 14장(194쪽)에 똑같은 내용이 있다.

──────────── (14 - 28) ────────────

증자가 말했다.
"바른 리더는 자기 위치를 벗어나 자기가 맡고 있지도 않은
일에 대해 주제넘게 생각하지 않는 법입니다."

曾子曰, 君子思不出其位.

　　앞 장과 비슷한 내용.

──────────── (14 - 29) ────────────

공자가 말했다.
"인격을 잘 닦은 지성인은 자기 말이 자기 행동보다 거창한
것을 부끄러워합니다."

341　　子曰, 君子恥其言而過其行.

　　『논어』를 읽으면 정말 귀가 닳도록 듣게 되는 말. 배운 사람은 말
　　보다 행동! 그러나 어쩐지 배웠기 때문에 행동보다 말이 앞서고
　　행동보다 말이 더 화려해지는 것 같다.

공자가 말했다.

"인격을 잘 닦은 지성인이 걷는 길이 세 가지인데 나는 그중에 제대로 하는 것이 한 가지도 없구나! 온전한 사람다움을 이룬 사람은 근심하지 않고, 지혜로운 사람은 현혹되지 않고, 용기 있는 사람은 두려워하지 않는 법인데 말이지."

이 말을 들은 자공이 반응했다.

"어, 선생님이 그런 분인데?"

子曰, 君子道者三, 我無能焉, 仁者不憂, 知者不惑, 勇者不懼. 子貢曰, 夫子自道也.

이와 거의 유사한 내용이 제9편 「자한」 28장(221쪽)에 나온다. 수양에 끊임없이 부족함을 느끼는 공자의 겸손한 말에 대한 자공의 반응이 센스 넘친다.

자공이 종종 사람들을 비교해서 평가하곤 했다. 보다 못한 공자가 한 방 날렸다.

"자네는 아주 현자가 돼 버렸구나? 난 내 공부하기도 바빠서 그럴 겨를 자체가 없는데 말이지."

子貢方人. 子曰, 賜也賢乎哉. 夫我則不暇.

인물을 분석하는 것도 공부 중의 하나이긴 하지만 몰두하다 보면 나의 부족한 부분을 그 사람에 비추어 보고 도움을 받을 수 있는 분석이 아니라 험담이 되기 일쑤다. 자공의 인물 공부가 도를 지나친 것이다. 아, 창피해, 자공! 과유불급!

───────────────── (14 - 32) ─────────────────

공자가 말했다.

"남이 나를 알아주지 않는 것을 걱정하지 말고 내 능력이 부족한 것을 걱정해야 합니다."

子曰, 不患人之不己知, 患其不能也.

그러니까요……. 근데 능력이 좀 부족해도 어떻게 잘 포장이 돼서 남이 알아줬으면 하는 이 심보는 뭘까요? 흑! (제1편 「학이」 16장(48쪽) 참조)

───────────────── (14 - 33) ─────────────────

공자가 말했다.

"누가 나를 속일 거라고 지레짐작하지 않고 누가 나를 믿어주지 않을 거라고 근거도 없이 제멋대로 추측하지 않아. 하지만 상황과 사람의 진상을 미리 다 파악하고 있지. 바로 그런 사람이 아주 뛰어나게 현명한 사람이야."

子曰, 不逆詐, 不億不信, 抑亦先覺者, 是賢乎.

끊임없이 의심의 눈초리로 살펴 자기를 보호하는 것이 아니라 정확한 실상을 파악해서 판단하는 것으로 자기를 지키는 것, 비슷한 듯하지만 크게 다르다. 이것을 실제로 자신에게 또 타인에게 직접 적용했을 때는 그 차이가 더욱 커지는 것이고.

미생무微生畝가 공자에게 핀잔하듯 말했다.
"어이, 구丘(공자의 이름), 자네는 어째 그리 기웃기웃 정처 없이 사방을 떠돌아다니는겨? 혹 말재주로 자리 하나 얻어 보려는 거 아녀?"
공자가 말했다.
"어이쿠! 제가 감히 말재주로 뭘 해 보려는 게 아니구먼요. 그냥 하나를 알면 오로지 그 하나만 옳다고 주장하는 고집불통을 미워하는 거죠!"

微生畝謂孔子曰, 丘何爲是栖栖者與. 無乃爲佞乎. 孔子曰, 非敢爲佞也, 疾固也.

미생무는 공자에게 말할 때 이름을 불렀다. 무례한 행동이다. 주희朱熹는 주석을 달면서 미생무는 공자보다 연배가 있고 덕으로 명성도 좀 있는 은둔자인 것 같다고 했다. 그래서 공자에게 이렇게 거만한 자세로 말했다는 것이다. 공자는 덕과 학식을 지니고

은둔한 사람에게 대개 겸손하고 그들을 인정하는 자세를 보였는
데 미생무에 대해서는 좀 예외다. 무례하진 않지만 은둔이 좋은
것만 알아서 은둔만 옳다고 하는 그런 고집불통이 싫어서 자신
은 세상에 바른길을 외치고 다닌다고 대꾸했다. 은근히 돌려 치
는 공자의 센스.

———————————————————— (14 - 35) ————————————————————

공자가 말했다.
"힘 좋다고 명마냐? 훈련이 잘 되어 있어야 명마지."

子曰, 驥不稱其力, 稱其德也.

타고나는 것 이상으로 훈련이 중요하다. 어쩌면 타고나는 것보다
훈련이 더 중요할 수도 있다. 타고난 능력이 아니라 훈련이 결과
를 좌우하기 때문이다. 갈고닦으며 제대로 조율하지 않으면 가능
성은 가능성으로만 끝나거나 가능성이 되레 자신을 다치게 하는
결과를 불러온다.

———————————————————— (14 - 36) ————————————————————

어떤 사람이 물었다.
"악을 선으로 갚으면 어떨까요?"
공자가 말했다.
"그럼 선은 뭘로 갚게요? 악에는 그 저지른 악만큼 대가를

치르게 하고, 선에는 선으로 보답해야죠.”

或曰, 以德報怨, 何如. 子曰, 何以報德. 以直報怨, 以德報德.

‘눈에는 눈, 이에는 이’의 공자판. 약간 뉘앙스가 다르다. 선행에
는 똑같이 선행으로 대응해야 하지만, 악행에는 복수가 아니라
공명정대한 원칙으로 대응해야 한다. 나에게 해악을 끼친 사람에
게 정직하게 그 소행만큼만 처벌한다는 것이다. 결코 쉬운 일이
아니다. 한 대 맞으면 상한 감정까지 더해서 한 세 대쯤은 날려
줘야 속이 좀 풀리는 게 인지상정이니까.

악을 선으로 갚으면 아름다울 것 같지만 자기가 저지른 악에 대
한 정직한 대가를 치르게 하지 않은 채로 마냥 선이 베풀어지면
뉘우침은 고사하고 앞으로 더 큰 악을 저지를 확률이 높다. 내가
저지른 짓이 무엇인지 아무것도 깨닫지 못하기 때문이다.

우리 사회를 보면 때로 용서라는 말이 기묘하게 사용되고 있는
듯하다. 가해자는 미안한 마음도 없이 버젓이 잘 살고, 제삼자
는 오히려 피해자에게 가서 그를 용서해야 한다고 말하거나 그
를 용서했느냐고 묻곤 한다. 용서를 강요하는 것이다. 이것은 폭
력이다. 악으로 인해 상처를 입은 사람이 분명히 있는데 악을 저
지른 사람이 빠진 용서는 대체 무엇을 위한, 누구를 위한 용서인
가? 먼저 악을 저지른 사람의 뉘우침과 속죄가 선행되어야 한다.
그렇게 하고도 이 속죄를 받아 줄지 말지는 전적으로 악을 당한
사람이 선택할 몫이다. 그 둘 사이의 진심이 참회와 고통 속에서
마주한 결과라야 진짜 용서가 아닐까? 용서는 아무리 생각해도
제삼자가 훈수 둘 일이 아니다.

결국에는 선으로 악을 갚아야 복수의 이름을 한 악의 순환 고리가 끊어질 수 있을 것이다. 그러나 그 전에 악은 자기가 저지른 악의 크기만큼 대가를 치러야 한다. 그래야 용서라는 은혜가 진짜 선으로 보답을 받을 수 있을 것이다.

─────────── (14 - 37) ───────────

공자가 탄식했다.

"나를 알아주는 이가 없네!"

이 탄식을 듣고 자공이 조심스레 그 안타까움을 함께했다.

"어째서 선생님을 알아주는 사람이 없는 걸까요?"

공자가 말했다.

"하늘을 원망하지 않고 사람을 탓하지 않네. 세상만사를 통찰해서 위로 하늘의 심오한 이치까지 섭렵해 가고 있지. 이런 나를 알아줄 이는 오직 하늘뿐이리라!"

子曰, 莫我知也夫. 子貢曰, 何爲其莫知子也. 子曰, 不怨天, 不尤人, 下學而上達. 知我者, 其天乎.

347

가을날의 쓸쓸함보다 더 쓸쓸한 구절이다.

─────────── (14 - 38) ───────────

공백료公伯寮가 계손씨에게 가서 자로를 씹었다. 자복경백子服景伯이 이 일을 알고는 분이 치밀어 씩씩거리며 공자에게 말했다.

"계손씨가 공백료 녀석의 말에 분명히 흔들리고 있어요. 제 힘만으로도 그 새끼는 처리할 수 있어요. 아주 죽여 버릴 거예요!"

공자가 그를 말렸다.

"어이쿠! 그러지 마세요. 내가 주장하는 길이 행해지는 것도 결국은 하늘의 뜻이고, 내가 주장하는 길이 버려지는 것도 결국은 하늘의 뜻이죠. 공백료 따위가 하늘의 뜻에 뭔 짓을 할 수 있겠어요?"

公伯寮愬子路於季孫. 子服景伯以告曰, 夫子固有惑志於公伯寮, 吾力猶能肆諸市朝. 子曰, 道之將行也與, 命也, 道之將廢也與, 命也. 公伯寮其如命何.

　　공백료는 노나라 사람이다. 자복경백은 노나라 대부이다. 자복경백, 오오!

───────────── (14 - 39) ─────────────

공자가 말했다.

"아주 현명한 사람은 바른 가치가 무너지고 혼탁한 세상이 되면 네 가지 방법으로 그곳을 피해서 자기의 길을 지킵니다. 먼저 세상이 어지러우면 세상을 피해서 은둔하고, 나라가 혼란하면 그 나라를 피해서 떠나며, 권력자가 무례해지면 권력자를 피해 그 조직을 그만두고, 마지막으로 옳은 의견이 실행되지 않으면 말하는 것을 피합니다.”

子曰, 賢者辟世, 其次辟地, 其次辟色, 其次辟言.

은둔도 때로 현명한 것이다. 그러나 그렇게 많이 알고 인격이 뛰어나고 지혜로운 사람들이 죄다 은둔하면 소는 누가 키우느냐고…….

──────── (14 - 40) ────────

공자가 말했다.
“당시에 은둔한 사람들이 일곱 명이었다.”

子曰, 作者七人矣.

앞의 구절이랑 연결해서 보기도 한다. 일곱 사람이 누구인지는 정확하지 않다.

349 ──────── (14 - 41) ────────

자로가 노나라 석문石門에서 하룻밤 묵었는데 새벽에 성문을 여는 문지기가 그를 보고 물었다.
“어디서 왔어유?”
자로가 말했다.
“공씨 학당에서 왔소.”

문지기가 말했다.

"아, 그 불가능허단 걸 알믄서도 하는 사람 말이쥬?"

子路宿於石門. 晨門曰, 奚自. 子路曰, 自孔氏. 曰, 是知其不可而爲之者與.

이 문지기는 아마 탁월한 지혜자로서 은둔자인가 보다. 불가능하다는 걸 알았으면 어떡해야 할까? 불가능하다는 것보다 더 중요한 질문이 이 일을 관둬도 되는 것이냐 아니냐 하는 질문일 것이다. 세상에 진짜 필요한 시도였으면, 내 일생 동안에는 그저 불가능한 것으로 끝나 버릴 수 있지만 그 진심에 반응하는 사람이 새싹처럼 세상에 돋아나 결국 실현되는 날이 올 것이다. 불가능해 보이는 아름다운 꿈을 꿨던 사람들이 그 모진 세월을 거치면서도 이상을 포기하지 않았던 덕분에 평등이 자연스러운 세상이 되었고, 여자의 권리가 신장되고, 아이가 존중받고, 인권이 포기할 수 없는 가치로 논의되는 세상이 되지 않았는가? 이만큼은 순진하게 살아도 한 번 살다 가는 인생 괜찮지 않을까?

──────── (14 - 42) ────────

공자가 위나라에 있을 때 언젠가 경쇠를 연주하는데 삼태기를 매고 가던 어떤 사람이 공자의 집 앞을 지나가다가 그 연주 소리를 듣고는 한마디 했다.

"경쇠 소리에 마음이 실려 있구먼!"

잠시 후에 또 말했다.

"턱턱거리는 경쇠 소리가 완고한 것이 거 참 수준 떨어지네

그려! 자기를 알아주지 않으면 그만두면 그뿐인 것을……. 물이 깊으면 옷을 벗고 건너고 물이 얕으면 바지를 걷고 건너야 하는 거 아닌감? 누울 자리를 보고 다리 뻗을 일이지."
이 핀잔을 전해 듣고서 공자가 말했다.
"어이쿠, 센데? 이렇게 모 아니면 도로 세상을 딱 끊으면 어려울 게 없겠어."

子擊磬於衛, 有荷簣而過孔氏之門者, 曰, 有心哉, 擊磬乎. 旣而曰, 鄙哉, 硜硜乎. 莫己知也, 斯已而已矣. 深則厲, 淺則揭. 子曰, 果哉, 末之難矣.

김소월의 「가는 길」이란 시가 문득 떠오른다.

> 그립다
> 말을 할까
> 하니 그리워
>
> 그냥 갈까
> 그래도
> 다시 더 한 번…….

혼란한 세상에 자신의 길을 펼쳐 보고자 애달파하는 공자의 마음이 이 시의 화자랑 참 닮았다. 기가 막힌 행갈이이다. 저 행의 호흡을 따라 이 시를 조용히 읊조리자면 떠나려야 떠날 수 없는, 결국 뒤돌아보는 화자의 돌아서지 못하는 무거운 발걸음이 그대로 느껴진다. 세상을 향한 공자의 발걸음이 이러하리라……! 그래서 탁월한 지혜로 세상을 읽어 세상을 등진 은둔자들의 그 많은 비난을 듣고, 스스로도 끊임없이 실패의 쓴잔을 마시며 불가능한 꿈이라는 걸 깨달았어도 세상을 향한 공자의 발걸음은 무거울 수밖에 없었다.

─────────── (14 - 43) ───────────

자장이 말했다.

"『서경』에서 보니까 '은나라 고종高宗은 삼년상을 치르는 내내 말을 하지 않았다'라고 쓰여 있던데 이게 무슨 말인가요? 왕이 국정을 돌보지 않는네 나라가 돌아가나요?"

공자가 말했다.

"뭐, 꼭 고종만 그랬던 게 아니라 옛날 사람은 다 그랬지. 군주가 죽으면 모든 신하가 국무총리의 지휘하에 움직였네. 그러니까 군주가 삼년상을 충실하게 치르는 게 가능했던 거지."

子張曰, 書云, 高宗諒陰, 三年不言. 何謂也. 子曰, 何必高宗, 古之人皆然. 君薨, 百官總己, 以聽於冢宰, 三年.

352

─────────── (14 - 44) ───────────

공자가 말했다.

"리더가 배려하고 존중하는 자세를 갖춰 일하면 아랫사람이 그의 지시를 잘 따르는 법입니다."

子曰, 上好禮, 則民易使也.

―――――――――――――― (14 - 45) ――――――――――――――

자로가 됨됨이가 된 지성인이란 어떤 사람인지 물었다. 공자가 말했다.

"자기를 잘 갈고닦아 사람에나 일에나 신중한 자세로 최선을 다해야 하지."

"그렇게만 하면 되나요?"

"자기를 잘 갈고닦아 다른 사람을 편안하게 해 줘야 하지."

"그게 전부예요?"

"왜, 좀 간단한 거 같은가? 자기를 잘 갈고닦아 온 세상 사람을 다 편안하게 해 줘야 하지. 자기를 잘 갈고닦아 온 세상 사람을 다 편안하게 해 주는 건 요임금이나 순임금 같은 성인도 평생 숙제로 삼고 쩔쩔맸던 거라네, 이 사람아!"

子路問君子. 子曰, 脩己以敬. 曰, 如斯而已乎. 曰, 脩己以安人. 曰, 如斯而已乎. 曰, 脩己以安百姓. 脩己以安百姓, 堯舜其猶病諸.

353

―――――――――――――― (14 - 46) ――――――――――――――

원양原壤이 다리를 쩍 벌리고 걸터앉아 공자를 기다리고 있었다. 이 무례하기 짝이 없는 자세를 본 공자가 한 소리 했다.

"어렸을 때는 공손하지 못하더니 어른이 돼서는 추켜세워 줄 만한 것도 없고 늙었는데 죽지도 않는 거, 그게 뭔 줄 알아? 세상을 좀먹는 버러지라는 거야, 이 친구야!"
이렇게 말하고선 그 쩍 벌린 다리를 지팡이로 툭툭 쳤다.
(창피한 줄 알고 제대로 앉으라고, 이 친구야!)

原壤夷俟. 子曰, 幼而不孫弟, 長而無述焉, 老而不死, 是爲賊. 以杖叩其脛.

원양은 공자의 친구이다. 어머니가 죽었을 때 원양은 노래를 불렀다고 하니, 도가道家 쪽 인물인 것 같다. 친구가 잘못했을 때 이 정도는 얘기해 줘야 하는 건가? 원양은 공자를 좋아했을까? 이렇게 말해 주는 친구였기 때문에 공자가 마음에 들었을지도 모른다. 공자의 '친구'였다면 그의 수준도 평균 이상이었을 것. 그렇다면 공자는 원양을 보고 늘 식겁했겠지만 원양은 자기와 원체 다른 공자에게 배울 게 있다고 생각해서 종종 찾아와 공자를 놀래 줬을지도 모를 일이다. 여하튼 재밌는 풍경!

───────── (14 - 47) ─────────

공자가 사는 마을의 한 소년이 말 전하는 심부름을 맡아 공자에게 자기네 어른이 전하는 소식을 전해 왔다.
이를 본 어떤 사람이 물었다.
"발전 가능성이 보이는 녀석입니까?"
공자가 말했다.
"제가 좀 관찰해 보니까 저 녀석은 모퉁이에나 앉을 짬밥인데 깔아 놓은 자리 위에 떡하니 앉더군요. 선배나 선생과 걸을 때는 제 주제에 겸손히 뒤를 따라가지 않고 나란히 걷고요. 이런 걸로 보건대 저 아이는 제대로 성장하기를 원하는 녀석이 아니라 빨리 성취하기를 원하는 녀석인 것 같아요."

闕黨童子將命. 或問之曰, 益者與. 子曰, 吾見其居於位也, 見其與先生竝行也. 非求益者也, 欲速成者也.

어른들 사이에서 말을 전하는 심부름은 굉장히 중요한 심부름이었다. 그렇기 때문에 어떤 사람이 심부름하는 소년에 대해 이렇게 물었던 것이다. 이 대화가 벌어진 상황에 대해서는 공자가 소년에게 심부름을 시켰다고 보기도 하고 소년이 심부름을 와서 자기네 어른의 말을 공자에게 전했다고 보기도 하는데 여기서는 후자의 해석을 택했다.

355

위령공

―

진정한 지성인은
어떤 사람인가요?

衛靈公

위나라 영공이 공자에게 전쟁에 쓸 전술에 대해 묻자 공자
가 대답했다.

"제사에 관련된 일은 제가 배워 본 적이 있지만 군대의 일에
대해서는 아직 배우질 못했네요."

위나라가 기대를 걸 수 없는 나라임을 확인했으므로 공자
는 다음 날 위나라를 떠났다.

초나라로 향하던 중 진陳나라에 머무르게 되었을 때 간당간
당하던 식량이 완전히 바닥나 버렸다. 공자를 수행하던 자
들이 굶주림에 허덕이다 못해 병들어 봄을 가누지 못하는
사태가 벌어지자 자로가 결국 분을 참지 못하고 씩씩대며
공자에게 따지듯 말했다.

"(아, 진짜 열받아!) 배운 사람도 이렇게 곤궁할 때가 있
나요?"

공자가 허허롭게 웃으며 말했다.

"배운 사람이니까 곤궁한 걸 그대로 받아들일 수 있는 거네.
옹졸한 사람은 곤궁하게 되면 그걸 벗어나려고 혈안이 돼
서 인간으로서 해서는 안 될 짓도 서슴지 않고 저지르지."

358

衛靈公問陳於孔子. 孔子對曰, 俎豆之事, 則嘗聞之矣, 軍旅之事, 未之學
也. 明日遂行. 在陳絶糧, 從者病, 莫能興. 子路慍見曰, 君子亦有窮乎. 子
曰, 君子固窮, 小人窮斯濫矣.

우리는 어쩌면 '배운다'라는 것의 의미를 아주 잘못 이해하고 있

· 는지도 모르겠다.

공자가 말했다.

"자공, 자네는 내가 많이 배워서 많이 기억하는 사람이라고 생각하나?"

자공이 대답했다.

"그럼요! 당연하죠! 아니에요?"

공자가 말했다.

"응, 아니네. 나는 내가 습득한 모든 걸 하나의 이치로 꿰뚫고 있을 뿐이네."

子曰, 賜也, 女以予爲多學而識之者與. 對曰, 然, 非與. 曰, 非也, 予一以貫之.

비슷한 내용이 제4편 「이인」 15장(100쪽)에 나온다. 하나의 이치로 꿰뚫고 있다는 말이 비슷하지만 살짝 다르게 사용되었다. 연역법과 귀납법을 생각나게 하는 대목이다. 가설을 내놓고 결론을 추론할 것이냐, 사실을 모으고 모아 관통하는 결론을 얻어 낼 것이냐? 나는 두 개의 방법론이 함께 간다고 생각한다. 사실을 모으고 분석하고 해체해서 재결합하는 일련의 과정이 먼저 필요하겠지만, 이런 훈련이 거듭되면 그렇게 얻어진 결론이 온전히 내 것이 되면서, 이제는 어떤 바깥 대상을 대할 때 꽤 괜찮은 가설부터 세우고 접근해서 보다 속도감 있으면서도 정확한 가설 검증

359

을 해낼 수 있게 된다. 그래서 『맹자』 「이루」離婁 편에서도 "널리 배우고 상세하게 말하는 것은 앞으로 그것들을 되짚어 요약해 내기 위해서이다"라고 말하지 않던가!

———————— (15 - 3) ————————

어느 날 지친 모습의 공자가 세상을 향한 안타까운 마음을 자로에게 토로했다.
"자로야, 사람다움을 실현할 수 있는 내면의 능력이 얼마나 중요한 것인지 그 가치를 아는 사람이 세상에는 참 드문 것 같아……!"

子曰, 由, 知德者鮮矣.

공자 선생님 때부터 지금까지 흐른 세월이 얼만데 지금 세상에도 그런 사람은 정말이지 너무너무 드물다. 그래도 그때도 지금도 그런 사람이 아주 없진 않아 세상은 사람이 살 만한 곳으로 이어져 왔다. 쓸쓸한 다행이다.

360

———————— (15 - 4) ————————

공자가 말했다.
"다스리지 않는 다스림으로 다스린 사람은 순임금이실 겁니다. 임금이 되어 그분은 뭘 하셨을까요? 몸가짐을 공손하게 해서 임금 자리에 바르게 앉아 있었을 뿐입니다."

子曰, 無爲而治者, 其舜也與. 夫何爲哉. 恭己正南面而已矣.

순임금은 '다스리지 않는 다스림'으로 엄청 유명한 사람이다. 뭔가 일부러 혹은 억지로 한 것이 없는데 온 세상이 그의 치세에 평화롭고 안정되었다는 것이다. 유가에서 말하는 최고의 정치이다. 순임금이 이렇게 할 수 있었던 까닭은 그에게 인재를 발굴하고 적재적소에 배치한 뒤 일을 믿고 맡기는 능력이 있었기 때문이다. 이것이 그의 가장 탁월한 능력으로 꼽힌다. 그저 능력만 보고 사람을 뽑는 것만으로, 그 능력을 정확한 자리에 배치하는 것만으로, 그에게 일을 믿고 맡기는 것만으로 전무후무한 성군이 되었다. 아아, 인재!

───────────── (15 - 5) ─────────────

자장이 모든 일이 자기가 뜻한 대로 이루어지는 방법에 대해 물었다. 공자가 말했다.

"말은 진심을 다해 미덥게 하고, 행동은 신실하고 진중하게 하면, 무질서로 엉망진창인 곳에서도 뜻한 것이 그대로 이루어진다네! 그렇지만 말도 행동도 이대로 하지 못하면 자기 동네에서인들 먹히겠는가? 말은 진심을 다해 미덥게 하고 행동은 신실하고 진중하게 해야 한다는 것이 서 있을 때나 운전할 때나 어디를 가든 눈앞에 펼쳐지고 머리에 맴돌아야 하네. 아주 인이 박여야 하는 거지. 그렇게 되고 난 다음에야 뜻한 것이 뜻한 대로 이루어지게 되는 것이네."

자장이 이 말을 지갑에 적어 두고 지갑을 펼칠 때마다 늘 되새겼다.

子張問行. 子曰, 言忠信, 行篤敬, 雖蠻貊之邦, 行矣. 言不忠信, 行不篤
敬, 雖州里, 行乎哉. 立則見其參於前也, 在輿則見其倚於衡也, 夫然後行.
子張書諸紳.

말과 행동은 한 세트. 나도 공자 선생님께 귀에 못이 박이도록 듣
고 있다. 귀에 못이 박이도록 듣는 말이 언제나 새롭게 새롭게 나
를 자극한다면 얼마나 좋을까? 못이 박여 버리면 '늘 저 소리'라
며 지겨워지거나 그 말 그대로 하고 있지도 않으면서 하고 있다
고 믿게 된다. 너무 중요해서 너무 평범해져 버리는 말. 말과 행
동이 어긋난 어른이 이 세상에 가득 차고도 넘치는 건 그 어른들
이 모두 『논어』를 읽어 본 적이 없어서, 혹은 말과 행동에 대한
교훈을 들어 본 적이 없어서는 아닐 텐데 말이지…….

──────────── (15 - 6) ────────────

공자가 말했다.

"사어史魚는 참 곧은 사람이에요! 나라가 바른길을 걷고 있
을 때도 대쪽 같고, 나라가 잘못된 길로 가고 있어도 대쪽
같죠.

거백옥은 정말이지 성숙한 지성인입니다! 나라가 바른길을
걷고 있을 때는 나랏일을 하고, 나라가 잘못된 길을 걷고 있
을 때는 자기 포부를 접어 가슴속에 묻어 둘 줄 알거든요."

子曰, 直哉, 史魚. 邦有道, 如矢, 邦無道, 如矢. 君子哉, 蘧伯玉. 邦有道, 則仕, 邦無道, 則可卷而懷之.

둘이 다를 뿐 둘 중 누가 틀린 것은 아니다. 두 사람의 수양한 인격이 중요할 뿐.

─────── (15 - 7) ───────

공자가 말했다.
"함께 말해도 되는데 말을 안 섞는 건 사람을 잃는 것입니다. 그런데 또 함께 말해서는 안 되는데 말을 섞는 건 말을 잃는 것이죠. 지혜로운 자는 사람을 잃지 않고 말도 잃지 않습니다."

子曰, 可與言而不與言, 失人, 不可與言而與之言, 失言. 知者不失人, 亦不失言.

사람을 놓치지도 않고 말을 낭비하지도 않고, 그러기 위해서는 먼저 사람을 보는 눈이 있어야 한다.

363

─────── (15 - 8) ───────

공자가 말했다.
"뜻있는 지식인과 진짜 사람다운 사람은 자기 목숨을 구걸하다가 '사람다움'을 해치는 일이 없습니다. 오히려 자기 삶을 바쳐서 진짜 사람다움을 이루어 내지요."

子曰, 志士仁人, 無求生以害仁, 有殺身以成仁.

얼마나 유명한지 두 번 말하면 입만 아픈 사자성어 살신성인殺身
成仁. 개똥밭에 굴러도 이승이 나은가, 사람답기 위해 죽음을 택
할 것인가? 배부른 돼지가 될 것인가, 배고픈 소크라테스가 될
것인가? 배부른 소크라테스가 되고 싶지만 세상은 결정의 순간
에 그렇게 호락호락한 곳이 아니라는 게 마음 아플 뿐.

———————————— (15 - 9) ————————————

자공이 온전한 사람다움을 이루어 가는 방법에 대해 물었
다. 공자가 말했다.
"있잖나, 장인이 뭔가를 제대로 잘 만들어 내려고 하잖아?
그럼 먼저 반드시 자기 연장들을 날카롭게 잘 벼려 두는 법
이네. 이걸 알았다면 말이지, 자네가 살고 있는 곳의 지도자
중에서 현명하다고 이름난 분을 잘 모시고, 지식인 중에서
지식과 인품이 잘 조화되어 있는 사람과 친구를 맺어서 그
사람들의 좋은 영향을 받도록 하게나."

364

子貢問爲仁. 子曰, 工欲善其事, 必先利其器. 居是邦也, 事其大夫之賢者,
友其士之仁者.

어떤 일을 제대로 하려면 먼저 그 연장들을 날카롭게 잘 벼려 둬

야 하는 것. 나를 가르쳤던 선생님 중 한 분은, 당신은 학자니까 학자의 도구인 책은 값에 연연하지 말고 사야 할 의무가 있다면서 생활비도 책값 다음이라고 하셨다. 그러면서 학생들에게 학자를 꿈꾼다면 책값을 아까워하지 말 것을 당부하셨더랬다. 삶에서 날카롭게 벼려 둬야 하는 나만의 연장은 무엇일까?

───────────────── (15 - 10) ─────────────────

안연이 나라를 다스리는 방법에 대해 물었다. 공자가 말했다.

"달력은 농사에 도움이 되도록 정월을 1월로 하는 달력을 쓰도록 하고, 기본 생활은 검소하면서 실용적인 것을 원칙으로 하되 공식적인 추도 행사와 의식 때는 장엄함이 드러날 만큼 충분히 화려하게 하며, 음악은 품위 있고 우아한 정악만 연주하도록 해야 하네. 대중가요는 추방하고 아첨꾼을 멀리해야 하지. 대중가요는 남녀 간의 사랑이나 읊어 대니 너무 퇴폐적이고 아첨꾼은 위험하기 때문이라네."

365 顏淵問爲邦. 子曰, 行夏之時, 乘殷之輅, 服周之冕, 樂則韶舞. 放鄭聲, 遠佞人. 鄭聲淫, 佞人殆.

매우 실용적인 내용이다. 음악에 대해서만 이야기해 보자면, 공자는 예악을 중시했던 만큼 되게 품위 있고 바른 음악을 들어야 한다고 강조했다. 고대 시가집인 『시경』에 실려 있는 정나라 대중가요는 남녀상열지사를 읊고 있어 일반인 사이에서 인기가 상당했던 모양이다. (아무래도 남녀상열지사가 좀 있어 줘야 졸음도 깨고 그러니까 이제…….. 흠흠.) 그러나 공자는 순임금이나 무왕의 음악처럼 고전미가 물씬 풍기고 우아한 음악을 들어야지 남녀의 사랑이나 직설적으로 읊고 있는 정나라 노래 같은 것은 너무 퇴폐적이어서 정신 건강에 좋지 않으므로 추방해야 한다고 했다. 가사도 그렇지만 그 가사를 싣고 있는 가락과 박자 역시 가사의 영향에서 자유로울 수 없으니 소리 자체가 품고 있는 격조역시 달랐을 것. 나도 모르는 사이에 절로 빨리 반응하게 되는 자극적인 것에 노출되면 천천히 음미하고 생각해야 하는 것과는 멀어지게 마련이다. 공자처럼 아예 추방하는 것에는 반대하지만 공자의 의견에 일리가 없다고는 생각하지 않는다. 고전음악과 내중음악 둘 다 즐길 수 있어야 하고 둘 다 살필 수 있어야 하며, 지금 나의 감성이 어느 한편으로만 치우쳐 흐르고 있지는 않은지도 판단해 볼 수 있어야 한다고 생각한다.

───────── (15 - 11) ─────────

공자가 말했다.
"사람에게 멀리까지 내다보는 생각이 없으면 반드시 눈앞에 걱정거리가 생기게 됩니다."

366

子曰, 人無遠慮, 必有近憂.

시선을 멀리 두지 않으면 눈앞의 일에 매몰된다. '생활'이란 늪에 빠지면 쉽게 헤어 나올 수가 없다. 불안을 해소하기 위해 그야말로 일상에 전전긍긍할 뿐이다. 그러나 불안은 끝내 해소되지 않는다. 우리가 딛고 서 있는 지구 표면인 땅은 탄탄한 것 같지만 지각을 조금만 파고 내려가도 용암이라는 뜨거운 불의 흐름만 있다. 그 뜨거운 액체는 바다와 육지의 헐거운 곳을 뚫고 솟아 나와 우리가 일궈 온 삶의 터전을 한순간에 아무것도 아닌 것으로 만들어 버린다. 지구 위 인간에게 주어진 삶이란 것도 이와 비슷한 것 같다. 생활을 아무리 파고들어 가도 천년만년 나를 지켜 줄 거대한 암석 같은 보험은 나오지 않는다.

―――――――― (15 - 12) ――――――――

공자가 말했다.
"아, 이제 다 틀렸구나! 미색을 밝히는 것만큼 미덕을 밝히는 사람을 아직 본 적이 없어."

子曰, 已矣乎. 吾未見好德如好色者也.

제9편 「자한」 17장(215쪽)에 거의 유사한 내용이 나온다.

367

―――――――― (15 - 13) ――――――――

공자가 말했다.
"장문중은 관직을 도둑질했습니다! 유하혜柳下惠가 더없이 뛰어난 사람이라는 걸 알면서도 그 사람을 관직에 추천하지 않았거든요!"

子曰, 臧文仲其竊位者與. 知柳下惠之賢而不與立也.

장문중은 제5편 「공야장」 17장(122쪽)에 등장한 적이 있는 노나라 대부이고, 유하혜는 뛰어난 덕과 지혜로 이름이 알려진 노나라 사람이다. 유하혜는 아마 마음이 넓고 활달했던 것 같다. 『맹자』의 기록으로 보면, 되게 못난 임금이든 낮은 벼슬자리든 사양하지 않았고, 등용되면 가서 최선을 다해 바른 방법으로 일했고, 그러다 버려지면 그냥 그런가 보다 하고 받아들였다고 한다. 또 기본적으로 '너는 너고 나는 나다. 비록 내 옆에서 발가벗고 있다한들 네가 날 어떻게 더럽힐 수 있겠느냐'라는 입장을 가지고 있었기 때문에 살림이 궁해져도 크게 신경 안 쓰고, 못 배워서 무례한 시골 사람과 함께 있어도 별로 신경 쓰지 않았다고 한다.

인재가 적재적소에서 일할 때 나라가 평안해지는데 장문중은 유하혜의 능력을 알았으면서도 그를 추천하지 않았다. 그래서 공자는 장문중을 도둑이라고 말한 것이다. 장문중의 이런 모습은 제14편 「헌문」 19장(332쪽)에서 공숙문자가 자기 집안의 참모였던 선僎이란 사람을 추천해서 공직자로 세워 같은 지위에서 함께 나랏일을 보았던 모습과 사뭇 다르다.

368

(15 - 14)

공자가 말했다.

"자기 잘못은 아주 가차 없이 책망하고, 남의 잘못은 가볍게 나무라면, 원성을 듣는 일이 자연스레 사라질 것입니다."

子曰, 躬自厚而薄責於人, 則遠怨矣.

정말이지 말이 쉬운 일. 그러나 정중한 사과는 요즘 우리나라에
서 가장 보기 힘든 장면.

――――――――――――― (15 - 15) ―――――――――――――

공자가 말했다.
"'아, 어떡하지? 아, 어떡하지?' 하며 전전긍긍 애쓰지 않는
사람에게는 나도 뭘 어떻게 해 줄 수가 없어요."

子曰, 不曰如之何, 如之何者, 吾末如之何也已矣.

발은 내가 떼는 거다. 좋은 선생님이 날 어떻게 해 주는 것이 아
니라.

――――――――――――― (15 - 16) ―――――――――――――

369 공자가 말했다.
"여럿이 모여 앉아 종일 떠들면서 '의로움'에 대해서는 한
마디도 하는 법이 없고, 자기가 뭘 어떻게 해서 무슨 이득을
봤는지 자잘한 얕은꾀나 자랑하는 종자들은 인간 되기 어
렵지!"

子曰, 羣居終日, 言不及義, 好行小慧, 難矣哉.

커피숍에서 무럭무럭 피어나는 이야기꽃이 확 초라해진다.

───────────── (15 - 17) ─────────────

공자가 말했다.

"참된 지성인은 의로움을 마음 바탕으로 삼고, 배려와 존중을 갖춰 행동하며, 공손한 자세로 자기를 표현하고, 신뢰를 통해 일을 이루어 냅니다. 이렇게 하는 자가 진정한 지성인이지요!"

子曰, 君子義以爲質, 禮以行之, 孫以出之, 信以成之. 君子哉.

───────────── (15 - 18) ─────────────

공자가 말했다.

"진정한 지성인은 자기가 무능한 것을 괴로워할 뿐 남들이 자기를 알아주지 않는 것을 괴로워하지 않습니다."

子曰, 君子病無能焉, 不病人之不己知也.

───────────── (15 - 19) ─────────────

공자가 말했다.

"진정한 지성인은 늙어 죽을 때까지 자기 이름이 세상에 알려지지 못할까 봐 아주 걱정스러워합니다."

子曰, 君子疾沒世而名不稱焉.

17장에서 묘사한 것과 같은 사람이 되어 18장처럼 끊임없이 스스로를 반성해 가면 결국 점점 그 인품과 학식과 능력에 대해 이름이 알려질 것이다. 이름이 알려진다는 것은 알아주기를 구하는 것이 아니라 잔이 차서 넘쳐 자연스레 알려지는 것을 의미한다. 출세해서 높은 지위를 갖는 것과는 별개의 문제이다. 어떤 경우든 일가를 이룬 사람은 알려지게 마련, 그렇다면 이름이 전혀 알려지지 못했다는 것은 인품과 학문의 수양에 평생을 매달렸어도 조금의 성취도 제대로 이루지 못했다는 뜻이 되는 것이므로 걱정하는 것이다.

———————— (15 - 20) ————————

공자가 말했다.
"성숙한 지성인은 무슨 문제가 생기면 그 원인을 자기에게서 찾지만 좀생이는 남 탓만 하죠."

371   子曰, 君子求諸己, 小人求諸人.

원인을 찾는 것은 극복하기 위함이다. 문제가 사회 구조에 있어도 그것에 내가 어떻게 도전했다가 어떻게 실패했는지를 살피는 것은 실패의 원인을 자기에게서 찾는 자세라 말할 수 있다. 그러나 "사회가 그래. 세상이 그래. 내가 어쩔 수 없어"라고 말하는 건 원인을 찾는 게 아니라 '탓'을 하는 것이다. 탓에 익숙해지면 주저앉음에도 익숙해진다.

공자가 말했다.

"진정한 지성인은 자기 자신에 대해 긍지를 가질 뿐 남과 다투지 않고, 여러 사람과 무던하게 지내지만 패거리를 만들지는 않는 법입니다."

子曰, 君子矜而不爭, 羣而不黨.

공자가 말했다.

"바른 리더는 좋은 의견을 말한다고 해서 무작정 그 사람을 채용하지도 않고, 사람이 별로라고 해서 그가 내놓은 좋은 의견까지도 싸잡아 폐기하지는 않습니다."

子曰, 君子不以言擧人, 不以人廢言.

리더는 진중해야 하고, 면밀히 관찰할 줄 알아야 하고, 누구의 어떤 말에도 귀를 기울일 줄 알아야 한다. 말에 홀리지도 않고 감정에 치우치지도 않아야 좋은 리더다.

자공이 물었다.

"평생토록 마음에 품고 실천해야 할 한마디가 있을까요?"

공자가 말했다.

"'상대방의 마음을 내 마음에 견주어 헤아려야 한다'라는 말이네. 그러니까 내가 당하고 싶지 않은 일은 남에게도 하지 않는 것이지."

子貢問曰, 有一言而可以終身行之者乎. 子曰, 其恕乎. 己所不欲, 勿施於人.

'서'恕의 철학을 말하고 있다. 같을 여如에 마음 심心을 합한 글자가 서恕이다. 상대방의 마음을 내 마음에 견주어 헤아리는 자세. 제멋대로 내 식대로 상대를 이해하라는 말이 아니다. 나에게 좋은 것이 너에게도 좋은 것일 순 없다. 하지만 내가 싫은 건 너에게도 싫은 것이다. 그런데 사람은 자꾸 내가 좋은 것은 내 마음대로 너도 좋은 것이라고 믿어 버리고 내가 싫은 건 네가 해 줬으면 하는 바람을 갖는다. 그래서 '서'는 내 마음을 미루어 네 마음을 헤아린다는 뜻이기는 하지만, 보다 구체적으로는 부정적인 형태인 "내가 하고 싶지 않은 일은 남에게 하지 않는 것"으로 정의된다. 제12편 「안연」 2장(266쪽) 참조.

373

공자가 말했다.

"내가 남에 대해 누구를 막 비난하고 누구를 막 칭찬하고 그러는 일이 있더냐? 만약 누군가를 칭찬한 적이 있다면 그건 내가 그 사람을 검증해 봤기 때문일 게다. 이 나라 사람들은 훌륭한 지도자가 대대로 계속 바른길로 이끌어 왔던 사람들이기에 내가 함부로 비난하거나 칭찬할 수 없는 사람들이지."

子曰, 吾之於人也, 誰毀誰譽. 如有所譽者, 其有所試矣. 斯民也, 三代之所以直道而行也.

공자가 말했다.

"나는 그래도 역사를 기록하는 사관이 분명하지 않은 일은 그냥 의심스러운 채로 그대로 놔두는 걸 보기도 했고, 자가용을 자기가 안 쓸 때는 남에게 빌려주는 풍습을 보기도 했어요. 옛날에는 그랬지요. 그런데 지금은 이런 일이 싹 다 없어졌네요."

子曰, 吾猶及史之闕文也. 有馬者借人乘之, 今亡矣夫.

두 구절은 언뜻 보면 별로 상관없어 보이지만 둘 다 신뢰를 기반으로 한 넓은 마음이 있을 때만 가능한 넉넉한 풍습이다.

의심스러운 것을 의심스러운 채로 두는 데에는 그래도 뒤에 오는 세대가 역사를 곡해하지 않을 수준이 된다는 신뢰와 함께 '정답 없음'의 불안을 수용할 수 있는 건강한 이성과 넓고 강한 마음이 필요하다.

필요한 것을 필요한 사람에게 빌려주거나 빌리는 건 쉽지 않은 일이다. 빌려주는 사람은 물건에 문제가 생길지도 모른다는 것을 각오해야 하고, 빌리는 사람은 최대한 조심스럽게 자기 것보다 더 신경 써서 사용해야 하기 때문이다. 그래도 사고는 생길 수 있다. 그래서 대여업이 생겨난 것인지도 모르겠다. 돈으로 해결하려는 마음이 개입한 것이다. 아는 사이에 빌려주고 빌리는 일은 마음에 여유와 상대에 대한 신뢰가 있어야만 가능한 일이다.

———————————— (15 - 26) ————————————

공자가 말했다.

"감언이설에 홀리면 진짜 지켜야 할 가치를 놓치게 되고, 작은 것을 참지 못하면 큰일을 망치게 됩니다."

375

子曰, 巧言亂德. 小不忍, 則亂大謀.

참아야 하느니라……! 침을 꾸울꺽 삼키며 순간순간 나를 뒤흔드는 작은 열받음을 참아 내야 하느니라……!

공자가 말했다.

"여기 사람들이 다 싫어하는 사람이 있습니다. 사람들이 다 싫어하니까 나도 그 사람을 싫어해도 될까요? 아니죠. 그래도 당신은 그 사람을 직접 살펴보고 판단해야 합니다. 반대로 사람들이 다 좋아하는 사람이 있어요. 평판이 그렇다면 나도 무작정 여론을 따라 그 사람을 좋아해도 될까요? 아니죠. 마찬가지로 평판이 그러거나 말거나 당신이 반드시 직접 살펴보고 판단해야 합니다."

子曰, 衆惡之, 必察焉, 衆好之, 必察焉.

사람들의 평가가 다 틀린 것은 아닐 것이다. 그렇다고 다 맞는 것도 아니다. 그러나 여론의 평가는 언제나 내 귀를 '솔깃!' 하게 만든다. 그래서 공자는 언제나 '네가 직접'을 강조한다. '카더라' 통신의 위력은 실로 놀랍다. 공자 시대에도 그랬으니 인터넷으로 지구가 '촌'이 돼 버린 이 시대는 어떻겠는가? '언론플레이' 주의. 좋게든 나쁘게든 북적거리는 곳에서는 잠시 멈춤.

376

15

위령공

衛靈公

공자가 말했다.

"사람이 길을 넓혀 가는 거지, 길이 사람을 넓히는 게 아닙니다."

子曰, 人能弘道, 非道弘人.

뭔가 답을 찾고 싶어서 공부를 시작한다. 길이 보인다. 그땐 내가 길의 주인이다. 그러나 길에 들어서서 좀 걷다 보면 어느새 길이 나를 지배한다. 벗어나지도 확장시키지도 못한 채 그 길에서 벗어날까 쩔쩔맨다. 그러나 기억해야 한다. 길이 사람을 넓혀 가는 것이 아니라 사람이 길을 넓혀 가는 것이다.

———— (15 - 29) ————

공자가 말했다.
"잘못하고서 고치지 않는 것, 그게 진짜 잘못입니다."

子曰, 過而不改, 是謂過矣.

초등학교 3, 4학년 때였던가? 뭔가 잘못을 했다. 아빠가 나무라셨다. 나는 잘못했다고 하면 될 걸 "앞으론 안 그럴게. 하지만 한 번 실수는 병가지상사라잖아?"라고 했다가 장난 아니게 야단을 맞았다. "너 뭐라고 했어, 지금?"이라는 말씀에 나는 앞으로 비극적인 몇 분이 펼쳐질 것임을 직감했다. 꿇어앉았다. 잘못했으면 "잘못했습니다. 고치겠습니다" 하면 되지 어디서 배운 말장난이냐고, 한 번 실수가 네 인생을 송두리째 망칠 수도 있는 거라고. 잘못하고 다시 한 번 그따위 소리로 때우려고 하면 그때는 매를 들 줄 알라고 말씀하셨다. 한 번의 실수가 내 인생을 송두리째 망칠 수 있다는 말씀이 그때 유난히 귀에 와 박혔다.

377

이후 가끔 '잘못'이라는 것에 대해 생각하곤 한다. 정말 돌이킬 수 없는데 내 인생을 완전히 흔들어 버리는 잘못들에 대해 곰곰이 생각해 본다. 사과를 하는 건, 책임을 지는 건, 그 잘못에 대한 정당한 수습임과 동시에 자신을 좀 더 신중해지게 해 주는 일이다. 그래서 무조건의 용서나 저지른 사람 따로 있고 수습하는 사람 따로 있고 식의 처리는 의도와 상관없이 사람의 인성을 점점 훼손하게 된다. 잘못은 그 잘못한 일에 대한 수습과 함께 스스로 고쳐 나가는 데에 또한 의미가 있다.

———————— (15 - 30) ————————

공자가 말했다.
"내가 온종일 밥도 안 먹고 잠 한숨 안 자고 생각이란 걸 해 본 적이 있습니다. 그런데 아무 도움도 안 되더군요. 차라리 제대로 뭘 배우는 게 백번 낫죠!"

子曰, 吾嘗終日不食, 終夜不寢, 以思, 無益, 不如學也.

생각은 생각할 수 있는 도구와 풍부한 자료를 넣어 줘야 제대로 움직인다. 책 한 권 제대로 읽은 것이 없는데 내 안에 무슨 도구와 무슨 재료가 있어 생각이란 걸 한단 말인가? 인간은 생각할 수 있는 힘을 가지고 태어나지만 생각 자체는 가지고 태어나지 않는다. 그런데 그런 존재인 내가 직접 나서서 읽고 찾고 배우고 이해하려는 노력을 아무것도 하지 않고서 '생각'이란 걸 한다면, 그건 '내 생각'이 아니라 오감이 열려 있기 때문에 외부로부터 들어온 '남

378

의 생각'일 것이다. 책을 읽고 배우는 건 그런 외부로부터 들어오는 것을 외부의 것으로 알고 이해하고 분석하고 종합해서 '내 것'으로 만들기 위해서이다. "내 생각엔 말이지"라는 말을 하루에도 수없이 듣는다. 그러나 그 생각, 정말 '내 것' 맞는가?

———————————— (15 - 31) ————————————

공자가 말했다.

"참된 지성인은 인간이 걸어야 할 길을 모색하는 데에 열중하지 밥벌이를 궁리하는 데 열중하지 않습니다. 밥벌이에 나섰다고 해서 다 밥을 잘 먹게 되는 게 아니에요. 의외로 굶는 일이 있죠. 그런데 또 학문에만 몰두했는데도 월급이 떡하니 통장에 들어오는 경우가 있다니까요? 제대로 배운 사람은 인간이 걸어야 할 길에 대해서 걱정하지 가난 따위는 걱정하지 않습니다."

子曰, 君子謀道不謀食. 耕也, 餒在其中矣, 學也, 祿在其中矣. 君子憂道不憂貧.

379

선생님, 그래도 걱정이 돼요. 하지만 진짜 선생님 말씀이 맞기도 해요. 밥벌이 하나 바라보고 십 대, 이십 대를 다 바쳐도 취직이 안 되는 건 이제 이 나라에서 그리 신기한 일도 아니니까요. 또 우습게도, 하고 싶은 게 그거 하나여서 그 우물 하나만 팠는데 진짜로 굵은 물줄기까진 아니라도 어쨌건 우물이 터지긴 하는 일이 나름 종종 있기도 하고요. 참······.

공자가 말했다.

"리더로서 자리를 맡을 만한 능력이 충분하지만 인품이 받쳐 주지 않으면, 자리를 얻었더라도 결국 잃게 됩니다. 리더로서 능력도 있고 인품까지 받쳐 주더라도 권위를 갖추지 못하면 아랫사람이 존경하질 않죠. 리더로서 능력도 있고 인품도 받쳐 주고 권위까지 갖췄다 하더라도 아랫사람을 존중과 배려로 고무하지 못하고 있다면 아직 잘하고 있다고는 할 수 없습니다."

子曰, 知及之, 仁不能守之, 雖得之, 必失之. 知及之, 仁能守之. 不莊以涖之, 則民不敬. 知及之, 仁能守之, 莊以涖之, 動之不以禮, 未善也.

좋은 리더가 되길 원하십니까? 능력, 인품, 권위, 예의 4종 세트를 추천해 드립니다.

공자가 말했다.

"학문을 넓고 깊게 배운 사람에게 무슨 전문적인 기술 같은 건 없을 수 있지만 크고 중대한 일을 맡길 수는 있지. 좁고 단순하게 배운 사람에게 크고 중대한 일을 맡길 수는 없지만 전문적인 기술이 필요한 분야에서 활약하게 할 수는 있지."

子曰, 君子不可小知而可大受也, 小人不可大受而可小知也.

공자가 말했다.

"물이나 불이 없으면 사람이 살 수 없지 않습니까? 그런데 사람이 사람답게 되는 건 이보다 훨씬 더 절실한 것이죠. 그러나 재미있는 점은 물이나 불에 빠져 죽고 타 죽는 사람은 내가 봤지만 사람다운 삶을 실천하다가 죽는 건 아직 못 봤다는 것입니다."

子曰, 民之於仁也, 甚於水火. 水火, 吾見蹈而死者矣, 未見蹈仁而死者也.

공자가 말했다.

"온전한 사람다움을 실천하는 일은 스승에게도 양보해선 안 되지!"

子曰, 當仁, 不讓於師.

그런데 꼭 이런 것만 양보하곤 한다. 그것도 기꺼이.

공자가 말했다.
"참된 지성인은 바른 신념을 지킬 뿐 작은 신의에 얽매이지 않습니다."

子曰, 君子貞而不諒.

공자가 말했다.
"취직하게 됐거든 맡은 일에 최선을 다하는 것이 먼저네. 연봉은 그다음 일이지."

子曰, 事君, 敬其事而後其食.

조직은 직원을 정당하게 대우할 의무를 갖는다. 그러나 직원이 직장을 월급 주는 곳으로만 아는 것도 문제다. 주도적인 업무 처리는 고사하고 업무의 연계성도 깨치지 못했으면서 "제 일도 아닌데 제가 그걸 왜 알아야 하죠?"라고 아주 자신 있게 말하고, 새로운 업무 하나 날아들 때마다 정의로움을 가장해 신랄하게 상사를 씹으면서 월급날만 기다리는 직원들도 없지 않다.

공자가 말했다.

"나는 누구든 가르쳐 주네. 어떤 차별도 두지 않지."

子曰, 有教無類.

공자가 말했다.

"꿈꾸는 목표가 다르면 그 일을 함께 기획하고 추진할 수 없습니다."

子曰, 道不同, 不相爲謀.

이해한다. 그러나 반드시 상대를 보는 순한 눈과 관용이 필요하다.

383

공자가 말했다.

"말은 뜻이 통하는 정도면 충분하고도 남습니다!"

子曰, 辭達而已矣.

말 잘하는 걸 어찌나 싫어하시는지……!

국립음악원 소속 연주자가 공자를 뵈러 온 일이 있었다. 당시 연주자가 대개 그렇듯 이 연주자도 시각 장애인이었다. 그 연주자가 계단에 다다르자 공자가 말했다.

"이제 계단입니다."

자리에 도착하자 공자가 알려 줬다.

"자리에 도착했습니다."

그곳에 있던 사람들이 모두 자리를 잡고 앉았다. 공자가 또 알려 줬다.

"○○은 여기에 있고 ○○은 서기에 있습니다."

얼마쯤 후에 그 연주자가 그곳에서 나갔다. 자장이 물었다.

"선생님 이게 시각 장애인과 대화하는 방법인가요?"

공자가 말했다.

"그렇네! 이것이 원래 시각 장애인을 도와주는 방법이네!"

師冕見, 及階, 子曰, 階也. 及席, 子曰, 席也. 皆坐, 子告之曰, 某在斯, 某在斯. 師冕出. 子張問曰, 與師言之道與. 子曰, 然. 固相師之道也.

언젠가 시내버스를 탔는데 몇 정거장 뒤에 휠체어를 탄 장애인 한 분이 탑승하셨다. 그 버스는 휠체어가 탑승할 수 있는 저상버스였다. 낯설었다. 진짜로 휠체어에 탄 장애인이 버스에 오른 것을 본 것이 그때가 처음이었기 때문이다. 며칠 전 또 한 번 휠체어 타신 분이 저상버스를 이용하시는 것을 보았다. 이번에는 버스에서 내리는 모습이었다. 그 이전 경험으로부터 거의 일 년 만의 일이었다. 문득 그 많은 장애인은 다 어디에 계신 것일까 하는 생각이 들었다. 장애를 가진 분의 수가 상당할 텐데 길에서 장애인을 만나는 경우는 정말 드물다. 장애인과 일반인이 그냥 평범하게 함께 어울려 살았으면 좋겠다. 그 일상을 위해 필요한 건 대단한 무엇이 아니라 공자가 한 것과 같은 평범하고도 작은 도움인데……. 작은 배려, 작은 공감, 작은 이해만 있다면 더 이상 장애가 장애 아닌 세상을 살 수 있지 않을까? 특별한 날을 함께하는 것이 아니라 일상을 함께했으면 좋겠다.

계씨

—

숫자로 배워 보는 유학

季氏

계씨가 노나라의 종속국인 전유顓臾란 곳을 정벌하려고 했다. 계씨 집안의 신하로 있는 염유와 자로가 공자를 뵙고 말했다.

"계씨가 전유를 정벌할 계획을 하고 있어요."

공자가 말했다.

"염유야, 이거 자네 잘못 아닌가? 저 전유란 곳이 어떤 곳인가? 옛날에 선왕들이 그곳에서 동몽산東蒙山 제사를 주관하게 했고, 이미 노나라 땅 안에 있지 않은가? 그렇다면 노나라와 운명을 같이하는 신하의 나라인데, 무엇 때문에 정벌한다는 건가?"

염유가 말했다.

"계씨가 그렇게 하고 싶어 해요. 사실 저희 두 사람은 안 그러고 싶은데."

이 대답을 들은 공자가 미심쩍어 찔러보았다.

"염유야, 옛날 주임周任이란 사관史官이 '자기 직책에 최선을 다하고 감당이 안 되거든 사표를 쓰라'라는 말을 한 적이 있지. 위기 상황인데 지탱해 주지 못하고, 넘어지게 생겼는데 붙잡아 주지 못하면, 그런 조수가 무슨 쓸모가 있겠나? 그리고 게다가 자네 말은 틀렸네. 우리에 가두어 둔 맹수가 뛰쳐나오고 보석함에 담아 둔 보석이 망가졌다면 그게 누구 책임인가? 지키는 사람 책임 아닌가 말이야."

이에 염유가 실토했다.

"지금 저 전유라는 곳은 성곽이 아주 짱짱한 데다가 계씨의 거점인 비費 땅과도 거리상으로 매우 가깝죠. 그러니까 지금 먹어 버리지 않으면 나중에 반드시 후손들의 골칫거리가 될 거예요."

공자가 나무랐다.

"염유야, 성숙한 지성인은 제 엉큼한 속셈을 놔두고 굳이 에둘러 딴소리를 하는 것을 아주 혐오하지. 난 말이다, 이렇게 알고 있어. 나라를 다스리고 조직을 이끄는 사람은 경제 규모가 작은 것을 걱정할 것이 아니라 물자가 고르게 나눠지지 않을까 걱정해야 하고, 전반적인 가난을 걱정할 것이 아니라 사람들의 삶이 안정되지 못할까 걱정한다고 말이야. 고르게 나눠지면 가난이 없어지지. 사람들이 서로 화목하게 지내면 경제 규모가 작은 게 문제가 안 돼. 그리고 사람들의 삶이 안정되면 그 나라나 조직은 무너질 수가 없어.

다스림의 원리는 이런 거야. 통제의 손길이 미치지 않는 먼 곳에 있는 이들이 거리를 핑계 대고 명령에 따르지 않거든, 지도자는 바른 윤리와 아름다운 문화로 그들의 마음을 감동시켜 그들이 스스로 오게 만들어야 하는 법이야. 그렇게 해서 그들이 실제로 오면 그들의 삶을 안정시켜 주어야 하는 거고.

그런데 지금 자네들은 계씨를 보좌한다고 하지만 틀렸어. 먼 곳에 있는 이들이 중앙의 명령을 무시하는데 그들을 오고 싶게 만들지도 못하고, 나라가 분열되고 무너지고 있는데 제대로 지키지는 못할망정 되레 나라 안에서 전쟁을 일으킬 생각이나 하고 있으니 이건 뭐……! 내 생각엔 아무래도 계손씨가 진짜로 걱정해야 할 건 전유 땅이 아니라 제집 울타리 안에 있는 것 같네요, 이 사람들아!"

季氏將伐顓臾. 冉有季路見於孔子曰, 季氏將有事於顓臾. 孔子曰, 求, 無
乃爾是過與. 夫顓臾, 昔者先王以爲東蒙主, 且在邦域之中矣. 是社稷之
臣也, 何以伐爲. 冉有曰, 夫子欲之, 吾二臣者, 皆不欲也. 孔子曰, 求, 周
任有言曰, 陳力就列, 不能者止. 危而不持, 顚而不扶, 則將焉用彼相矣.
且爾言過矣, 虎兕出於柙, 龜玉毁於櫝中, 是誰之過與. 冉有曰, 今夫顓臾,
固而近於費. 今不取, 後世必爲子孫憂. 孔子曰, 求, 君子疾夫舍曰欲之而
必爲之辭. 丘也聞有國有家者, 不患寡而患不均, 不患貧而患不安. 蓋均
無貧, 和無寡, 安無傾. 夫如是, 故遠人不服, 則修文德以來之. 旣來之, 則
安之. 今由與求也, 相夫子, 遠人不服, 而不能來也, 邦分崩離析, 而不能
守也, 而謀動干戈於邦內. 吾恐季孫之憂, 不在顓臾, 而在蕭牆之內也.

균등한 분배가 정치에서 얼마나 중요한지를 말하고 있는 부분이
다. 한창 낙수 효과니 파이가 커지면 먹을 게 많아진다느니 하는
이론이 횡행했다. 그러나 공자는 말한다. 경제는 그 첫발을 전체
적인 부의 관점이 아니라 분배의 관점에서 떼어야 한다고. 분배
는 사회적인 안정과 직결된다. 분배의 정의가 확립되어야만 국민
은 마음으로부터 자기 나라 지도자를 신뢰하고 좋아하게 된다.
'미래를 위해서'라고 아무리 외쳐 봤자 불안한 현실을 더욱 고통
스럽게 쥐어짜고 있는 오늘에서 평화롭고 조화로운 내일이 올
일이 무언가?

'온전한 인간다움'을 일생 고민하고 사람이 사람답게 살 것을 평
생 부르짖었던 공자에게서 학문과 인품을 수양했던 염유다. 그
러나 그는 결국 타인에 대한 배려로 가득한 온전한 사람다움의

길에서 미래를 보고 내일을 만들어 내지 못했다. '현실적으로 볼 때'란 입장이 그를 사로잡았던 것이다.『논어』곳곳에서 정치와 행정에 재능은 있지만 '현실'과 갈등하는 염유를 만나게 된다. 현실을 딛고 일어서서 더 나은 길에서 내일을 열자는 각오는 세상에 나감과 동시에 흔들리게 마련이다. 세상은 온갖 욕망이 수단과 방법을 가리지 않고 치열하게 충돌하는 곳이기 때문이다. 그러나 진짜 지성인이라면 주저앉아 버린 자신의 비겁과 나 자신을 집어삼킨 욕망을 직시하고 깨끗이 인정하는 자세가 필요하다. 그걸 인정해야 또다시 시작할 수 있으니까. 어쩌면 세상은 원래 숨 막히는 곳이 아니라 어쩔 수 없었다고 말하는 자기합리화 때문에 더 그렇게 되어 가는 것인지도 모른다.

———————— (16 - 2) ————————

공자가 말했다.

"나라가 정상적으로 운영되고 있으면 법도와 문화와 군사 명령이 합법적 통치 권력에서 나오지만, 나라가 방향을 상실하면 법도와 문화와 군사 명령 체계가 무너져 명령이 법의 테두리가 아니라 힘에서 나오기 시작합니다. 법체계를 무시하고 힘을 가진 장관급 기관의 실권자에게서 명령이 나오기 시작하는 거죠. 이렇게 되면 망조가 비치기 시작했다고 볼 수 있습니다. 한술 더 떠서 일개 차관급 기관장이 실질적인 국가 권력을 쥐잖아요? 그럼 나라가 반쯤 기울어졌다고 볼 수 있습니다. 심지어 참모급이 실질적인 권력이 돼서 나라를 좌지우지하잖아요? 그러면 나라 망하는 걸 머잖아 볼 수 있습니다. 나라가 정상적으로 운영되고 있으면 국가 권력이 일개 차관급 기관장의 손아귀에 있겠습니까? 또 나라가 정상적이면 일반 서민이 정치에 대해 분분한 의견을 내놓지 않는 법이지요."

孔子曰, 天下有道, 則禮樂征伐自天子出, 天下無道, 則禮樂征伐自諸侯出. 自諸侯出, 蓋十世希不失矣, 自大夫出, 五世希不失矣, 陪臣執國命, 三世希不失矣. 天下有道, 則政不在大夫. 天下有道, 則庶人不議.

16

원문 앞부분을 직역하면 이렇다. "천하에 도리가 있으면 예악과 정벌이 천자의 손에 있는데, 천하에 도리가 없어 이 권력이 세우의 손에 있으면 10대 안에 나라가 망하고, 대부의 손에 있으면 5대 안에 망하며, 가신의 손에 있으면 3대를 넘기지 못하고 망하게 된다."

천자, 제후, 대부, 사士, 서인으로 계층이 나뉘어 통치자와 피치자의 서열 구분이 확연했던 공자 시대와 지금은 완전히 달라 새로운 관점에서 이해해야 하는 부분이다. 지금은 민주주의 시대이니 일반 서민이 나라의 주인이다. 서민이 격렬하게 정치에 참여해야 한다.

어떤 조직이든 국가든 명령은 법으로 정해진 해당 직위의 사람에게서 법으로 정해진 한도만큼 나와야 한다. 돈이나 수완으로 합법적 권력자의 권위를 가지려 하는 것은 정당하지 않다. 합법적 권력자의 경우도 자기 위치의 법적 한계를 넘어서서 행동하면 마찬가지로 월권이다. 이러한 것을 경계하는 이유는 그것이 질서를 무너뜨리기 때문이다. 먼저 행동하고 법을 끼워 맞추면

법은 이미 무너진 것이다. 법이 권력자에게 휘둘리게 되면 힘이 정의가 된다. 힘이 정의가 된 나라에서 사람은 사람답게 살 수 없다. 사람이 사람답게 살 수 없는 사회란 배려와 존중, 신뢰, 정직, 평화, 정당한 기준이 모두 다 무너져 버린 사회를 의미한다. 이런 사회에 누가 마음을 붙이고 살 수 있겠는가? 함께 있어도 그곳은 '함께'가 아니라 '나'밖에 없는 세상이 된다. 나를 지켜야 한다며 속고 속이고 먹고 먹히는 굴레의 끊임없는 악순환……. 사회 유력 인사들이 국내에서 벌어들인 재산을 해외로 빼돌리고, 배웠다는 사람들이 이 나라에서 못 살겠다며 고학력을 자본으로 자녀와 함께 외국으로 떠나가 버리고……. 그러고도 위태롭게 흔들리지 않는 나라는 없다.

─────── (16 - 3) ───────

공자가 말했다.
"관리 임명권이 원래 그 권한을 지닌 군주의 손에서 떠난 지가 5대나 됐고, 나라 정책이 권력을 틀어쥔 세 대부의 손에서 나온 지 벌써 4대가 되었으니, 나는 새도 떨어뜨린다는 저 권력의 힘도 얼마 안 남은 셈이죠. 그래서 그 세 대부의 자손도 힘이 약해진 겁니다."

393

孔子曰, 祿之去公室五世矣, 政逮於大夫四世矣, 故夫三桓之子孫微矣.

노나라는 문공文公이 죽은 뒤부터 왕실의 힘이 미약해져서 권력이 대부의 손에 넘어갔다. 그러나 앞에 나온 공자의 말에 따르면 세 대부의 집안이 권력을 누릴 시간도 얼마 안 남았다. 이제 한 세대 남았다.

(16 - 4)

공자가 말했다.

"도움 되는 벗이 셋이 있고 손해 되는 벗이 셋이 있습니다. 정직하고, 성실하고, 박학다식한 사람을 벗하면 많은 도움을 받을 수 있어요. 하지만 겉만 그럴싸하게 꾸몄을 뿐 실제로 정직하지 않거나, 살살 아첨하면서 내 기분만 맞춰 주거나, 아는 것도 없으면서 말만 그럴싸하게 하는 사람을 벗하면 내 손해죠."

孔子曰, 益者三友, 損者三友. 友直, 友諒, 友多聞, 益矣. 友便辟, 友善柔, 友便佞, 損矣.

도움 되는 벗과 손해 되는 벗은 종이 한 장 차이다. 상대방의 첫인상이나 몇 번의 만남에 편견을 갖지 말아야 구분할 수 있다. 정직해 보이는 것과 정직한 것은 다르다. 내 눈치를 살피며 내 기분을 맞춰 주면 나는 실제로 그가 성실한지 아닌지 알 수가 없다. 다만 내 마음에 들기 때문에 그렇게 봐 버린다. 정말로 저 사람이 아는 지식이 제대로 된 지식인지를 알려면 나부터 먼저 많은 지식을 쌓아야 한다. 언뜻 그냥 사람을 가려서 사귀라는 말처럼 느껴지지만, 읽을수록 자기 자신이 우선 제대로 깊이 있는 사람이 되지 못하면 친구조차 제대로 사귈 수 없다는 의미로 읽힌다.

공자가 말했다.

"좋아해서 도움 되는 것이 세 가지가 있고, 좋아해서 손해 되는 것이 세 가지가 있습니다. 예의와 음악으로 자기를 조화롭게 절제하는 것을 좋아하고, 남의 좋은 점 말하기를 좋아하고, 지적으로나 인격적으로나 아주 탁월한 사람과 많이 사귀어 두는 걸 좋아하면 도움이 됩니다. 하지만 거들먹거리며 거드름 피우기나 좋아하고, 빈둥빈둥 놀러 다니는 거나 좋아하고, 만날 남자나 여자 끼고 클럽에서 죽치는 거나 좋아하면 손해가 됩니다."

孔子曰, 益者三樂, 損者三樂. 樂節禮樂, 樂道人之善, 樂多賢友, 益矣. 樂驕樂, 樂佚遊, 樂宴樂, 損矣.

그래도 뒤쪽이 더 유혹적인 건 어쩔 수가 없구나! 으으, 낮에는 빈둥거리며 여기 기웃 저기 기웃 놀러 다니다가 밤엔 클럽에서 격렬하게 에너지를 낭비하고 그렇게 얻은 얕은 지식으로 잘난 척하고 싶다!

공자가 말했다.

"윗사람과 함께 대화할 때 저지를 수 있는 실수로 세 가지쯤을 꼽을 수 있어요. 윗사람이 말을 마치지도 않았는데 불쑥 끼어들어 내 말을 하는 걸 경솔하다고 합니다. 그리고 내가 말을 해야 할 순서가 되었는데도 말하지 않는 걸 숨긴다고 하지요. 마지막으로 윗사람의 표정도 살피지 않고 그냥 냅다 말하는 걸 '장님'이라고 해요."

孔子曰, 侍於君子有三愆, 言未及之而言, 謂之躁, 言及之而不言, 謂之隱, 未見顏色而言, 謂之瞽.

마지막에서 빵 터진다. '장님.' 내 주변의 장님들이 막 떠오른다. 내가 볼 땐 장님인데 자기는 소신이 있는 거라고 끝끝내 주장해서 더 장님 같은 분도 적잖이 떠오르고…… . 하하!

표정을 살피는 건 눈치를 본다고도 표현할 수 있겠다. 눈치를 보는 건 나쁜 게 아니라 분위기를 읽는 것이다. 요즘 부모님은 자기 자녀가 눈치나 보고 주눅 드는 이이가 되지 않길 바란다면서 아무 데서나 뛰고 달리고 소리 지르게 내버려 둔다. 그렇게 자란 아이는 주변 사람을 살피지 않는다. 그래서 오히려 분위기를 읽는 법을 몰라 자기를 제대로 표현하지 못하고 어려운 자리에서 되레 쉽게 주눅이 들어 버린다. 조금만 어렵고 까다롭고 분명한 사람을 만나면 어떻게 말해야 할지 몰라 쩔쩔매고 숨어 버린다. 장님이 아니어야 언제 말해야 할지 언제 침묵해야 할지를 알아서 경솔하다는 평가도 숨긴다는 평가도 받지 않을 것이다.

396

공자가 말했다.

"잘 배우려는 사람은 세 가지 시기별로 자기를 주의해서 살펴야 해요. 첫째, 젊었을 때는 혈기가 안정되질 않아 끓어오르는 혈기를 어쩔 줄 몰라 하죠. 그땐 성욕을 조심해야 해요. 둘째, 장년이 되면 혈기가 뭔가를 이룰 수 있을 만큼 짱짱하고 강해져요. 그땐 승부욕 때문에 싸움 나지 않도록 조심해야 하죠. 마지막으로 노년이 되면 혈기가 쇠하면서 뭔가 손에 쥐고 싶어져요. 욕심이 생기는 거죠. 노년에는 노욕을 조심해야 합니다."

孔子曰, 君子有三戒, 少之時, 血氣未定, 戒之在色, 及其壯也, 血氣方剛, 戒之在鬪, 及其老也, 血氣旣衰, 戒之在得.

노욕을 언급하는 점이 눈길을 끈다. 노인이 되면 욕심이 사라질 것만 같다. 그런데 오히려 빠져나가는 혈기 대신 무언가를 쥐려 한단다. "내가 이 나이에 무슨 욕심이 있겠니?"라고 하셨던 어르신들의 말씀을 다시 생각해 보아야 할 듯.

397

공자가 말했다.

"지성인이 두려워해야 할 것이 세 가지 있습니다. 첫째, 하늘의 섭리를 두려워할 줄 알아야 해요. 둘째, 인품이 훌륭한 사람을 두려워할 줄 알아야 하고요. 셋째, 성인의 말씀을 두려워할 줄 알아야 합니다. 시답잖은 부류는 이런 두려움이 없어요. 하늘의 섭리를 모르니까 두려워하지 않고, 인품이 훌륭한 사람을 함부로 대하고, 성인의 말씀도 기꺼이 무시하죠."

孔子曰, 君子有三畏, 畏天命, 畏大人, 畏聖人之言. 小人不知天命而不畏也, 狎大人, 侮聖人之言.

──────────── (16 - 9) ────────────

공자가 말했다.

"나면서부터 아는 사람이 있습니다. 그 사람이 최상급이죠. 배워서 아는 사람이 있어요. 그 사람이 그다음이에요. 어려움을 겪고 나서 필요해서 배우는 사람이 있어요. 이 사람은 또 그다음이죠. 근데 어려움을 겪어서 배우는 게 꼭 필요하다는 걸 알았는데도 안 배우는 사람이 있어요. 아, 이런 사람은 정말이지 최악이에요."

孔子曰, 生而知之者, 上也. 學而知之者, 次也. 困而學之, 又其次也. 困而不學, 民斯爲下矣.

  나는 어디쯤인가? 자신의 위치에 V표 하시오. 음……. 저는요…….

공자가 말한, 바른 지성인이 생활에서 항상 생각해야 할 것 아홉 가지.

1) **눈** 분명하게 보았는가?

2) **귀** 확실하게 들었는가?

3) **표정** 온화한가?

4) **자세** 공손한가?

5) **말** 진심인가?

6) **업무** 신중하게 처리했는가?

7) **헛갈리는 일** 분명하게 알 때까지 질문했는가?

8) **화가 치민 순간** 기분대로 저질렀을 때 뒷감당이 되겠는가?

9) **이득이 될 것을 본 순간** 내가 얻어도 되는 합당한 이득인가?

孔子曰, 君子有九思, 視思明, 聽思聰, 色思溫, 貌思恭, 言思忠, 事思敬, 疑思問, 忿思難, 見得思義.

399   공자가 말했다.

"선을 보면 아무리 해도 닿을 수 없을 것처럼 다가가고, 악을 보면 뜨거운 물에 델 것처럼 피해야 하죠. 저는 그렇게 하는 사람을 보기도 했고 그런 말을 들은 적도 있습니다.

세상을 피해 숨어 살면서 신념을 지키고, 세상에 나와서는 정의를 실천해서 자기의 신념을 세상에 관철시켜야 하죠. 저는 그런 말을 들은 적은 있지만 그 일을 해내는 사람은 본

적이 없습니다."

孔子曰, 見善如不及, 見不善如探湯. 吾見其人矣, 吾聞其語矣. 隱居以求
其志, 行義以達其道. 吾聞其語矣, 未見其人也.

선을 추구하고 악을 피하는 것은 개인적인 수양이다. 세상을 피
해 자기 신념을 지키는 것과 혼란한 사회에 뛰어들어 정의를 실
현하는 것은 은거와 참여 사이에서 균형을 잡는 일이다. 후자는
'때'에 대한 적절한 이해가 필요한 일이다. 그래서 좀 더 어렵다.

———————————— (16 - 12) ————————————

제나라 경공은 어마어마한 재산을 가졌지만 그가 죽는 날
백성 중에 그가 참 인품이 뛰어난 사람이었다고 칭찬하는
사람은 한 사람도 없었다. 백이와 숙제는 수양산首陽山 아래
서 굶어 죽었지만 백성은 지금까지도 그들을 칭송한다. 그
것이 바로 이것을 말한 것이겠지!

齊景公有馬千駟, 死之日, 民無德而稱焉. 伯夷叔齊餓于首陽之下, 民到
于今稱之. 其斯之謂與.

"그것이 바로 이것을 말한 것이겠지" 앞에 빠진 문장이 있는 것
같지만 정확히 어떤 문장이었는지는 알 수 없다. 백이와 숙제는
고죽국孤竹國의 두 아들로 왕위를 서로 양보하다가 나라를 버리
고 떠나 은나라 서백西伯인 창昌(문왕)의 명성을 듣고 그가 다스리

는 곳으로 왔다. 그러나 창의 아들인 희발姬發(무왕)이 은나라를 치고 주나라를 건국하는 것을 보고 신하가 그 군주를 치고 나라를 세운 것이 정의롭지 못하다고 해서 수양산으로 들어가 거기서 고사리를 따 먹고 살았다. 그러던 어느 날 어떤 여인이 그들을 보고 그 고사리는 주나라에서 난 것이 아니냐고 핀잔하자 그 말을 듣고 깨우쳐 고사리마저 입에 대지 않아 결국 굶어 죽었다.

자금이 공자의 아들 백어伯魚에게 물었다.

"그대는 아무래도 아들이니까 뭔가 좀 특별한 걸 배웠겠지요?"

백어가 대답했다.

"그런 것 없는데요. 언젠가 아버지께서 혼자 서 계시는데 제가 빠른 걸음으로 총총 뜰을 지나간 적이 있었어요. 그때 아버지께서 제게 물으시더라고요. '시를 배웠니?' 그래서 제가 대답했죠. '아직 배우지 못했는데요.' 그랬더니 말씀해 주셨어요. '시를 배우지 않으면 말을 할 수 없단다.' 그래서 제가 그 뒤로 시를 배웠어요.

그리고 언젠가 또 혼자 서 계실 때 제가 빠른 걸음으로 총총 뜰을 지나가니까 저를 불러 세우시고 물으셨어요. '예를 배웠니?' '아니요. 아직 배우지 못했어요.' 그랬더니 말씀해 주셨어요. '예를 배우지 않으면 사회에서 제대로 설 수 없단다.' 그래서 제가 그 뒤로 예를 배웠어요. 배운 것이라곤 이 둘뿐이에요."

자금이 물러 나와 기뻐하며 말했다.

"하나를 물어봐서 소득을 세 개나 얻었구나! 시를 배워야 한다는 것, 예를 배워야 한다는 것, 그리고 마지막으로 훌륭한 분은 그 자식도 다른 제자와 다름없이 가르친다는 것! 이 세 가지를 알게 되었어!"

陳亢問於伯魚曰, 子亦有異聞乎. 對曰, 未也. 嘗獨立, 鯉趨而過庭. 曰, 學詩乎. 對曰, 未也. 不學詩, 無以言. 鯉退而學詩. 他日, 又獨立, 鯉趨而過庭. 曰, 學禮乎. 對曰, 未也. 不學禮, 無以立. 鯉退而學禮. 聞斯二者. 陳亢退而喜曰, 問一得三, 聞詩聞禮, 又聞君子之遠其子也.

　　뭐든 자식에게 물려주고 싶은 것이 보통의 부모 마음이다. 요즘처럼 취직이 힘들고 경기가 불황인 때는 더욱더 그런 것 같다. 기업의 경우 그래도 한때는 전문경영인에게 기업을 넘겨주는 풍토가 조금이나마 형식적으로라도 보였는데 이제는 아주 드러내 놓고 자식에게 물려준다. '사' 자 들어가는 직업군은 모조리 그 직업을 대물림하려고 자녀를 어려서부터 준비시킨다. 연예인들도 앞다투어 리얼리티 프로그램에 자녀와 함께 나와 그들이 인지도를 얻어 자리 잡을 수 있도록 힘을 실어 준다. 학자의 경우도 이런 추세와 별반 다르지 않은 것 같다. 자기 뒤를 이어 갈 자녀를 한 명쯤은 반드시 두어서 책이든 연구 성과든 그에게 물려주려 한다.

　　이런 시대에 백어에게서 듣는 아버지 공자의 모습은 색다르다. 공자 정도의 학식과 명망, 그리고 인재 배출의 산실인 공자학당의 규모, 이는 실로 대단한 것이었다. 그러나 공자는 그것을 사유화하지 않았다. 사유화는 사회의 조화로움을 불가능하게 만든다.

사유화된 영역으로 가득한 사회에서 열심히 뛰어 봤자 무엇을 이룰 수 있겠는가? 가진 것 없고 배경 없는 젊은 열정들의 서러움이 얼마나 크겠는가? 서러움으로 가득한 사회에 무슨 조화로움이 있겠는가? 공과 사를 구분하되 공의 입장에서 사를 품는 공자 선생님의 이런 점이 참 멋지다.

------------------------------ (16 - 14) ------------------------------

나라 군주의 아내에 대한 호칭.

1) 군주가 아내를 일컬을 때 '부인'
2) 부인이 스스로를 일컬을 때 '소동'小童
3) 그 나라 사람이 일컬을 때 '군부인'君夫人
4) 다른 나라 사람에게 일컬을 때 '과소군'寡小君
5) 다른 나라 사람이 일컬을 때 '군부인'

邦君之妻, 君稱之曰夫人, 夫人自稱曰小童, 邦人稱之曰君夫人, 稱諸異邦曰寡小君, 異邦人稱之亦曰君夫人.

403

양화

―

기회가 필요했던
공자의 갈등

陽貨

양화陽貨가 공자를 만나 보고 싶어 했다. 그런데 공자가 만
나 주지 않으니까 꾀를 하나 냈다. 공자에게 삶은 돼지고기
를 선물로 보낸 것이다. 공자가 집에 없을 때를 노려서 선물
을 보내 답례 인사를 하러 오게 하려는 계획이었다. 하지만
공자도 양화가 집에 없는 순간을 포착해서 선물에 대한 감
사 인사를 하러 갔다. 그런데 아뿔싸, 집에 돌아오는 길에 우
연히 딱 마주쳐 버렸다. 이런 얄궂은 우연이라니! 양화가 공
자에게 말했다.

"(허 참, 이렇게까지?) 이리 오시죠. 제가 당신에게 할 말이
있네요."

그런데 공자가 모른 척 지나치려 했다. 그가 다시 불렀다.

"아, 글쎄, 잠깐만요! (하……. 이분 진짜! 아쉬운 내가 참는
다.) 넘치는 능력을 품고 있으면서도 나라가 어지럽든 말든
내버려두는 걸 올바른 사람이 사람을 제대로 사랑하는 자
세라고 할 수 있을까요?"

"그렇다고 할 수 없죠."

"그럼 그렇게 나랏일에 관심을 가지고 있으면서 번번이 기
회를 놓치는 것을 지혜롭다고 할 수 있을까요?"

"그렇다고 할 수 없죠."

"시간은 흘러가고 세월은 우리를 기다려 주지 않아요."

공자가 성의 없이 대답했다.

"예. 뭐 저도 언젠가는 벼슬을 하기도 해야겠죠."

17

양
화

陽
貨

406

陽貨欲見孔子, 孔子不見, 歸孔子豚. 孔子時其亡也而往拜之. 遇諸塗. 謂孔子曰, 來. 予與爾言. 曰, 懷其寶而迷其邦, 可謂仁乎. 曰, 不可. 好從事而亟失時, 可謂知乎. 曰, 不可. 日月逝矣, 歲不我與. 孔子曰, 諾. 吾將仕矣.

양화는 계씨 집안의 신하이다. 그런데 계씨 위에 군림해서 자기 주인을 농락하고 배신해 노나라에서 축출하려 했던 인물이다. 그나저나 참 재미난 풍경. 한 편의 시트콤을 보는 것 같다. 공자 선생님, 위트가 있다니깐!

공자가 말했다.
"본성 자체는 사람마다 별 차이가 없습니다. 습관이 완전 엄청난 차이를 만들어 놓는 거지요."

子曰, 性相近也, 習相遠也.

습관은 제2의 천성이라는데 그 말 진짜 맞는 것 같다. 한번 들어 버린 습관은 좀체 고쳐지질 않는다. 그런데 그 습관이 내 성격을 만들고, 내 자세를 만들고, 내 분위기를 만들어 버린다. 그렇게 습관이 나를 만들어 간다. 나이가 들수록 습관은 더 강하게 굳어져 마치 천성처럼 된다. 습관, 별것 아닌 듯 스르륵 가볍게 다가와 옷을 다 적셔 버리는 가랑비처럼 어느새 나를 다 잠식해 버리는 무서운 녀석. 꺼진 습관도 다시 보자!

공자가 말했다.
"최고로 지혜로운 사람과 최고로 어리석은 사람만은 절대 변하질 않습니다."

子曰, 唯上知與下愚不移.

　앞 장과 이어진다. 습관의 힘이 미치지 못하는 사람들.

한번은 공자가 무성武城이란 지방에 갔다. 그 고을은 제자인 자유가 다스리는 곳이었다. 그런데 마을에 들어서자 현악기 소리와 그에 맞춰 부르는 노랫소리가 들려오는 것이 아닌가? 공자가 빙그레 웃으며 자유에게 말했다.
"거창도 하네! 닭 잡는 데 소 잡는 칼이 다 웬 말인가?"
자유가 좀 무안한 듯 뾰로통해져서는 대답했다.
"옛날에 제가 선생님께 배우기로는, '지도자가 바른길을 배우면 사람을 아끼고 사랑하게 되고, 일반 백성이 바른길을 배우면 지도자의 말에 잘 순종한다'라고 했던 것 같은데요."
공자가 자유를 기특해하며 말했다.
"얘들아, 자유의 말이 옳다! 앞서 말한 건 농담이었어!"

子之武城, 聞弦歌之聲. 夫子莞爾而笑曰, 割雞, 焉用牛刀. 子游對曰, 昔

408

者, 優也聞諸夫子, 曰, 君子學道則愛人, 小人學道則易使也. 子曰, 二三者, 優之言, 是也. 前言戱之耳.

나는 이 풍경이 따뜻해서 좋다. 공자의 모습은 대개 세상에 거절당하고 지치고 그래도 굳은 의지를 다지고 다잡고 그런 모습인데, 여기서는 뭐 좀 해 보려는 제자가 다스리는 마을에 가서 편안하게 농담도 던지고 제자의 작은 투덜거림도 들으며 웃는 모습이 펼쳐진다. 참 여유롭다. 이러니저러니 해도 『논어』를 붙들고 이리 헤집고 저리 헤집은 세월이 무시 못할 시간이긴 한가 보다. 공자 선생님께 머리가 아니라 마음이 쓰이는 걸 보면…….

───────────────── (17 - 5) ─────────────────

공산불요公山弗擾가 비費 땅을 거점으로 해서 반란을 일으켰다. 그러고는 공자를 자기 진영으로 끌어들이기 위해 초청했는데, 공자가 가고 싶어 했다. 자로가 아주 못마땅해하며 말했다.

"갈 곳이 없으면 그만이지 뭘 굳이 그런 사람에게 가려고 하시는 건가요?"

공자가 말했다.

"나를 공연히 불렀겠나? 나를 등용해 주는 사람이 있다면 난 그곳에 가서 거기를 찬란한 문화 국가로 만들 거라네!"

公山弗擾以費畔, 召, 子欲往. 子路不說, 曰, 末之也已, 何必公山氏之之也. 子曰, 夫召我者, 而豈徒哉. 如有用我者, 吾其爲東周乎.

공산불요는 계씨의 집안 신하로, 앞서 등장한 양화와 손을 잡고 노나라의 실권을 쥔 세 대부 집안을 모두 축출하려고 했던 사람이다. 그런 공산불요가 불렀는데 공자가 가고 싶어 했다. 결국 가지는 않았지만 그 마음을 미루어 짐작해 본다. 일단 어떻든 시작이라도 하면 바로잡아 가면서 바른 도를 펼칠 시도라도 해 볼 수 있지 않을까 하는 생각, 그리고 어떻게든 세상을 움직일 만한 힘에 닿고자 하는 마음······.

───────── (17 - 6) ─────────

자장이 공사에게 온전한 인간다움에 대해 물었다. 공자가 말했다.

"세상에서 다섯 가지 덕목을 실행해 낼 수 있으면 제대로 사람다운 사람이 될 수 있지."

자장이 그 내용을 알려 달라고 조르니까 공자가 이야기해 줬다.

"그 다섯 가지는 공손함, 너그러움, 미더움, 민첩함, 은혜로움이라네. 공손하면 남에게 업신여김을 받지 않지. 너그러우면 많은 추종자를 얻을 수 있고. 미더우면 남들이 의지해 오기 시작하고, 민첩하면 일을 많이 성취할 수 있네. 은혜로우면 사람들이 내 말을 잘 따라 주지."

子張問仁於孔子. 孔子曰, 能行五者於天下, 爲仁矣. 請問之. 曰, 恭寬信敏惠. 恭則不侮, 寬則得衆, 信則人任焉, 敏則有功, 惠則足以使人.

흠······. 다섯 가지 덕목을 실행했을 때 나오는 결과를 보니 이 미 덕들, 좀 탐나는데?

───── (17 - 7) ─────

기
회
가
필
요
했
던
공
자
의
갈
등

반란을 일으킨 필힐佛肸이 공자를 자기 쪽에 가담시키고자 초청했다. 그러자 공자가 그에게 가고 싶어 했다. 자로가 흥분했다.

"옛날에 선생님께서 제게 말씀하셨잖아요. '진짜 배운 사람이라면 나쁜 짓을 하고 다니는 사람들 틈에 끼지 않는 거다.' 근데 필힐이 중모中牟 땅을 가지고 반란을 일으킨 거 뻔히 아시면서 선생님께서 거기는 왜 가시려는 건데요?"

공자가 말했다.

"그래, 내가 그렇게 말했지. 그러나 진짜 단단한 것은 아무리 갈아도 얇아지지 않는다고 하지 않디? 진짜 흰 것은 아무리 물들여도 검어지지 않는다고 하지 않디? 내가 무슨 조롱박이냐? 왜 매달려만 있으면서 사람들이 따 먹지 못하게 하겠어, 응?"

411

佛肸召, 子欲往. 子路曰, 昔者, 由也聞諸夫子, 曰, 親於其身, 爲不善者, 君子不入也. 佛肸以中牟畔, 子之往也, 如之何. 子曰, 然. 有是言也. 不曰堅乎, 磨而不磷, 不曰白乎, 涅而不緇. 吾豈匏瓜也哉. 焉能繫而不食.

필힐은 원래 진晉나라의 대부이자 실질적 권력자였던 조간자趙簡子의 휘하에서 중모 지역을 다스리고 있었다. 조간자가 또 다른 대부 가문인 범씨范氏와 중항씨中行氏를 공격할 때 필힐이 범씨를 도왔다. '필힐의 반란'은 이를 가리키는데, 이 배경에 대해서는 두 가지 설이 있다. 필힐이 원래 조간자의 가신이었다는 설과 원래 범씨의 가신이었다는 설이다. 일설이든 이설이든 반란을 일으켰다가 조간자에게 포위당한 필힐은 공자를 불러 도움을 받으려고 했던 것이다.

작은 관직부터 시작해서 나라를 움직일 큰 관직으로 올라가기는 어렵다. 공자에게는 큰 기회가 필요했고 그래서 공자는 시도해 보고 싶었던 것이다. 좋은 주인을 만날 때에만 내가 갈고닦은 실력을 펼칠 것인가, 아니면 어떤 기회라도 붙잡을 수 있으면 붙잡아 주군과 사회 모두를 개혁해 가아 하는가? 어차피 춘추 시대. 공자는 좋은 군주를 만나길 기다리는 것보다 가능성이 있다면 일단 시도해 보는 것도 한 방법이 아닐까 생각했던 것 같다.

―――――――――― (17 - 8) ――――――――――

공자가 말했다.

"자로, 자네 여섯 가지 훌륭한 인품이 배움으로 가꿔지지 않았을 때 나타나는 여섯 가지 문제점에 대해 들어 본 적이 있나?"

"아뇨."

"앉아 보게. 내 일러 줌세."

공자 선생님이 자로에게 일러 주신 내용을 보기 편하게 정리해 보면 다음과 같다.

1) **사람을 아끼고 사랑하는 것을 좋아하는데 배우는 것을 안 좋아할**

때 판단을 못해서 자신이 호구가 될 뿐 아니라 정작 남에게 도움도 되지 않는 어리석은 행동을 하게 되는 문제 발생.

2) **지혜를 좋아하는데 배우는 것을 안 좋아할 때** 논리와 체계가 없어 생각을 제멋대로 하게 되는 문제 발생.

3) **신의를 좋아하는데 배우는 것을 안 좋아할 때** 무작정 신의 있게 행동하려다 보니 남에게 이용당해서 자신이 다치는 문제 발생.

4) **정직을 좋아하는데 배우는 것을 안 좋아할 때** 조금의 유연한 이해도 없이 날카롭고 냉정하게 남을 대하는 문제 발생.

5) **용기를 좋아하는데 배우는 것을 안 좋아할 때** 집단이나 사회에 되레 혼란을 일으키는 문제 발생.

6) **강함을 좋아하는데 배우는 것을 안 좋아할 때** 경솔하고 오만 방자하게 구는 문제 발생.

子曰, 由也, 女聞六言六蔽矣乎. 對曰, 未也. 居. 吾語女. 好仁不好學, 其蔽也愚, 好知不好學, 其蔽也蕩, 好信不好學, 其蔽也賊, 好直不好學, 其蔽也絞, 好勇不好學, 其蔽也亂, 好剛不好學, 其蔽也狂.

413

인애仁愛(사람을 아끼고 사랑하는 것), 지혜, 신의, 정직, 용기, 강함, 이 얼마나 좋은 덕목들인가? 그러나 좋아만 하고 공부하지 않는다면, 그래서 진짜 어떻게 되어야 그것들이 빛을 발할 수 있는지 잘 알고 가다듬어 두지 않으면 저런 황당한 문제들이 생겨난다. 나는 너를 위해서라고 말하지만 정작 너에게는 고통일 뿐인 결과들 말이다.

공자가 말했다.

"자네들은 왜 시를 배우지 않지? 시가 얼마나 대단한 것인데! 시를 통해 선한 마음을 일으킬 수 있고, 풍속과 정치를 관찰할 수 있고, 여러 사람과 잘 어울리는 방법과 세상을 적절하게 원망하는 법을 배울 수 있지. 그리고 가깝게는 부모를 섬기고 멀게는 지도자를 보좌하는 것까지 배울 수 있고, 심지어 풀과 나무, 동물과 새의 이름까지도 많이 배울 수 있게 된다네."

子曰, 小子何莫學夫詩. 詩, 可以興, 可以觀, 可以羣, 可以怨. 邇之事父, 遠之事君, 多識於鳥獸草木之名.

그러니까요! 시를 배워야겠어요! 근데 여기서 말하는 시랑 지금 현대시는 또 좀 달라서……. 그래도 암튼 배워 두면 좋겠죠, 공자님?

17

양
화

陽
貨

공자가 아들 백어에게 물었다.

"넌 『시경』의 맨 처음에 나오는 「주남」周南 편과 「소남」召南 편을 배웠니? 사람으로 태어나 「주남」 편과 「소남」 편을 배우지 않으면, 그건 마치 담벼락을 딱 마주하고 서 있는 것 같아. 앞으로 한 걸음도 나아갈 수 없고, 뭘 제대로 볼 수도 없지."

子謂伯魚曰, 女爲周南召南矣乎. 人而不爲周南召南, 其猶正牆面而立也與.

앞서 제16편 「계씨」 13장(399쪽)에서도 백어가 아버지인 공자가 자기에게 시를 배우라고 했다는 내용이 나왔다. 시는 심지어 사람을 사람으로 만들어 주는 필수과목이다. 자, 이제 시를 배우자! 그런데 여기서 말하는 시는 『시경』의 시를 가리킨다. 이것도 배워 두면 좋겠지만 이건 어쨌거나 중국의 자연과 중국의 감성을 담은 것이다. 우리나라로 치면 어떤 시에 해당할까? 한시, 고시조도 있겠지만 팔도에서 채집한 민요가 아닐까 싶은데?

———————————— (17 - 11) ————————————

공자가 말했다.

"예가 어떻고 예가 저떻고 하는데, 그 예란 것이 옥이나 비단 같은 예물들을 말하는 것이겠습니까? 음악이 어떻고 음악이 저떻고 하는데, 그 음악이란 것이 종이나 북 같은 악기들을 말하는 것이겠어요?"

子曰, 禮云禮云, 玉帛云乎哉. 樂云樂云, 鐘鼓云乎哉.

본질을 알아야 한다는 말이다. 시간이 흐르면 무엇이든 형식으로 흘러 버리기 쉽다. 예를 갖추라면서 상대방을 존중하고 배려하는 마음은 하나도 없이 멋들어지고 있어 보이는 겉치장만 중요시하고, 문화니 예술이니 하면서 정작 그 기능에도 깊이에도 관심 없이 각종 유명한 공연이나 전시회를 다니며, 혹은 악기 등을 배우며 그저 남에게 안 뒤지는 '문화인'만 되려 한다. 역시 둘 다 '있어 보이는' 게 중심이다. 이러다 보니 예와 악은 풍족하지 않은 사람들에게 사치로 느껴진다. 공자가 말했던 예와 악이 이런 것이었을까? 의미가 너무 좁아지고 변질된 것 같다.

──────── (17 - 12) ────────

공자가 말했다.
"겉으로는 꽤 위엄 차 보이지만 내면은 유약한 경우가 있습니다. 이런 사람은 비유하자면 벽을 뚫고 담을 넘어 물건을 훔치면서 들킬까 봐 만날 전전긍긍하는 좀도둑과 같죠."

子曰, 色厲而內荏, 譬諸小人, 其猶穿窬之盜也與.

외강내유外剛內柔는 아니 아니 아니 됩니다요!

──────── (17 - 13) ────────

공자가 말했다.
"겉으로만 멋지고 좋은 사람인 체해서 순진한 시골 사람들에게 환심을 사는 마을의 위선자는 도덕을 망치는 사람입니다."

子曰, 鄕愿, 德之賊也.

'향원'鄕愿이라 불렸던 무리에 대한 내용이다. 향원은 겉보기에는 멋지고 좋은 사람인 양하여 마을 사람들에게 환심을 사지만 그 마음을 따지고 들어가 보면 확실한 기준도 뜻도 의로움에 대한 감각도 없이 그저 좋은 평판에만 신경 쓰는 위선자 부류이다. 이들은 좋은 평판에만 관심이 있기 때문에 상황에 따라 자기 입장을 바꾼다. 그래서 실은 지조 있게(?) 악한 사람보다 훨씬 더 위험한 사람일 수 있다. 재미있는 건, 사람들은 대개 객관적으로 옳든 아니든 상관없이 자신에게 맞춰 주고 자기를 추어주면 만사 오케이이기 때문에 위선자가 좋은 평가를 받는 경우가 적지 않다는 것이다. 모두가 '예'라고 할 때 나만은 '아니요'라고 말할 수 있는 건 광고에서나 가능한 일. 그 사람은 실제에서는 분위기나 깨는 피곤한 사람으로 지목될 가능성이 높다. 위선자는 진짜 바른 도덕의 개념을 흐트러뜨려 놓는다. 그래서 도덕을 망치는 사람이다.

─────────────── (17 - 14) ───────────────

공자가 말했다.
"뜬소문을 주워듣고 그걸 또 마구 떠벌리고 다니는 건 바른 인품을 갖춘 사람이 할 짓이 아니지요."

子曰, 道聽而塗說, 德之棄也.

소문은 진짜 무섭다. 남에 대한 얘기를 듣는 건 정말 재미있는 일인데 그 재미가 얘기의 진위 따위와는 조금도 관계가 없기에 무서운 것이다. 그래서 소문에 걸린 사람은 너덜너덜해진다. 소문의 진상을 요구한다고 일이 더욱 커지기도 하지만 진짜로 진실을 알고 싶은 걸까? 재미난 소문으로 즐거운 티타임을 보낸 이들이 마지막에 말하는 진실보다 무서운 한마디. "아니 땐 굴뚝에 연기 나겠어?"

그러나 가만히 살펴보면 요즘엔 소문의 무서운 측면이 묘하게 활용되는 것 같기도 하다. 지금은 미디어 시대. 이 시대는 진실보다 '화제성'이 중요하다. 진실의 중심보다 화제의 중심에 서는 것을 바라는 새로운 풍토. '무플'보다는 '악플'이 낫다지 않은가? 어떻든 내가 알려지면 되는 것이다. 그러나 화제는 실체가 없는 신기루이다. 한두 번의 재미로 신기루에 갇히게 되면 점점 더 현실에 발을 딛기 어려워진다. 내가 서 있는 그 자리를 담담하고 냉정하게 확인해 볼 시간이다.

──────────────── (17 - 15) ────────────────

공자가 말했다.

"천박하고 욕심 사나운 사람과 함께 중요한 나랏일을 할 수 있을까요? 그런 사람은 관직을 얻기 전에는 얻지 못할까 봐 전전긍긍하고 얻고 나서는 잃을까 봐 전전긍긍하죠. 자리를 잃을까 봐 전전긍긍하기 시작하잖아요? 그럼 그들은 못하는 짓이 없게 되지요."

子曰, 鄙夫可與事君也與哉. 其未得之也, 患得之. 旣得之, 患失之. 苟患
失之, 無所不至矣.

　　수도 없이 본다, 돈과 권력을 잃을까 봐 못하는 짓이 없는 사람
들. 그 욕망이 그들로 하여금 누구든 밟고 올라가 그 자리를 잡아
챌 수 있게 했는지도 모른다. 그러나 그들이 위에 서는 순간, 그
리고 위에 있는 동안 모든 질서는 망가지기 시작한다. 그 자리를
지키겠다는 단 하나의 욕망으로만 결정되는 그 움직임 때문에.

──────────── (17 - 16) ────────────

공자가 말했다.
"옛날에 백성 중에 문제적 인간이 세 종류가 있었어요. 근
데 그게 요즘에 비하면 양반이었네요. 지금은 그마저도 없
어요.
옛날에 미친 사람처럼 제멋대로 어디든 들쑤시는 사람들은
그래도 아닌 건 아니라고 내지르는 맛이 있었죠. 그런데 지
금 이 미친 사람처럼 나대는 부류들은 그냥 방탕하기만 해
요. 순 망나니들이죠. 옛날에 자존심이 센 사람들은 그래도
엄격한 구석이 있었거든요. 그런데 지금 자존심이 센 사람
들은 그냥 화만 잘 내요. 까칠한 쌈닭들이죠. 옛날에 아둔한
사람들은 곧바른 면이 있었어요. 우직한 매력이랄까? 근데
지금 아둔한 사람들은 남을 속여먹을 궁리만 해요. 촌스러

운 사기꾼들이죠."

子曰, 古者, 民有三疾, 今也, 或是之亡也. 古之狂也, 肆, 今之狂也, 蕩. 古
之矜也, 廉, 今之矜也, 忿戾. 古之愚也, 直, 今之愚也, 詐而已矣.

내가 썩 훌륭한 사람은 아닐지도 모른다. 아니 매일매일 꼬박꼬
박 "하여간 저건……" 하며 혀 차는 소리를 들어야 하는 인간인
지도 모른다. 그래도 그 혀 차는 소리 안에 '쟤가 그래도 이런 기
준은 있거든!'이라는 작은 믿음쯤은 남아 있어야 사람 소리를 듣
지 않겠는가? 이를테면 같은 건달에게 적어도 "저 새끼는 양아치
야"라는 손가락질은 받지 말아야 하지 않겠는가 말이다.

──────── (17 - 17) ────────

공자가 말했다.
"항상 듣기 좋은 말만 하고 상냥한 표정으로 나를 대해서 내
기분을 좋게 해 주는 사람치고 진짜 좋은 사람은 정말이지
거의 없어요."

子曰, 巧言令色, 鮮矣仁.

제1편 「학이」 3장(37쪽)과 같은 내용이다.

공자가 말했다.

"나는 자주색이 빨간색의 개념을 흐려 놓는 게 싫네. 사람들이 자주색을 보고 빨간색이라고 하거든.

나는 저급한 유행가가 아악雅樂이 이룩한 음악의 경지를 망쳐 놓는 게 싫네. 사람들이 저급한 유행가도 같은 음악이라고 하거든.

나는 또 말만 잘하는 간사한 놈이 인정을 받아 나라를 말아먹는 게 싫네. 사람들이고 정치인들이고 그 언변에 놀아나고 말거든."

子曰, 惡紫之奪朱也, 惡鄭聲之亂雅樂也, 惡利口之覆邦家者.

사이비는 물러가라! '본래의 그것'과 '그것과 비슷한 것'은 엄연히 다르다. 작은 차이라도 분명히 구별해야 한다. 그런 차이에 자꾸 둔감해지다 보면 어느새 본질은 밀려나고 사이비들이 판을 치는 세상이 되어 버린다. 그런 의미에서, 언어생활을 할 때도 대충 비슷한 것 같으면 그냥 써 버리지 말고 사전 좀 찾읍시다, 여러분!

421

공자가 말했다.

"나는 말은 더 이상 한마디도 안 하고 싶네."

이 말을 들은 자공이 걱정스레 물었다.

"선생님께서 말씀을 안 하시면 저희는 세상에 뭘 전하나요?"

공자가 말했다.

"하늘을 봐. 하늘이 무슨 말을 하던? 그저 사계절이 왔다가 또 가고 그사이에 만물이 자라나고…… 그렇잖아? 하늘이 언제 말 한마디 하던?"

子曰, 予欲無言. 子貢曰, 子如不言則小子何述焉. 子曰, 天何言哉. 四時 行焉, 百物生焉, 天何言哉.

말은 필요 없다. 보여 주는 것으로 충분할 뿐.

─────────── (17 - 20) ───────────

유비孺悲가 공자를 만나고 싶어 했는데 공자는 병들어 몸조리 중이니 만날 수 없겠다고 했다. 그러나 그 말을 전하는 사람이 문밖을 나가기가 무섭게 공자는 비파를 끌어안고 연주하면서 노래를 불러 유비가 그 음악 소리를 듣게 했다.

孺悲欲見孔子, 孔子辭以疾. 將命者出戶, 取瑟而歌, 使之聞之.

유비는 노나라 사람이다. 공자의 제자였다고도 한다. 재미있는 풍경이다. 아마 공자의 말을 전하는 이가 "선생님께서 병 때문에 뵙기 어려우……"까지 얘기했을 때 공자의 연주 소리와 노랫소리가 들려왔을 것이다. '나, 병 안 들었어. 널 만날 생각이 없는 거지, 내가!'라고 노래에 속마음을 실어 보낸 것이다. 유비가 뭔가 잘못했겠지. 그 이유가 나와 있지 않으니 우리는 알 수 없지만 유비는 그 이유를 찾아야 한다. 문득 남자친구를 무릎 꿇리는 여자친구의 뫼비우스 띠가 생각난다. "내가 잘못했어." "뭘 잘못했는데?" "미안해." "네가 뭘 잘못했는지 모르지?" "알아." "뭔데?" "내가 다 잘못했어." "거봐, 모르잖아." "미안해." "뭐가 미안한데?" 이 끝도 없는 순환. 유비와 남자친구는 뭘 잘못했는지 이유를 스스로 찾아야 한다.

재아가 문제를 제기했다.

"부모님이 돌아가셨을 때 삼년상을 지내는 건 기간이 너무 긴 것 같아요. 지도자가 삼년상을 지키느라 삼 년 동안 사회 질서와 문화를 돌보지 않으면 엉망이 되어 버리잖아요. 곡식이 자라고 나무가 자라는 걸 봐도 자연 질서는 일 년을 단위로 움직이잖아요. 일년상이면 충분할 것 같아요."

공자가 한심하다는 듯 되물었다.

"부모님께서 돌아가신 지 일 년 만에 쌀밥을 먹고 따스운 옷을 입어도 네 마음이 편하겠니?"

재아가 당돌하게 대답했다.

"네, 편해요."

"그래? 그럼 그렇게 하든지! 인륜을 아는 사람은 상을 당하면 맛있는 걸 먹어도 맛있는 줄 모르고 좋은 음악을 들어도 좋은 줄 모르고 집에 있는 것조차 편안하질 못한 법이지. 그

래서 하지 않는 거야. 근데 뭐 네 마음에 편하다면 넌 그렇게
하든지!"
재아가 나가자 공자가 말했다.
"아, 재아 저 녀석 저거 어떡하지? 사람이 안 되네! 자식은
태어나 삼 년은 지나야 부모 품에서 떨어질 수 있지. 그래
서 삼년상이 사람이면 다 그렇게 하는 일반적인 상례인 건
데…… 재아 저 녀석도 삼 년 동안 부모 품에서 자라며 사랑
을 받았을 거 아냐? 아, 진짜 저 녀석 저거!"

宰我問, 三年之喪, 期已久矣. 君子三年不爲禮, 禮必壞, 三年不爲樂, 樂必
崩. 舊穀旣沒, 新穀旣升, 鑽燧改火, 期可已矣. 子曰, 食夫稻, 衣夫錦, 於女
安乎. 曰, 安. 女安則爲之. 夫君子之居喪, 食旨不甘, 聞樂不樂, 居處不安,
故不爲也. 今女安則爲之. 宰我出. 子曰, 予之不仁也. 子生三年, 然後免於
父母之懷. 夫三年之喪, 天下之通喪也, 予也有三年之愛於其父母乎.

재아, 낮잠 늘어지게 자다가 된통 야단맞더니 예와 효를 목 놓아
부르짖던 선생 앞에서 또 저러고 있다. 용기 있는 건지, 진짜 실
용적인 학문을 해야 한다는 각오로 가득한 건지, 눈치가 없는 건
지…… 재아랑 공자랑 안 맞아, 안 맞아.

424

———————————————— (17 - 22) ————————————————

공자가 말했다.
"종일 처먹고 빈둥대기만 하면 사람 되기 어렵지! 아, 왜, 게
임이라도 하든지! 차라리 그게 종일 멍하니 있는 것보단

낫지."

子曰, 飽食終日, 無所用心, 難矣哉. 不有博奕者乎. 爲之, 猶賢乎已.

가끔은 스스로에게 게으름을 선물할 필요가 있다. 다른 말로 '쉼'이라 부를 것이다. 그러나 게으름을 통제하지 않으면 마음과 생각도 제멋대로 흘러가 버릴 수 있다. 몸이 생각을 지배하게 되면 내 게으름에 합리적인 백만 가지 이유가 생겨나면서 나는 널브러지고 만다. 풀어지기는 쉬운데 수습해서 일어나기는 어렵다. 공자는 그것을 경계하고 있는 것이리라! 근데 저기요, 지금 공자는 게임을 권장하는 거 아닙니다. '차라리' 그게 낫다는 거지. 게임하면서 공자 핑계 대지 마시고…….

──────────── (17 - 23) ────────────

자로가 말했다.
"배운 사람은 용기를 숭상하나요?"
공자가 말했다.
"(품! 너답다!) 배운 사람은 의로움을 최고로 치지. 배운 사람이 용감하기만 하고 무엇이 정의인지 정확히 판단하지 못하면 난을 일으킨다네. 제대로 못 배운 사람이 용감하기만 하고 의로움에 대한 감각이 없으면 도둑질을 하고."

子路曰, 君子尚勇乎. 子曰, 君子義以爲上, 君子有勇而無義, 爲亂, 小人有勇而無義, 爲盜.

그런데 난 가끔 그런 생각이 든다. 용기가 있어서가 아니라 무엇이 정의인지 알기 때문에 난을 일으키는 것이 아닌가 하는······.

(17 - 24)

자공이 말했다.

"인격이 훌륭한 사람도 누군가를 되게 싫어하는 경우가 있나요?"

공자가 말했다.

"암, 되게 싫어하는 경우가 있지! 남의 단점을 들춰내서 말하는 사람, 자기 윗사람 힐뜯는 사람, 용감한데 무례한 사람, 과감한데 꽉 막혀서 고집만 센 사람을 되게 싫어하지."

이번에는 공자가 물었다.

"자공, 자네도 되게 싫어하는 경우가 있나?"

"네, 저도 있어요. 남의 걸 몰래 엿보다가 슬쩍 베껴서는 자기 거라고 하는 걸 지혜라고 하는 사람, 불손한 걸 용기라고 하는 사람, 남의 사생활을 까발리는 걸 정직이라고 하는 사람을 저는 싫어해요."

426

子貢曰, 君子亦有惡乎. 子曰, 有惡, 惡稱人之惡者, 惡居下流而訕上者, 惡勇而無禮者, 惡果敢而窒者. 曰, 賜也, 亦有惡乎. 惡徼以爲知者, 惡不孫以爲勇者, 惡訐以爲直者.

자공, 마음에 드네! 마음에 들어!!

공자가 말했다.

"여자와 하인은 상대하기 어려워요. 조금만 잘해 주면 아주 머리 꼭대기에 올라가고, 그렇다고 좀 멀리하면 원망하거든요."

子曰, 唯女子與小人爲難養也, 近之則不孫, 遠之則怨.

흥! 공자! 그래 봤자 당신도 여자가 낳고 키웠거든요! 지금은 그런 말씀 하시면 안 됩니다. 시대가 어느 시대인데!

공자가 말했다.

"나이 마흔이 되어서도 남에게 욕을 먹으면 그 사람은 미래가 없습니다."

子曰, 年四十而見惡焉, 其終也已.

아아, 나이를 먹는다는 건 얼마나 두려운 일이냐! 나이가 들수록 사람은 더 완고해져만 가는 것을……. 그래서 앞에서는 찬사를, 뒤에서는 욕을 들을 일이 점점 더 늘어만 가는 것을…….

미자

—

은둔파 현자들과의
만남

微子

은나라 마지막 왕인 주紂는 폭군이었다. 그래서 그의 형인 미자微子는 은나라를 떠났고, 숙부인 기자箕子는 미친 척해서 노예가 되는 길을 택했고, 또다른 숙부인 비간比干은 충언을 하다가 죽임을 당했다. 이에 대해 공자가 말했다.

"은나라에는 세 명의 진짜 사람다운 멋진 사람이 있었습니다."

微子去之, 箕子爲之奴, 比干諫而死. 孔子曰, 殷有三仁焉.

유하혜가 법관이 되었다가 세 번 쫓겨났다. 그러니까 사람들이 말했다.

"그냥 노나라를 떠나시는 게 낫지 않나요?"

유하혜가 넉넉한 미소를 지으며 말했다.

"정직하게 곧이곧대로 일하면 어디 간들 세 번은 안 쫓겨나겠어요? 적당히 비위 맞춰 가면서 대충 일할 거면 또 뭐 굳이 나고 자란 나라를 떠날 필요까지야 있나요?"

柳下惠爲士師, 三黜. 人曰, 子未可以去乎. 曰, 直道而事人, 焉往而不三黜. 枉道而事人, 何必去父母之邦.

유하혜의 마음 품이 커서 나는 그가 참 좋다.

제나라 경공이 공자를 제나라에 붙잡아 둘 마음을 먹고 공
자에게 앞으로 어떤 수준으로 그를 대우해 줄 것인지에 대
해 말했다.

"노나라 임금이 그 나라 최고 세력가인 대부 계씨를 대우하
는 것처럼은 못하겠고, 대부 맹씨를 대우하는 수준은 좀 낮
고……. 계씨와 맹씨의 중간 수준으로 대우하겠소."

그러다가 며칠 뒤 아무래도 안 되겠는지 마음을 바꿨다.

"내가 이제 늙어서 아무래도 당신 같은 인물을 제대로 기용
할 자신이 없소."

공자가 이에 제나라를 떠났다.

齊景公待孔子曰, 若季氏, 則吾不能, 以季孟之間待之. 曰, 吾老矣, 不能
用也. 孔子行.

제나라에 등용된다면……. 이것은 공자 일생일대의 기회였다. 이
기회에 찬물을 끼얹은 것이 당시 제나라 재상이었던 안영嬰嬰(안
평중, 121쪽)이었다는 설이 있다. 그러나 이것은 설일 뿐 확실한 것
은 아니다. 여하튼 제나라는 당시 최고 강대국 중의 하나. 제나라
에서 그를 등용했다면 그는 천하를 향한 자신의 꿈을 한 번쯤 제
대로 펼쳐 볼 수 있었으리라.

노나라가 공자를 등용해서 법무장관 자리를 맡기자 노나라는 기대 이상의 빠른 속도로 질서를 잡아 가기 시작했다. 이에 위기의식을 느낀 이웃 강대국 제나라는 어떻게 하면 노나라를 흔들 수 있을까 고민했다. 이런저런 루트로 노나라의 허점을 찾던 중 노나라의 실권자인 계환자季桓子가 여자를 꽤 밝힌다는 정보를 입수하게 되었다.

제나라는 즉시 특별히 최고로 예쁜 걸그룹을, 심지어 많은 수로 조직해서 노나라에 선물로 보냈다. 이 계략은 완전히 먹혀들어 계환자는 그 예쁜 걸그룹에게 그냥 완전히 빠져 버리고 말았다. 그네들과 즐기느라 사흘 동안 아예 나랏일을 제치고 집무실에 나오지조차 않았다. 이 한심한 풍경을 본 공자는 더 이상 희망이 없다고 생각하고 관직을 버리고서 노나라를 떠났다.

齊人歸女樂, 季桓子受之, 三日不朝, 孔子行.

공자가 일생 중 가장 화려한 벼슬에 있었을 때이다. '아무리 공자라도 금세 뭐가 될까나?' 하던 이웃 강대국 제나라를 긴장시킬 정도로 공자는 빨리 나라의 질서를 수습해 갔다. 공자도 대단하지만 이 본문에서 긴장을 늦추는 법이 없는 강대국의 무섭도록 철저한 얼굴이 보인다. 항상 신경을 곤두세워 이웃 나라의 정세를 살핀다. 작은 나라라고 해서 '쟤들이 그래 봤자……'라고 생각하지 않는다. 조금이라도 강해질 기미가 보이면 미연에 싹을 자

18

미
자

微
子

432

른다. 정보 수집과 외교적 책략이 아주 재빠르다. 그래서 내치內
治와 외교는 항상 함께 간다. 한시도 긴장을 늦출 수 없고 늦춰서
도 안 되는 게 국제 관계다.

──────────── (18 - 5) ────────────

공자가 초나라로 가려 했다. 미치광이로 살아가는 초나라
의 은둔자 접여接輿가 공자가 탄 차를 보더니 그 옆을 지나
가면서 노래를 불렀다.
"봉황새야, 봉황새야! 어찌 때를 읽어 내는 힘을 잃었는가?
지나간 것은 말해야 소용없지만 다가올 일은 짐작해 볼 수
있지. 그만두어라, 그만두어라. 지금 정치인들 한결같이 위
험하다!"
이 노래를 듣던 공자가 그가 비상한 사람이라는 걸 알아채
고 차에서 내려 함께 대화를 나누려 했다. 그러나 그가 후다
닥 달아나 공자를 피했기 때문에 결국 함께 대화를 나누지
는 못하고 말았다.

433   楚狂接輿歌而過孔子曰, 鳳兮鳳兮, 何德之衰. 往者不可諫, 來者猶可追.
已而, 已而. 今之從政者殆而. 孔子下, 欲與之言. 趨而辟之, 不得與之言.

공자는 은둔자를 존경했던 것 같다. 자신과 선택한 길은 다르지
만 그들의 학식과 세상을 읽는 눈을 인정해서 이들을 만나게 되
면 꼭 한마디라도 함께 나누고 도움을 받고자 했다. 그러나 또 이
들은 한결같이 공자가 너무 출세를 탐내는 사람이라 여기고 멀

리하는 자세를 보였다. 길이 달라도 서로서로 대화도 하고 좀 그
러지…… 까탈스럽기는!

───────── (18 - 6) ─────────

은둔한 현자인 장저長沮와 걸닉桀溺이 함께 밭을 갈고 있는데
공자가 그곳을 지나가게 되었다. 공자는 마침 강을 건너려
고 나루를 찾고 있었던 터라 밭에 있는 그들에게 자로를 보
내 나루터를 물어보고 오게 했다. 자로가 그들에게 다가가
니 장저가 물었다.

"저 운전대 옆에 있는 사람은 누군고?"

자로가 말했다.

"공구孔丘라는 사람입니다."

"그 노나라 공구?"

"예. 그분 맞습니다."

"체! 그렇게 뭐든 잘 아는 공구라면 나루터 정도는 알고도
남을 거 아이가!"

장저에게서 답 듣기는 틀렸다는 걸 안 자로가 다시 걸닉에
게 물었다. 걸닉이 자로를 올려다보며 물었다.

"뉘시오?"

"예? 저요? 중유라고 합니다."

"엥? 그럼 노나라 공구네 사람?"

"예, 맞습니다."

"온 세상이 엉망진창으로 흘러가는디 뉘라서 이 흐름을 뒤
집어엎겠는가? 글고 나쁜 사람만 피하는 사람보다는 혼탁

한 세상을 피하는 사람을 따르지그랴?"

그러더니 씨앗 북돋는 일만 계속할 뿐이었다. (그럼 나루터는……?) 자로가 돌아와 두 사람 말을 공자에게 전했다. 공자는 잠시 실망하는 기색을 보이다가 탄식하며 말했다.

"어차피 우리가 짐승이랑 어울려 살 수는 없는 것이네. 내가 여기 이 세상 사람들과 어울려 살지 않고 누구와 함께 살아가겠는가? 세상이 바른길을 가고 있었다면 뭐하러 내가 세상에 들어가 애써 고치려 하겠나……."

長沮桀溺耦而耕, 孔子過之, 使子路, 問津焉. 長沮曰, 夫執輿者爲誰. 子路曰, 爲孔丘. 曰, 是魯孔丘與. 曰, 是也. 曰, 是知津矣. 問於桀溺. 桀溺曰, 子爲誰. 曰, 爲仲由. 曰, 是魯孔丘之徒與. 對曰, 然. 曰, 滔滔者, 天下皆是也. 而誰以易之. 且而與其從辟人之士也. 豈若從辟世之士哉. 耰而不輟. 子路行以告. 夫子憮然曰, 鳥獸不可與同羣, 吾非斯人之徒與, 而誰與. 天下有道, 丘不與易也.

――――――――――― (18 - 7) ―――――――――――

435　공자를 수행해서 가던 길에 자로가 뒤처지게 되었다. 공자를 놓친 자로가 선생님을 찾으려고 종종거리던 중 우연히 지팡이에 삼태기를 걸어 매고 가는 한 노인과 마주쳤다. 자로가 그 노인에게 물었다.

"저기, 어르신, 저희 선생님 보셨나요?"

노인이 말했다.

"사지 멀쩡한데 일은 안 하고 쌀과 보리도 잘 구별 못하는 인사가 무신 선생님이고?"

퉁명스럽게 한마디 던지더니 노인은 밭에 지팡이를 꽂아 두고 김을 매기 시작했다. 자로는 한눈에 그가 은둔한 현자임을 알아보고 공손하게 손을 모으고 그 옆에 서 있었다. 예를 차린 그 모습에 노인은 자로더러 자기 집에서 하룻밤 묵어 가라고 했다. 집에 데리고 가서는 닭도 한 마리 잡아서 귀한 손님상을 차려 잘 먹여 주고, 두 아들도 인사시켜 주었다. 이튿날 마침내 자로가 공자 일행을 찾아 합류했다. 자로가 공자에게 어제 노인과 있었던 일에 대해 이야기했다.

"은둔한 현자로구나!"

이야기를 듣던 공자가 외쳤다. 그러고서 자로에게 다시 가서 만나 보게 했다. 자로가 다시 그 집에 가 보았더니 노인은 이미 떠나고 없었다. 자로가 그 집 사람들에게 말했다.

"공직을 맡아 봉사하지 않는 것은 옳지 못한 일입니다. 연장자를 존중하는 개인적 예절조차 저버릴 수 없는 것인데, 하물며 사회에 이바지하는 더 큰 공적 책무를 어떻게 저버린단 말입니까? 더러운 세상에서 자기 한 몸 깨끗이 지키기만을 바라는 것은 더 큰 윤리를 어그러뜨리는 것입니다. 지성인이 공직을 맡아 봉사하는 것은 당연히 해야 할 책임을 다하는 자세입니다. 우리가 제시하는 길이 세상에서 받아들여지지 않으리라는 것은 이미 알고 있습니다."

18 미 자 微 子

436

子路從而後, 遇丈人, 以杖荷蓧. 子路問曰, 子見夫子乎. 丈人曰, 四體不勤, 五穀不分. 孰爲夫子. 植其杖而芸. 子路拱而立. 止子路宿, 殺雞爲黍而食之, 見其二子焉. 明日, 子路行以告. 子曰, 隱者也. 使子路, 反見之.

至則行矣. 子路曰, 不仕無義. 長幼之節, 不可廢也, 君臣之義, 如之何其
廢之. 欲潔其身, 而亂大倫. 君子之仕也, 行其義也. 道之不行, 已知之矣.

자로의 말을 앞 장의 장저와 걸닉에게도 가서 해 주고 싶다.

─────────────── (18 - 8) ───────────────

뛰어난 학식과 인품을 지녔지만 세상으로부터 버림받았거
나 혹은 스스로 은둔한 인물로는 백이, 숙제, 우중虞仲, 이일
夷逸, 주장朱張, 유하혜, 소련少連이 있다. 이들에 대해 공자는
다음과 같이 평가했다.

* **백이와 숙제** "자기 뜻을 굽히지 않았고 자기 몸을 치욕으
  로부터 지켜 낸 것은 백이와 숙제라고 할 수 있죠!"

* **유하혜와 소련** "자기 뜻을 굽히고 치욕을 당했지요. 하지
  만 도리에 맞는 말을 하고 사람다운 상식에 맞게 행동
  했어요. 이들은 뭐 이 정도로 보면 될 것 같군요."

* **우중과 이일** "세상을 피해 숨어 살면서 더러운 세상에
  시원하게 '돌직구'를 날렸죠. 하지만 그들은 청렴했고,
  그들이 세상을 등진 것도 당시 상황으로는 맞는 행동
  이었어요."

* **아울러 자신에 대한 평가도 한마디** "저는 이들과 달라요. 반
  드시 그래야만 하는 것도 없고 절대 그래선 안 되는 것
  도 없죠."

437

逸民: 伯夷, 叔齊, 虞仲, 夷逸, 朱張, 柳下惠, 少連. 子曰, 不降其志, 不辱

其身, 伯夷叔齊與. 謂柳下惠少連, 降志辱身矣, 言中倫, 行中慮, 其斯而已矣. 謂虞仲夷逸, 隱居放言, 身中清, 廢中權. 我則異於是, 無可無不可.

공자 선생님의 약간의 잘난 척? 반드시 그래야만 하는 것도 없고 절대 그래선 안 되는 것도 없다는 말은 원칙이 있되 원칙의 실행에는 시기와 상황에 가장 적절하도록 살핀다는 뜻이겠다.

백이와 숙제와 유하혜는 앞서 설명했고, 이일과 주장과 소련은 그 행적을 잘 알 수 없다. 우중은 오나라에 살 때 머리를 깎고 문신을 하고 벌거벗고 다녔다고 한다.

───────────── (18 - 9) ─────────────

춘추 시대 노나라의 기강이 무너지자 사회 질서와 규범이 무너졌고, 사회 질서와 규범이 무너지자 문화를 상징하는 음악도 무너졌다. 이에 국립국악원장은 제나라로, 실내악 악장은 초나라로, 실내악 연주자는 각각 채蔡나라와 진秦나라로 도망쳐 떠났다. 큰북 주자는 황하 유역으로, 소고小鼓 주자는 한수漢水 유역으로, 국악원 악장과 경쇠 주자는 각각 바닷가로 가 버렸다.

438

大師摯適齊, 亞飯干適楚, 三飯繚適蔡, 四飯缺適秦, 鼓方叔入於河, 播鼗武入於漢, 少師陽, 擊磬襄入於海.

주공이, 노나라 제후로 임명돼서 떠나는 자기 아들 노공魯公에게 훈계했다.

"군주는 자기 혈족을 버리지 않는 법이다. 그리고 총리와 장관의 고견을 주의 깊게 듣고 실행해서 그들에게서 임금이 자신의 말에 귀를 기울이지 않는다는 원성이 나오지 않게 해야 한다. 큰 문제가 없는 한 오랜 시간을 함께한 벗이나 직원을 버려서는 안 된다. 마지막으로 절대 한 사람에게 모든 능력이 다 갖추어져 있길 바라지 말아라."

周公謂魯公曰, 君子不施其親, 不使大臣, 怨乎不以. 故舊無大故則不棄也. 無求備於一人.

주나라에는 여덟 명의 훌륭한 지식인이 있었으니, 백달, 백괄, 중돌, 중홀, 숙야, 숙하, 계수, 계와가 그들이다.

周有八士, 伯達, 伯适, 仲突, 仲忽, 叔夜, 叔夏, 季隨, 季騧.

이들이 누구인지는 알려져 있지 않다.

자장

제자들에게
배워 보는 시간

子張

자장이 말했다.

"참된 지식인은 사회의 위기에는 목숨을 바치고, 이득 앞에서는 정의를 생각하고, 제사를 지낼 때는 정성을 다하고, 상을 당했을 때는 진심으로 슬퍼하는 사람입니다. 이렇게 한다면 참된 지식인이라고 할 만하지요."

子張曰, 士見危致命, 見得思義, 祭思敬, 喪思哀, 其可已矣.

———— (19 - 2) ————

자장이 말했다.

"이상적인 큰 가치를 붙들고 있기는 한데 실천해서 더 넓혀가지 않고, 사람이 걸어야 할 올바른 길에 대해 믿기는 하는데 그 믿음이 굳건하지는 않다면, 그는 세상에 있으나 마나 한 사람이다."

子張曰, 執德不弘, 信道不篤, 焉能爲有, 焉能爲亡.

없지도 않고 그렇다고 딱히 있다고 할 수도 없고……. 자기 자신이 이상적인 큰 가치를 가지고 있고, 사람이 걸어야 할 올바른 길을 믿고 있는 사람일 때 스스로에 대해 어떤 생각이 들까? 꽤 괜찮은 사람같이 느껴지지 않을까? 그러나 세상은 그런 사람을 조금도 두려워하지 않는다. 실천하지 않는 이상은 드러나지 않으니

신경 쓸 일이 없고, 굳건하게 다져 놓지 않은 믿음은 조금만 위협
해도 쉽게 흔들리고 무너지니 위험할 일이 없다. 실천력 없고 뿌
리도 약한 이상과 신념은 그저 얄팍한 자기 위안일 뿐이다.

─────────── (19 - 3) ───────────

자하의 제자들이 자장에게 인간관계에 대해 물었다. 자장
이 말했다.

"자하 선생님께선 뭐라고 하시던가?"

제자들이 대답했다.

"자하 선생님은요, 괜찮은 사람은 가까이하고 그렇지 않은
사람은 멀리하라고 말씀하셨어요."

자장이 말했다.

"허허, 내가 배운 것과는 다른데? 제대로 배운 지성인은 학
식과 인품이 아주 뛰어난 사람을 존경하면서 또한 그렇지
못한 평범한 대중도 포용하고, 능력 있는 사람을 기꺼이 칭
찬하면서 또한 능력 없는 사람도 가엾게 여길 줄 아는 법이
라네. 자, 보게. 이를테면 내가 학식과 인품이 아주 뛰어난
443 사람이라고 쳐 보세. 그럼 남에 대해 내가 누군들 받아들이
지 못하겠나? 반대로 내가 시원찮은 사람이라고 쳐 보세.
그럼 사람들 쪽에서 나를 멀리하겠지? 그럼 나한테 어떻게
남을 거절할 기회가 있을 수 있겠나?"

子夏之門人問交於子張. 子張曰, 子夏云何. 對曰, 子夏曰, 可者與之, 其
不可者拒之. 子張曰, 異乎吾所聞, 君子尊賢而容衆, 嘉善而矜不能. 我之

大賢與, 於人何所不容. 我之不賢與, 人將拒我, 如之何其拒人也.

인간관계의 기준이 나에게 있느냐 남에게 있느냐 생각해 보자는 대화의 취지는 좋은데 그 대화가 펼쳐지는 상황이 어쩐지 미묘하다. 너네 선생님은 어떻게 가르치더냐고 묻고 대답을 들은 뒤에 그 선생님과 다른 말을 해 주니 말이다.

내가 훌륭한 사람이라면 아무나 못 사귈 것이 없고, 내가 못난 사람이라면 내가 남을 멀리하기 전에 남들이 나를 멀리할 것이다. 결국, '사람을 가려서 사귀기 전에 너나 잘하세요'라는 말. 그런데 엄마들은 꼭 이렇게 말씀하시더라고. "우리 애가 원래는 참 괜찮았는데 친구를 잘못 사귀어서……."

——————— (19 - 4) ———————

자하가 말했다.

"물론 작은 기술에도 반드시 거의 예술이라고 불러도 될 만한 경지가 있습니다. 하지만 원대한 길을 품고 걸어가는 데에 방해가 될까 봐 훨씬 큰 뜻을 품는 지성인은 작은 기술을 굳이 익히지 않습니다."

444

子夏曰, 雖小道, 必有可觀者焉, 致遠恐泥, 是以君子不爲也.

제15편 「위령공」 33장(378쪽)에 보면 "학문을 넓고 깊게 배운 사람에게 무슨 전문적인 기술 같은 건 없을 수 있지만 크고 중대한 일을 맡길 수는 있지"라는 구절이 나온다. 공자는 자하에게 크

고 높은 이상을 추구하는 학자가 되고, 배운 것으로 먹고살 궁리나 하는 학자는 되지 말라고 충고했던 적이 있다. 자하는 아마 자꾸 작은 기술이라도 배워 두려고 하는 좀 좁은 사람이었던 모양이다. 물론 모든 전문가에게는 경지가 있다. 하지만 공자가 제자들에게 가르치려고 한 것은 하나하나 작은 분야의 기술 전문가가 아니라 세상을 읽어 내고 이끌어 갈 수 있는 큰 규모의 인품과 지식이었다. 시야가 한번 좁아져 버리면 넓히기 어렵다. 그래서 공자는 제자들이 작은 기술에 매몰되는 걸 경계했다. 자신을 위한 공자의 지적을 자하는 오랫동안 명심하며 인품과 학식을 두루 갖춘 지성인의 길을 걸어, 지금 오늘을 사는 우리에게도 이름이 거론되는 인물이 되었다.

─────────── (19 - 5) ───────────

자하가 말했다.
"날마다 몰랐던 것을 새로 알고, 달마다 이미 익혀 둔 것을 다시 점검하면 배우기를 좋아한다고 할 수 있습니다."

445 　子夏曰, 日知其所亡, 月無忘其所能, 可謂好學也已矣.

─────────── (19 - 6) ───────────

자하가 말했다.
"폭넓게 배우고 뜻을 굳건하고 진실하게 하며, 절실한 마음으로 질문을 던지고 현실적인 것부터 구체적으로 생각하도

록 하세요. 진짜 사람다운 사람이 되는 경지는 바로 그 안에
있는 겁니다."

子夏曰, 博學而篤志, 切問而近思, 仁在其中矣.

삶은 시야를 좁힌다. 성장할수록 시야가 넓어지는 게 아니라 '먹
고살려면'에 매여 자꾸만 좁아진다. 내 시야를 틔워야 한다. 세상
을 몰라서도 안 되지만 세상에 매여서도 안 된다. 반드시 세상을
알아야 하지만 어떻게 매이지 않을 수 있는지 이 구절 앞에 서서
잠잠히 생각해 본다.

───────── (19 - 7) ─────────

자하가 말했다.
"모든 기술자는 작업장에서 자기 기술을 이루고, 지성인은
배움 속에서 자신이 가야 할 길을 이루는 법이지요."

子夏曰, 百工居肆以成其事, 君子學以致其道.

───────── (19 - 8) ─────────

자하가 말했다.
"지질한 사람은 잘못하면 무조건 변명부터 하고 봅니다."

子夏曰, 小人之過也, 必文.

사과에 인색한 사람이 의외로 많다. 아니 사과를 제때 제대로 하는 사람이 의외로 적다고 하는 게 더 맞는 말일지도 모르겠다. 문제는 분명히 터졌는데 사과하는 사람이 없는 장면이 부지기수이다. 사과하면 지는 건가? 결국 분위기에 밀려 사과를 해야 하는 상황이 되면, 사과한다고 와서는 "미안하다. 죄송하다"라고 말한 뒤에 "미안한 건 맞는데 너도(당신도) 이러저러했잖아?"라거나 "누구누구도 이렇게 했는데 왜 나한테만 그러느냐?"라거나 무작정 "앞으로 잘 하겠다"라며 어떻게 책임을 질 것인지에 대해서는 한마디도 안 하는, 사과인 듯 사과 아닌 사과를 한다. 잘못했을 때 잘못을 인정하고 책임지는 것은 사람 사이의 관계에 있어 당연한 것이지 지는 것이 아닌데…….

──────────── (19 - 9) ────────────

자하가 말했다.

"진짜 인품이 뛰어난 지성인을 만나면 그 인상이 세 번쯤 달라 보이는 걸 경험하게 됩니다. 멀리서 봤을 때는 아주 위엄차고 근엄해서 거리감이 들고 어렵게 느껴지죠. 그런데 가까이서 보잖아요? 그럼 되게 온화하고 따사로운 모습이에요. 그리고 그분이 말하는 걸 들어 보면 매서울 정도로 명확하고 명쾌하죠."

子夏曰, 君子有三變, 望之儼然, 卽之也溫, 聽其言也厲.

자하가 말했다.

"바른 리더는 아랫사람에게 신뢰부터 얻은 뒤에 일을 시킵니다. 아직 신뢰도 얻지 못했는데 일부터 시키잖아요? 그럼 아랫사람은 그가 자기들을 괴롭힌다고 생각해요. 그리고 또 자기 상사에 대해서도 그에게 신뢰부터 얻은 뒤에 문제점을 지적해야 합니다. 신뢰도 아직 얻지 못했는데 지적부터 하잖아요? 그럼 상사는 그가 자기를 욕한다고 생각하죠."

子夏曰, 君子信而後, 勞其民, 未信, 則以爲厲己也. 信而後, 諫, 未信, 則以爲謗己也.

자하가 말했다.

"윤리 도덕의 큰 개념이 잘 자리 잡고 있다면 작은 예절 정도는 좀 부족하거나 넘쳐도 그럭저럭 괜찮다고 봅니다."

子夏曰, 大德不踰閑, 小德出入可也.

공자가 늘 형식보다는 본질을 중시하기도 했고, 자하더러 작은 데 집착한다고 꾸지람을 하기도 했기 때문에 자하는 자기의 부족함을 고쳐 가면서 이런 말을 했던 것 같다. 작은 그림과 큰 그

림은 함께 그려 가는 것이다. 큰 그림에 그것도 성글게 치중해 있
는 사람에게 이 구절은 자칫 위험할 수 있다. 그에게 이 구절은
자기 무례에 대한 합리화밖에 되지 않을 것이기 때문이다. 다음
장에서 볼 수 있듯이 자하나 자하의 제자들은 자잘한 일상의 예
절이 아주 잘 닦여 있는 사람이었다.

———————————— (19 - 12) ————————————

자유가 말했다.

"자하의 제자들은 자기 방 자기가 청소하기, 자기 밥그릇 자
기가 설거지하기, 어른을 바르게 대하기, 일상의 몸가짐 바
로하기 등등 자잘한 예절을 지키는 데에서는 인정해 줄 만
하다. 그런데 이건 소소한 일. 근본이 되는 학문은 없으니 이
걸 어떡한다지?"

자하가 그 말을 듣고 말했다.

"허허! 자유, 좀 너무 나갔는데? 지성인의 길에 어떤 게 더
중요하고 덜 중요한 게 있던가? 그냥 풀과 나무가 종류마
다 다르게 자라듯이 배우는 과정도 수준에 맞게 각각 다르
게 할 뿐인 걸. 악보도 못 읽는 애에게 음악을 가르쳐 준다면
서 오케스트라 총보부터 배우자고 하면 그게 애 속이는 거
밖에 더 되나? 작은 예절부터 심오한 경지까지 하나로 꿰어
다 이해하는 사람은 오직 성인뿐이네!"

子游曰, 子夏之門人小子, 當洒掃應對進退, 則可矣, 抑末也. 本之則無,
如之何. 子夏聞之, 曰, 噫, 言游過矣, 君子之道, 孰先傳焉, 孰後倦焉. 譬

諸草木, 區以別矣. 君子之道, 焉可誣也. 有始有卒者, 其唯聖人乎.

지금 우리의 학문이라는 것은 직업과 밀접하게 연관돼 있다. 그래서 인성과 성적은 별개다. 윤리에서 100점을 맞은 남학생이 여학생을 성추행하고, 도덕에서 100점을 맞은 학생이 자기 방 하나 정리 못 하고 자기가 먹은 밥그릇 하나 씻지 않는다. 생활과 공부가 분리되어 있는 것이다.

자하 제자들은 생활 질서부터 익히고 있었다. 한문으로 하면 "洒掃應對進退之節"(쇄소응대진퇴지절)이라고 하는데, '마당에 물 뿌리고 비질하고 어른들의 부름에 어떻게 응대하고 어떻게 나아가고 물러나는지에 관한 예절'이란 뜻으로 당시의 어린 사람들이 익혀야 했던 일상생활의 예절이다. 일상생활의 예절은 자기 몸가짐과 자기 주변을 수습하는 방법을 말한다. 자기를 정리하는 데서부터 학문은 시작된다. 요즘은 공부만 잘하면 생활은 개판이어도 문제가 되지 않는다. 십 대와 이십 대를 다 바쳐 소위 '공부'라는 걸 했는데 내 생활 하나 내 몸가짐과 말투 하나 수습하지 못한다면 우리가 해 온 그 '공부'라는 것에 한 번쯤 회의를 품어도 좋으리라.

450

───────────── (19 - 13) ─────────────

자하가 말했다.
"직장 일을 하다가 병행이 가능할 것 같으면 공부를 하고, 공부를 하다가 병행이 가능할 것 같으면 그때 직업을 가지세요."

子夏曰, 仕而優則學, 學而優則仕.

병행이 가능할 것 같으면, 즉 여력이 되면 시도하란 말이다. 그럼 여력이 안 되면? 시도하지 말아야 한다. 처음에는 한곳에 힘을 다 쏟는 것이 지혜롭다. 아직 낯선 일에 또 다른 일을 더하면 둘 다 엉망이 될 뿐이다. 익숙해질 때까지는 한 번에 한곳에만 힘을 쏟는 것이 가장 경제적이다. 익숙해지면 절로 여력이 생긴다.

이미 직장을 가진 삼십 대에게 이 구절은 '그래, 맞아, 더 뒤처지지 않으려면 이제 저녁에 놀러만 다니지 말고 공부를 해야 해'라는 각성을 줄 수 있을 것이다. 그러나 하늘로 치솟기만 하는 대학 등록금을 감당하기 위해 아르바이트하느라 공부에 전념할 수 없는 대학생에게 이 구절이 어떻게 느껴질까? "공부를 하다가 병행이 가능할 것 같으면 그때 직업을 가지라"라는 말이 참 황당하게 들릴 것 같다. 대학은 공부의 끝점이 아니라 본격적인 '학문'이 시작되는 출발점인데 우리 사회는 이 출발점에 선 사람에게 가혹하기 이를 데 없다. 이들에게 '여력이 생길 때까지' 사회가 지켜 주어야 이들이 '인재'로 성장할 텐데 지금 우리 사회는 혼자 힘으로 인재로 성장할 것을 요구하고 있다. 사회적 규모로 책임져야 할 것을 모두 개인과 가정에 돌리고 있다. 가난한 집에서도 인재는 태어난다. 하늘은 절대 빈부를 따져서 한곳으로 인재를 '몰빵'하지 않는다. 미래를 학대하는 사회에 건강한 미래가 올 리 만무하다.

자유가 말했다.

"상을 당했을 땐 슬픔을 절절히 다하는 것이면 충분합니다."

子游曰, 喪致乎哀而止.

자유가 말했다.

"내 벗 자장은 실천하기 어려운 일은 잘 해내요. 그런데 아직 완숙한 경지에 이르진 못했어요."

子游曰, 吾友張也, 爲難能也, 然而未仁.

증자가 말했다.

"자장 그 사람, 스타일은 정말 끝내주는데, 같이 인격 수양을 하기는 어려운 사람이야."

曾子曰, 堂堂乎張也, 難與並爲仁矣.

　자장은 풍채가 뛰어났다. 겉으로 수양이 높은 티를 많이 냈는데, 앞 장에서도 볼 수 있는 것처럼 그에 비해 내면이 부족한 것이 또 제자들에게 들통이 나곤 했던 모양이다. 하루에 자기 자신을 세 번이나 돌아볼 정도로 내면의 자기 수양을 중시했던 증자로서는 외양에 신경 쓰는 자장의 그런 모습이 아무래도 마뜩잖았던 것 같다.

─────────── (19 - 17) ───────────

증자가 말했다.

"나는 선생님께 이런 말씀을 들은 적이 있어요. '아직 자기 의 어떤 일에도 정성을 다 쏟은 적이 없는 사람이라 하더라 도 부모의 상을 당하게 되면 반드시 자기의 모든 정성을 다 쏟아 극진하게 하는 법이지'라고요."

曾子曰, 吾聞諸夫子, 人未有自致者也, 必也親喪乎.

─────────── (19 - 18) ───────────

증자가 말했다.

453

"나는 또 선생님께 이런 말을 들은 적이 있지요. '맹장자孟 莊子는 자기 아버지가 살아생전에 채용했던 직원들과 아버 지가 시행했던 정책들을 아버지가 돌아가신 뒤에도 바꾸지 않았네. 이건 정말 대단한 거야. 그가 아버지에게 했던 다른 효도는 다른 사람들도 다 따라 할 수 있는 거지만 이것만은 정말 따라 하기 힘든 일이지!'"

曾子曰, 吾聞諸夫子, 孟莊子之孝也, 其他可能也, 其不改父之臣與父之政, 是難能也.

맹장자는 노나라 대부다. 부모님께서 돌아가신 뒤 삼 년 동안 생전에 아버지가 추구했던 길을 바꾸지 않고 그대로 따라야 비로소 효자라고 말할 수 있다고 앞에서 여러 차례 나왔더랬다. 효란 단순히 부모님과 자식의 관계만 규정짓는 개념이 아니라 앞뒤 시대를 이어 가는 방법이다. 세대가 바뀔 때마다 이전 세대가 완전히 지워져 버리고 과거에 검증된 적 없는 새로운 시도만 계속되면 세상이 혼란해질 수 있다. 이런 측면에서 맹장자의 행동은 훌륭하다. 그러나 그다음의 스텝이 또 숭요하다. 내일을 열기 위해서는 여기에만 매달려 있어서는 안 된다. 이전 세대로부터 지금 세대가 혼란스럽지 않게 이어져야겠지만 그렇다고 그 어떤 새로운 시도와 비전도 없이 구세대의 것만 그저 답습하고 있다면 그것도 무작정 새로운 것만큼 위험하기 때문이다. 구세대는 자기들을 믿고 존경하는 것 같아 기쁠 수도 있겠으나 답습은 퇴행이다. 신세대는 구세대의 지혜를 존중해야 하고 구세대는 신세대를 놔줘야 한다. 여기에도 온고지신이 필요하다.

454

──────── (19 - 19) ────────

맹씨가 증자의 제자인 양부陽膚를 법관으로 삼았다. 그러자 양부가 증자에게 어떻게 해야 맡은 일을 잘 해낼 수 있는지 자문을 구했다. 증자가 말했다.

"나라의 원칙이 무너져서 민심이 떠난 지 이미 오래되었네.

만약 자네가 어떤 죄인을 조사해서 죄의 실상을 알아내게
되거든 무엇보다 그 죄인을 불쌍히 여기게. 진상을 알아냈
다고 기뻐하지 말고 말일세."

孟氏使陽膚爲士師, 問於曾子. 曾子曰, 上失其道, 民散久矣. 如得其情,
則哀矜而勿喜.

나라 꼴이 말이 아니어서 불안한 정치 상황과 경제 상황이 백성
을 죄를 짓는 길로 내몰았다면 법관에게 필요한 건 사회의 불의
를 읽어 내는 눈이다. "저 죄인의 죄를 내가 낱낱이 밝혀내서 정
의롭게 판결했지"라고 말하면 사회 정의가 실현되는 것인가? 법
관에게 필요한 눈은 죄인을 양산해 내는 사회의 부도덕성을 볼
줄 아는 눈이라고 증자는 말한다.

―――――――――――――――――――――― (19 - 20) ――――――――――――――

자공이 말했다.

"은나라 마지막 임금인 주왕이 폭군이었다고는 하지만 그
의 악행이 전해지는 것만큼 그렇게 심하지는 않았을 겁니
다. 나라가 쇠퇴하다가 망한 그 지점에 그 사람이 있어서 몽
땅 뒤집어쓴 거죠. 대개 이런 식이에요. 그래서 국면을 좀 읽
어 낼 줄 아는 사람은 어떤 물줄기의 하류에 있는 것을 싫어
해요. 일단 하류에 있게 되면 세상 모든 악명이란 악명은 결
국 다 그리로 모여들게 된다는 걸 알기 때문이죠."

455

子貢曰, 紂之不善, 不如是之甚也. 是以君子惡居下流, 天下之惡皆歸焉.

주왕에 대한 나름 객관적인 시각이다. 주왕은 폭군의 대명사다. 그런데 자공은 주왕에게 오명이 다 몰려서 실상보다 훨씬 더 나쁘게 평가받게 되었으리라는 생각을 했다. 악명 '몰빵' 현상. 자공의 이런 객관적인 시선은 참 멋있다. 자공은 은근 매력 있는 사형인 듯!

———————— (19 - 21) ————————

자공이 말했디.
"지도자의 잘못은 해와 달이 파먹혀 들어가며 빛을 잃는 일식, 월식과 같아요. 잘못을 저지르면 사람들이 모두 알게 되죠. 마찬가지로 잘못을 고치면 사람들이 모두 우러러보고요."

子貢曰, 君子之過也, 如日月之食焉, 過也, 人皆見之, 更也, 人皆仰之.

글쎄 다 보인다니까요. 언론 통제하고 사회관계망 서비스 막고 민간인 사찰한다고 그게 가려지는 게 아니라니까요.

456

———————— (19 - 22) ————————

위나라 대부인 공손조公孫朝가 자공에게 물었다.
"당신의 스승 공자는 어디에서 배웠나요?"

자공이 말했다.

"주나라를 건국한 성인인 문왕과 무왕이 제시하고 걸었던 길이 아직 다 잊히지 않아서 이 혼란한 시대에도 사람들은 그 길을 기억하고 있지요. 아주 뛰어난 사람들은 그 큰 그림을 기억하고 있고, 평범한 사람들은 세세한 작은 덕목들을 기억하고 있어요. 문왕과 무왕의 길이 세상 어디든 자리하고 있으니 저희 선생님께서 어디에선들 배우지 못하셨겠습니까? 그러니 또한 어찌 고정된 선생님 한 분을 두고 그분에게서만 배우셨겠습니까?"

衛公孫朝問於子貢曰, 仲尼焉學. 子貢曰, 文武之道, 未墜於地, 在人. 賢者識其大者, 不賢者識其小者. 莫不有文武之道焉, 夫子焉不學, 而亦何常師之有.

─────────── (19 - 23) ───────────

노나라 대부 숙손무숙叔孫武叔이 조정에서 관원들에게 말했다.

"아무래도 자공이 공자보다 나은 것 같아요."

대부인 자복경백이 그 말을 듣고 자공에게 가서 그대로 전해 주었다. 이에 자공이 어이없다는 듯 실소를 터뜨리며 말했다.

"어이쿠! 어찌 그런 일이요! 이건 대궐의 담장에 비유해 볼 수 있을 텐데요. 이를테면 제 담장은 사람의 어깨높이쯤 돼요. 그래서 사람들이 집이며 정원이 얼마나 괜찮은지를 꼭 대문을 통해 들어가 보지 않더라도 담장 너머로 충분히 엿볼 수 있죠. 하지만 선생님 담장은 정말 까마득하게 높아요. 그래서 대문을 통해 들어가지 않으면 그 집안 종묘가 얼마나 아름다운지 온갖 건물이 얼마나 많은지 볼 수가 없어요. 하지만 그 대문을 찾아 들어갈 수 있는 사람이 적다는 게 함정이에요! 그러니까 숙손무숙 대부께서 그렇게 말씀하신 것도 무리는 아니네요."

叔孫武叔語大夫於朝曰, 子貢賢於仲尼. 子服景伯以告子貢. 子貢曰, 譬之宮牆, 賜之牆也及肩, 窺見室家之好. 夫子之牆數仞, 不得其門而入, 不見宗廟之美, 百官之富. 得其門者或寡矣. 夫子之云, 不亦宜乎.

어쩌다 대문 옆 쪽문 찾은 사람 여기 있습니다요. 배우러 오는 사람은 거절하는 법이 없다는 공자 선생님의 하해와 같은 마음 덕분에 출입을 허가받았습니다요. 웅장하기도 하지만 오밀조밀 살필 데도 많은 그 집에서 노닐다가 지금은 어찌어찌 운 좋게 공자 선생님 댁 도슨트가 되어 이렇게 방문객들에게 조잘조잘 떠들고 있구면요!

458

──────────── (19 - 24) ────────────

숙손무숙이 공자를 비방했다. 자공이 분노했다.

"그렇게 말씀하지 마십시오! 공자는 헐뜯을 수 있는 그런 분이 아닙니다. 탁월함을 가지고 얘기해 보자면, 다른 사람의 탁월함은 언덕쯤 되는 높이죠. 그래서 애쓰면 그래도 뛰어넘어 볼 수 있어요. 하지만 공자는 해와 달 수준이시죠. 어떻게 해도 뛰어넘어 볼 수가 없어요. 사람이 저 혼자 해와 달에 덤벼 보더라도 해와 달에 무슨 손상을 입힐 수 있습니까? 그저 제 주제도 모르는 모자란 사람인 것만 보여 주고 마는 거죠."

叔孫武叔毀仲尼. 子貢曰, 無以爲也. 仲尼不可毀也. 他人之賢者, 丘陵也, 猶可踰也, 仲尼, 日月也, 無得而踰焉. 人雖欲自絶, 其何傷於日月乎. 多見其不知量也.

───────────── (19 - 25) ─────────────

자금이 자공에게 말했다.

"그대가 공손해서 그렇지 설마 공자가 그대보다 뛰어날까요?"

자공이 말했다.

"인품을 닦는 지성인은 말 한마디로 자신의 지혜로움을 드러내기도 하고, 말 한마디로 자신의 무지를 드러내기도 하는 법이니 말을 반드시 신중하게 가려서 해야 하네. 스승님의 수준에 도저히 도달할 수 없는 건 이를테면 사다리를 아무리 놓아 봤자 하늘에 닿을 수 없는 것과 같은 것이지. 선생님께서 국정을 맡아 볼 수 있었다면, 민중은 그야말로 세워 주면 서고, 인도하면 따르고, 마음을 보듬어 주면 멀리서도 오고, 감동시키고 격려해 주면 자기들도 모르는 사이에 선하게 변화해 갔을 것이네. 그래서 살아 계실 땐 저런 분이 우리를 다스린다고 영광스러워했을 것이고 죽음을 맞이하셨을 땐 온 나라가 슬퍼했을 거야. 이런데 내가 어떻게 스승님의 발치라도 따라갈 수 있겠나, 이 사람아!"

陳子禽謂子貢曰, 子爲恭也, 仲尼豈賢於子乎. 子貢曰, 君子一言以爲知, 一言以爲不知, 言不可不愼也. 夫子之不可及也, 猶天之不可階而升也. 夫子之得邦家者, 所謂立之斯立, 道之斯行, 綏之斯來, 動之斯和. 其生也榮, 其死也哀, 如之何其可及也.

이 구절의 내용도 그렇고, 제1편 「학이」 10장(42쪽)에서 궁금한 것을 자공에게 질문하는 것도 그렇고 해서 자금이 사공의 제자가 아닐까 추측하는 설도 있다.

자공은 능력이 뛰어났는데 말도 잘했다. 공부에 대한 의욕도 높았고 실제로 세상 돌아가는 것을 잘 예측해서 재산을 꽤 불리기도 했다. 전체적인 깊이와 넓이는 안연만 못했지만 바깥에서 볼 때는 자꾸 좀 더 공부하겠다고 움츠러드는 안연보다 말도 잘하고 세상도 잘 감지하는 자공이 더 눈에 들어오지 않았을까? 자공은 참 스마트하게 보이는 타입. 그래서 다른 한편으로는 재승덕박才勝德薄에 걸리기 딱 좋은 타입이기도 한데 공자에게서 그 깊이를 배워서 그런지 무게감이 더해졌다. 여기 몇 편에서 공자에게까지 견주어지며 과하게 받는 좋은 평가에 자공은 거의 식겁하는 자세로 반박하는데, 진심으로 그렇게 생각하는 것 같다. 칭찬에 대해 짐짓 겸손한 척하는 손사래는 아닌 것 같다. 자신이 갈 수 없는 깊이를 실제로 보고 절감했던 모양이다.

그건 그렇고 자공이 공자에 대해 설명하는 부분들을 『논어』에 끼

460

워 넣어 공자 선생님이 얼마나 대단한 사람이었는지를 간접적으로 느낄 수 있게 독자들을 배려한 제자들의 센스 넘치는 편집이 참 깜찍하지 않은가?

요왈

—

정치를 말하며, 이상 수업 끝!

堯日

요임금이 순임금에게 왕위를 물려주며 당부했다.

"아, 순이여, 하늘이 이제 그대를 왕으로 지명했으니 부디 어떤 일 어떤 상황에서든 항상 균형 감각을 잃지 마시게. 만백성이 가난하고 고달픈 처지가 되면 왕위도 영원히 끝장이라네."

순임금도 우임금에게 왕위를 물려주면서 자기가 받았던 이 당부의 말까지 함께 물려주었다. 우임금은 하 왕조를 열었다.

하나라의 마지막 왕인 길桀이 나라를 함부로 다스려 나라 꼴은 엉망이 되고 백성들은 학정에 고통스러워하자 탕湯이 걸을 치고 은나라를 세웠다. 걸왕을 추방한 뒤 탕왕이 하늘에 제사를 지냈다.

"삼가 제물을 올리고 정성을 다해 거룩한 상제님께 아룁니다. 폭군의 죄를 용서하지 않겠습니다. 하늘이 내리신 뛰어난 인재들이 제 몫을 다할 세상을 열겠습니다. 저에게 죄가 있다면 그건 저의 죄이지 백성의 죄가 아닙니다. 저를 벌하소서. 백성에게 죄가 있다면 그것 또한 저의 죄입니다. 그 역시 저를 벌하소서."

은나라는 마지막 왕은 주왕. 그는 폭군이었다. 그래서 왕조가 멸망의 길을 걷게 된 것이다. 은나라가 돌이킬 수 없는 지경에 빠져들자 무왕이 주왕을 치고 주나라를 세웠다. 주나라는 넉넉히 베풀어 착하게 살아온 사람들이 모두 부유하게 살 수 있도록 해 주었다. 무왕이 말했다.

20

요
왈

堯
曰

464

"은나라 주왕에게 훌륭한 친척들이 있기도 하겠지요. 그러나 뛰어난 인품과 학식을 두루 지닌 우리 주나라의 인재들을 당해 낼 수는 없지요. 백성에게 잘못이 있다면 그건 모두 제 책임입니다."

그리고 도량형을 통일하고 법과 제도를 정리하고 폐지되었던 관직을 정비하자 온 나라의 모든 일이 제대로 잘 돌아갔다. 멸망한 나라를 일으켜 끊어진 대를 이어 주고 학식과 덕망이 뛰어나지만 버려졌던 사람들을 찾아 채용하자 세상 모든 사람의 마음이 주나라로 향했다. 무왕은 백성이 먹고 사는 일과 상례, 그리고 제례에 제일 많은 신경을 쏟았다.

지도자가 너그러우면 백성의 마음을 얻고, 지도자가 성실하게 일하면 백성이 나라 살림을 믿고 맡기고, 지도자가 부지런하면 많은 업적을 이루고, 지도자가 공정하면 백성들이 그에게 열광한다.

堯曰, 咨, 爾舜. 天之曆數在爾躬, 允執其中. 四海困窮, 天祿永終. 舜亦以命禹. 曰, 予小子履敢用玄牡, 敢昭告于皇皇后帝, 有罪不敢赦. 帝臣不蔽, 簡在帝心. 朕躬有罪, 無以萬方, 萬方有罪, 罪在朕躬. 周有大賚, 善人是富. 雖有周親, 不如仁人. 百姓有過, 在予一人. 謹權量, 審法度, 脩廢官, 四方之政行焉. 興滅國, 繼絶世, 擧逸民, 天下之民歸心焉. 所重, 民食喪祭. 寬則得衆, 信則民任焉, 敏則有功, 公則說.

자장이 공자에게 물었다.

"어떻게 하는 것이 좋은 정치인가요?"

공자가 말했다.

"다섯 가지 미덕을 존중하고 네 가지 악덕을 끊어 버리면 정치를 잘하고 있다고 할 수 있지."

자장이 혹해서 물었다.

"다섯 가지 미덕이 뭔데요?"

"백성을 넉넉히 도와주지만 그렇다고 낭비하지는 않는 것, 백성에게 일을 시키지만 원성을 사지는 않는 것, 야망은 있지만 탐욕은 부리지 않는 것, 늘 어떤 상황에서든 태연하지만 거만하지는 않은 것, 위엄이 넘치지만 사납지는 않은 것이네."

자장이 구체적인 내용을 알고 싶어 계속 질문을 이었다.

"백성을 넉넉하게 도와주지만 낭비하지는 않는 건 뭔가요?"

"필요하다고 하면 무조건 주는 게 아니라 먼저 무엇이 백성들에게 정말로 이익이 되는 건지를 잘 생각해서 도와주는 거지. 이렇게 하면 백성들을 도와주면서도 낭비하지는 않는 거 아니겠어? (하나를 보면 열을 아는 법. 다음 것도 또 다 질문할 테지? 내 알아서 다 말해 줌세.) 정확히 어떤 일을 시켜야 할지 일의 규모나 시기를 잘 가려서 딱 시키면 누가 툴툴거리겠나? 진짜 인간다운 사람들이 인간답게 사는 세상을 꿈꿔서 그런 세상이 이루어지면 그런 세상에서 또 무슨 탐욕을 부릴 일이 있겠어, 그렇지? 인격을 잘 닦은 지도자는 자기가 맡은 사람이 많든 적든 맡은 일이 크든 작든 상관없이 제 진심을 다해서 일하는 법이네. 이런 자세면 어떤 상황에서든 태연하지만 거만하지도 않은 거 아니겠어? 또 제대로 배운 사람은 항상 바른 자세로 옷매무새도 흐트러짐이 없이 자기를 정리하고 시선 처리에까지 무게를 담아내거든? 그럼 백성은 그 위엄 있는 모습을 보고 존경심마저 일으키게 되지. 이것이 바로 위엄이 넘치지만 사납지는 않는 것 아니겠나?"

(아하! 그렇군요!) 자연스레 악덕의 내용이 궁금해지게 마련.

"그럼 네 가지 악덕은요?"

"해도 되는 것과 하면 안 되는 것을 미리 다 가르쳐 주지도 않고서 법을 어겼다고 잡아 죽이는 거, 그런 걸 '학대'라고 하지. 미리 어떻게 하라고 방향도 가르쳐 주지 않고 대뜸 성과를 요구하는 거, 그런 걸 '횡포'라고 하지. 자기 게으름 때문에 일을 늦게 주고서 기한 안에 마쳐야 한다며 다그치는 거, 그런 걸 '도둑놈 심보'라고 하지. 사람들에게 당연히 줘야 할 걸 주는 것인데도 괜히 인색하게 구는 거, 그런 걸 '관료주의'라고 하지. 이것이 네 가지 악덕이네."

467

子張問於孔子曰, 何如斯可以從政矣. 子曰, 尊五美, 屛四惡, 斯可以從政矣. 子張曰, 何謂五美. 子曰, 君子惠而不費, 勞而不怨, 欲而不貪, 泰而不驕, 威而不猛. 子張曰, 何謂惠而不費. 子曰, 因民之所利而利之, 斯不亦惠而不費乎. 擇可勞而勞之, 又誰怨. 欲仁而得仁, 又焉貪. 君子無衆寡,無小大, 無敢慢, 斯不亦泰而不驕乎. 君子正其衣冠, 尊其瞻視, 儼然人望而畏之, 斯不亦威而不猛乎. 子張曰, 何謂四惡. 子曰, 不教而殺, 謂之虐, 不戒視成, 謂之暴, 慢令致期, 謂之賊, 猶之與人也, 出納之吝, 謂之有司.

지도자는 백성을 도울 줄도 알아야 하지만 부릴 줄도 알아야 하고, 내면이 다져져 있어야 하지만 외면으로부터도 마음을 얻어내야 한다. 체 게바라의 말을 살짝 바꾸어 말하자면 마음에 불가능한 꿈을 가지고 철저한 리얼리스트가 되어야 하는 것이다.

악덕의 내용은 끔찍하다. 그러나 이런 일은 우리 일상생활 속에서도 비일비재하게 겪는다. 문제는 나 자신도 정작 나이가 들고 승진이란 걸 하다 보면 내가 증오했던, 네 가지 악덕을 모두 지녔던 나의 상사들과 똑같은 모습의 상사가 되어 버린다는 점이다. 하루하루 치이며 살았는데 무슨 인격 수양을 했고 학문 수양을 했겠는가? 그냥 그 분야에서 좀 아는 것이 더 많아졌고 나이가 들었을 뿐. 얼결에 상사가 된 나도 우왕좌왕을 시작하는 건 어쩌면 지극히 당연한 결과이다. 공자가 학문과 인품의 수양을 그렇게 철저하게 부르짖었던 건 인간의 이런 속성을 너무도 잘 알았기 때문일 것이다. 변화는 '반성'에서 시작하고 반성은 내 안에 비축된 학문과 인품 수양의 깊이로부터 길어 올리는 것. 쉼 없는 '자기를 위한 학문'이 필요한 이유이다.

(20 - 3)

공자가 말했다.

"하늘의 섭리를 모르면 통치자가 될 수 없고, 사회의 윤리와 질서를 알지 못하면 사회에서 함께 살아갈 수 없습니다. 그리고 다른 사람의 말을 잘 분석해서 판단하지 못하면 사람을 파악할 수가 없지요."

孔子曰, 不知命, 無以爲君子也. 不知禮, 無以立也. 不知言, 無以知人也.

'개인적인 배움'으로 시작한 『논어』는 공자의 꿈이자 공자가 제자를 길렀던 이유인 '지도자가 되기 위한 자질'로 끝을 맺는다. 나에서 타인으로 확장된 것이다. 남이 나를 알아주지 않아도 섭섭해하지 말 것을 권유하며 말을 시작한 공자는 남을 잘 알아야 한다는 것으로 이야기의 끝을 맺는다. 그는 지극히 개인적인 수양과 성장을 강조하는 것 같지만 언제나 반드시 사회와 타인에 눈을 돌리라는 데 가르침의 핵심을 두었다. 그의 학당 말석에 앉아 내 나름대로 이해해 본 온전한 사람다움이란 '나'와 '너'라는 장벽이 먼저 '나' 안에서 허물어져서 공公의 개념 안에 사私가 녹아내리는 상태였다. 공자의 뜰은 여전히 비옥하다. 구경할 때마다 늘 새로운 꽃과 나무를 발견하게 된다. 불어오는 바람이 때마다 달라서일까? 이 비옥한 뜰을 이번에는 '오늘의 시선'으로 걸어 보았다. 늘 보아와서 나름대로 익숙한 정원이라 생각했는데 아주 색다른 느낌이었다. 그냥 지나쳐지는 게 하나도 없었다. 새롭고 즐거웠다. 여기까지 걸어와 주신 여러분 또한 그러셨기를…….

공자의 말들
: 군자를 버린 논어

2024년 2월 4일   초판 1쇄 발행

옮긴이
임자헌

펴낸이   **펴낸곳**   **등록**
조성웅   도서출판 유유   제406-2010-000032호(2010년 4월 2일)

                 주소
                 경기도 파주시 돌곶이길 180-38, 2층 (우편번호 10881)

전화   **팩스**   **홈페이지**   **전자우편**
031-946-6869   0303-3444-4645   uupress.co.kr   uupress@gmail.com

                 페이스북   **트위터**   **인스타그램**
                 facebook.com   twitter.com   instagram.com
                 /uupress   /uu_press   /uupress

편집   **디자인**   **조판**   **마케팅**
이경민, 인수   이기준   한향림   전민영

제작   **인쇄**   **제책**   **물류**
제이오   (주)민언프린텍   다온바인텍   책과일터

ISBN 979-11-6770-081-0 04150
      979-11-6770-083-4 (세트)

임자헌의 가까운 고전

고전이 세대를 거듭하며 읽힌 책, 수많은 독자의 검증을 거쳐
살아남은 책이라는 사실은 모르는 이가 없다. 허나 제아무리
고전이라도 읽히지 않으면 무슨 의미가 있을까? 심지어 가까이
하기엔 너무 먼 책을 우리는 고전이라 부르기에 이르렀다.

심리학을 공부하고 미술 잡지 기자를 거쳐 고전학자가 된
임자헌 선생은 엄숙주의와 케케묵은 용어를 버리고 고전에 과감히
접근했다. 가장 급진적으로 그러나 원문의 참뜻에 가장 가까이
다가가, 난생처음 고전을 끝까지 재미있게 읽도록 옮기고 짧은 평을
붙였다. 그리하여 다 읽고 나면 "이 책이 이런 책이었어?"라는 말이
자연스레 입에서 흘러나올 것이다. 드디어 우리는 '임자헌의 가까운
고전'을 통해 비로소 원뜻과 가깝고, 우리 현실과 가까운 고전을
맛볼 수 있게 되었다.